# 近代开滦煤矿研究

A Study on the Kailuan Coal Mines in Chinese Modern Times

云 妍 著

人民出版社

# 国家社科基金后期资助项目

## 出版说明

后期资助项目是国家社科基金项目主要类别之一,旨在鼓励广大人文社会科学工作者潜心治学,扎实研究,多出优秀成果,进一步发挥国家社科基金在繁荣发展哲学社会科学中的示范引导作用。后期资助项目主要资助已基本完成且尚未出版的人文社会科学基础研究的优秀学术成果,以资助学术专著为主,也资助少量学术价值较高的资料汇编和学术含量较高的工具书。为扩大后期资助项目的学术影响,促进成果转化,全国哲学社会科学规划办公室按照"统一设计、统一标识、统一版式、形成系列"的总体要求,组织出版国家社科基金后期资助项目成果。

全国哲学社会科学规划办公室

2014 年 7 月

# 目　　录

序 ……………………………………………………………… 1

前　言 ………………………………………………………… 1

第一章　绪　论 ……………………………………………… 1
　第一节　中国近代煤矿业的兴起和发展 ………………… 1
　第二节　开滦煤矿及其研究史 …………………………… 19
　第三节　研究资料及本书范围 …………………………… 29

第二章　矿史概述 …………………………………………… 34
　第一节　开平矿务局(1878—1900) ……………………… 34
　第二节　开平矿案 ………………………………………… 53
　第三节　开滦矿务总局 …………………………………… 66

第三章　制度变迁 …………………………………………… 86
　第一节　官督商办 ………………………………………… 86
　第二节　"中英合办" ……………………………………… 94
　第三节　30 年代的制度"更新" ………………………… 113

第四章　技术进步 …………………………………………… 121
　第一节　技术的传入 ……………………………………… 121
　第二节　两次工业革命成果的传播 ……………………… 126

第五章　环境约束与外溢性影响 …………………………… 138
　第一节　政治与社会环境 ………………………………… 138
　第二节　法律与政策环境 ………………………………… 146
　第三节　开滦煤矿与经济近代化 ………………………… 149
　第四节　"鲶鱼效应" ……………………………………… 160

　　第五节　开滦煤矿与近代法律制度建设 …………………………… 162

第六章　历史的启示 …………………………………………………… 166
　　第一节　开滦煤矿产出的"Solow 余值"测定：增长的关键因素
　　　　　　分析 …………………………………………………………… 166
　　第二节　现代化之路 ……………………………………………… 173

附录 1—1　中国近代煤矿简表(1875—1934) …………………… 177
附录 1—2　中国近代的煤炭勘储 ………………………………… 184
附录 1—3　中国近代的煤质测定与主要煤矿的煤质 …………… 187
附录 1—4　中国近代主要煤矿表(20 世纪 30 年代) …………… 190
附录 1—5　中国近代煤炭历年进出口数量 ……………………… 191
附录 2—1　近代开滦煤矿历届经营者及任期(1878—1941) …… 194
附录 2—2　近代开滦五矿历年煤总产量表(1881—1948) ……… 197
附录 2—3　近代开滦煤矿与其它煤矿利润率 …………………… 200
附录 2—4　日本军管理及战后时期的开滦矿务总局 …………… 201
附录 6—1　开滦煤矿生产函数模型与"Solow 余值"的推导过程 …… 203

参考文献 ……………………………………………………………… 209
后　记 ………………………………………………………………… 215

# 序

云妍博士的学术专著《近代开滦煤矿研究》即将问世。我作为最先读到本专著文稿的读者,在阅读中受到很大启发,感到十分欣慰。

现代化是 18 世纪以来一个极为重要的世界现象和国际潮流,也是 19 世纪中叶以来直至今日明日中国所面临的最大历史命题。云妍在攻读硕士研究生时即已思考现代化历程的发生发展问题,所发表的两篇有关"李约瑟之谜"的论文是她这一时期的代表作。通过博士生阶段的专业学习,云妍进一步认识到现代化发生发展问题涉及面很广,作为一个年轻学子应当大处着眼小处着手,应当选好一个切入点进行深入研究。"工业革命"与"工业化"可谓现代化整体发展的基础,而在世界工业革命进程中,煤矿业的发展起到了关键作用;在中国工业化进程中,煤矿业的作用也极为重要。开平煤矿是中国最先一批使用机器开采的大型煤矿,是中国第一个具有现代企业性质的工矿企业,是洋务运动自办工业成功之代表,它的产品又促进了天津、上海、广州、香港等沿海城市的近代发展。云妍认为,近代开滦煤矿提供了一个很好的历史先例,因此选择这一课题作为其申请博士学位论文题目,很有意义。

由于在 1900 年庚子变乱中开平煤矿为八国联军占领,转而成为一家在英国注册的煤矿公司。1907 年清廷为收回开平的策略性举动之一是在其附近成立了滦州官矿有限公司,希冀"以滦收开"。但是却演变为"以开并滦",开滦煤矿名义上中英合办,实则由英资主导,因此过去有关近代开滦煤矿研究侧重于利权的丧失等方面,对于其作为外资主导企业在后进国家经济发展中的作用和影响认识很不充分。云妍独具慧眼,她指出,19 世纪末叶,西方由商业资本主义过渡到工业资本主义,对非工业化国家和地区由商品输出转向资本输出,西方列强在华凭借强大的资本势力,并通常以不平等条约和国家武力作为后盾,取得了诸多铁路、矿山开采权益,一时间几乎垄断和掌控了中国新式产业领域的投资。不唯开平和滦州煤矿,其他官办或官督商办煤矿如辽宁抚顺、直隶临城、河南焦作等矿也相继以中外合办形式为外资所控。"当看似一切落空之后,现代化却在以另一种方式继续展开着。易主后的开滦煤矿,在英人的锐意经营下革除弊政、管理改善、业务蒸蒸日上,成为近代首屈一指的大煤矿,保持了长达三十多年的长期繁荣。

这三十多年的繁荣,一方面成就了天津、唐山、秦皇岛、上海等诸多近代城市的工业化发展和周边地区的经济近代化,一方面又给国人充分的学习和了解西方先进技术和管理方式的机会,这些技术和管理通过曾在开滦长期供职的人员外溢到本民族资本的发展中去";它刺激了民族矿业以"维护利权"为初衷的现代型生长;促进了现代法律制度的建设;还促使华商诉诸政治权益上的要求,呼吁平等待遇、改良政治,从而推动了国家政治与社会制度领域的变革。"所有这一切,不能不让人感慨其中因果联系的复杂性"。云妍这一独到视角,不仅使近代开滦煤矿研究得以推陈出新,也有助于我们对现代化进程中外资企业的作用有更全面和更充分的认识,可谓填补了现代化进程中外资企业研究的空白。

云妍博士的选题有重要学术价值和现实意义。但是关于这一课题研究的历史资料较为零散,且在方法上必须有所创新,论证方能有力。云妍带有强烈的社会责任感知难而上,不仅到北京、天津两地有关图书馆查阅有关文献,还专程赴矿区实地调研,到开滦档案馆收集第一手资料,在翔实资料整理基础上展开研究。2008 年云妍博士学位论文答辩时,受到答辩委员会各位教授好评,全票通过论文答辩。云妍获得博士学位后,又经历 6 年多时间下大功夫对文稿一再修订,体现了"十年磨一剑"的良好学风。

其专著文稿创新之处主要有以下方面:第一,在立意上,通过实证性研究对开滦煤矿作为在华外资企业对中国近代化中的影响进行客观的认识和评价,以期理性把握外资与中国经济发展的关系;第二,从内容上,过去对于开滦煤矿的企业内部管理制度、技术进步和开滦煤矿的外部辐射性影响等研究薄弱,而本文稿在这些方面进行较为深入细致的考察;第三,在方法上,利用关于近代开滦第一手资料,在新古典生产函数模型基础上,估算出开滦各阶段各生产要素的产出弹性,并运用 Solow 余值法进一步分析,计量除资本、劳动外各种因素的组合对开滦产出的贡献率,将定性分析与计量方法较好地结合,有较大突破。另外,云妍亦注重采用比较的方法。前人的研究多集中于开滦煤矿自身,缺乏平行的比较研究,云妍在论述开滦煤矿之自然条件、技术设备、生产情况、经营环境等都有与其他煤矿的对比。总之,云妍博士这一专著有较大创新意义。因此,我很乐意为这一专著作序。

然而,学无止境,即使是关于开滦煤矿的历史研究,也有不少问题仍然值得我们进一步深入探讨。希望今后云妍博士百尺竿头更进一步。

**清华大学人文学院教授　陈争平**

# 前　言

　　现代化是 19 世纪中叶以来直至今日中国所面临的最大历史命题之一。中国最早的现代化实践发端于晚清以自强为目的、以追摹西方物质技术形态为主要内容的洋务运动;在这一运动中产生了一批大型军工和民用企业,涉及机器(主要为兵工制造)、造船、航运、采矿、钢铁、铁路等事业,即当时人所称"机船矿路"①,规模壮观,气势宏大,可谓国家主动实施工业化的典型。开滦煤矿正是诞生在这批新兴事业行列中。

　　1878 年,"开平矿务局"成立。这是中国第一个具有现代企业性质的工矿企业:它的资本通过股票发行筹集,技术引进了西方的机器开采,制度仿照西方管理模式设立。开平煤矿上有李鸿章奖掖维护,下得唐廷枢悉心经营,数年间规模初备、渐有成效,不仅为北洋各机器制造局、水师、海军等官方用煤提供了保障,且与同为洋务企业的轮船招商局紧密结合,产品得以行销天津、上海、广州、香港等沿海口岸市场,成功排挤了洋煤进口。开平矿务局又以煤矿为先导,先后发展了垦植公司、金矿、银矿、运河、铁路、货栈码头、水泥厂等一系列新兴事业,开风气之先;各事业之间互为依援,共同生长,一种现代化气象蓬勃生成。同期或较先开办的其他新式矿业,如直隶(河北)磁州煤矿、湖北广济兴国煤铁矿等,皆因技术引进不成功或经营不善而中途停辍,未成局面;台湾基隆煤矿虽然成绩尚佳(早于开平煤矿建立),但惜于 1884 年中法战争期间毁于战火,其后始终未能恢复。因此,至 19 世纪末,开平矿务局在中国的新式矿业中几乎"一枝独秀",是洋务运动自办工业成功之代表。

　　然而不幸的是,开平矿务局在 1900 年庚子变乱中失落他手,转而成为一家在英国注册的煤矿公司。1903 年清廷发现后开始设法挽回,几经外交和法律途径交涉无果。1907 年为收回开平的策略性举动之一是在其附近成立了滦州官矿有限公司,希冀对"英属"开平公司形成抵制,继而通过市场竞争吞并前者而达收回之目的。双方在持续三年的压价竞争活动中亏耗颇巨,至 1911 年皆力不能支而谋妥协,适逢辛亥革命的动荡时局,滦矿为求

---

　　①　参见吴承明:《旧民主主义革命时期的中国资本主义》第一章"导论",载许涤新等主编:《中国资本主义发展史》第二卷,人民出版社 2003 年版,第 11 页。

自身保全而选择"投靠"外资。1912年二者联合,成立"开滦矿务总局",实行分产而联销,名义上中英合办,实则由英资主导。至此,"以滦收开"最终以"以开并滦"收场。

开滦煤矿的丧失并非孤立的现象。19世纪末叶,西方由商业资本主义过渡到工业资本主义,对非工业化国家和地区由"商品输出"转向"资本输出"。凭借强大的资本势力,并通常以不平等条约和国家武力作为后盾,西方列强在华取得了诸多铁路、矿山开采权益,一时间几乎垄断和掌控了中国新式产业领域的投资。不唯开平和滦州煤矿,其他官办或官督商办煤矿如辽宁抚顺、直隶临城、河南焦作等矿也相继以"中外合办"形式为外资所控。如果说开平等新式工业企业的创办,寄托着晚清以国家力量进行现代化武装的宏愿,那么它们的相继失落似乎昭示着第一次工业化努力的挫败。

但是,当看似一切落空之后,现代化却在以另一种方式继续展开着。易主后的开滦煤矿,在英人的锐意经营下革除弊政、管理改善、业务蒸蒸日上,成为近代首屈一指的大煤矿,保持了长达三十多年的长期繁荣。这三十多年的繁荣,一方面成就了天津、唐山、秦皇岛、上海等诸多近代城市的工业化发展和周边地区的经济近代化,一方面又给国人充分学习和了解西方先进技术和管理方式的机会,这些技术和管理通过曾在开滦长期供职的人员"外溢"到本民族资本的发展中去。就它所引发的中外资本冲突的事实看,又具有多方面的负激励效果,例如它刺激了民族矿业以"维护利权"为初衷的现代型生长;促进了现代法律制度的建设;还促使华商诉诸政治权益上的要求,呼吁平等待遇、改良政治,从而推动了国家政治与社会制度领域的变革。所有这一切,不能不让人感慨其中因果联系的复杂性。

关于开滦煤矿的研究已有相当长的历史,随着时代的不同有不同的关注点。本书对于开滦煤矿的考察原可以在微观经济学的理论世界中展开,因为开滦跨越百年的企业经营历史、跨国经营的历史经验足以为现代企业理论包括19、20世纪全球商业史的研究提供一个经典案例,对产权、契约、交易费用、委托代理、外部性等理论都形成事实上的检验或佐证。然而,本书的研究更愿意立足于中国的现代化并在这一脉络中展开。实际上,自18世纪工业革命以后,现代化成为世界不可抗拒的潮流,如何实现现代化对非西方国家和地区而言是一直都存在的问题。20世纪50年代以来,在世界范围内已形成各种各样的发展理论,著名者包括罗斯托的"经济起飞理论"、刘易斯的"二元经济模型"、诺斯以产权分析为核心的"制度主义"等等;又有从拉美和非洲国家现实出发,批判资本主义国际不平等关系的"世界体系"和"依附"理论。然而理论永远不能囊括尽所有的现实。

　　对中国这一具有独特历史和文明传统的国家而言,自 19 世纪中期开始启动现代化进程以来所进行的早期现代化实践其实蕴含着大量属于自己的"历史经验"。近代早期亦出现"依附"于西方商人的买办阶层,但中国的买办与依附论所述之"殖民地中产阶级"不尽相同,从唐廷枢、周学熙以及后来的刘鸿生的事例可以看出,中国的买办具有一定的"主体性",并非是完全依附于外国资本的寄生集团,他们在积聚了一定资本后,往往投身于本民族实业,成为对民族经济发展有贡献的工商企业家。更具特点的现象是,早期现代化的拓荒者和践行者很多是与文化和知识阶层密切连接甚至本身属于士大夫阶层的精英群体,而非西方式的职业商人。这使得当时的现代化实践往往显示出一种独有的"锐意进取"和"长远眼光"。所有这些实在是已有的现代化和发展理论所不能涵盖的,也是中国形成自身的现代化道路所必须回顾和立足的基础。

　　然而现代化在今日又已是一个开放的概念,现代化之路其实也不能再是以罗马为唯一目的地的条条大路中的一条,而是可以通向其他方向。在今日,文明和社会的多元化已得到普遍承认,但从经济层面上,经济的现代化远未出现多元化的理论倡导。

　　中国尚未完全形成自己的现代化理论,而从近代历史上诸种实践努力和际遇经历来看,其间又蕴含着那么多可资探究、思考和启发未来的经验往事。本书的研究期冀能够从开滦的历史中寻得一些启迪,对中国的现代化贡献微薄的力量。

# 第一章　绪　论

　　煤是人类历史上第一次工业革命中之关键性资源。西方有历史学家评价说工业革命的本质包括了"生产过程中新动力资源的应用"[1]，"煤炭和人力资本是工业革命的两个基本要素"[2]，可见都将煤置于重要地位。尽管对工业革命的理解可能不同，但18世纪世界范围内对煤的大规模开发和利用无疑是工业革命的重要标志之一，它的革命性在于，如果按照英国史学家里格利（Wrigley，E.A.）的说法，就是社会经济由此从有机经济（advanced organic economy）转向矿物经济（mineral-based energy economy）。[3]

　　中国对于煤炭的现代型开发始于19世纪后半叶，虽然已落后于西方工业革命一个世纪，但当时石油尚未开发成为替代型能源，因此煤对于国家工业化仍具有重要意义。晚清政府受积习势力的影响和保守观念的支配，最初对于开矿不以为然。洋务运动由于兴办起军工民用企业，需要煤作燃料，而旧式煤窑产煤不敷使用，外加西方在华商贸团体对清政府的持续动员，西法采煤之议才于19世纪70年代得到采纳。新式煤矿自此创建，由此也开始了中国近代煤矿业的历史。

## 第一节　中国近代煤矿业的兴起和发展

### 一、新式煤矿的产生

　　中国人用煤的历史很早。神话时代的女娲氏炼石补天，传说在今山西平定一带，明代学者以此为后世烧煤之始。[4] 从考古的角度，1973年在沈阳

---

[1] Peter N. Stearns, *The Industrial Revolution in World History*, Boulder: Westview Press, 2013, p.6.

[2] Rondo Cameron, "A New View of European Industrialization", *The Economic History Review*, New Series, Vol. 38, No. 1 (February 1985), pp.2–3.

[3] E.A.Wrigley, *Continuity, chance and change: the character of the industrial revolution in England*, Cambridge University Press, 1988, p.12.

[4] 明代学者陆深根据民间传说和当地自古以来用煤烧塔火的习俗，认为女娲氏用煤来炼石补天，顾炎武则进而认为"此即后世烧煤之始"，明代另一学者甄敬也认为"石火（烧煤）之利，其始于女娲氏乎！"陆深《浮山遗灶记》碑文，顾炎武《天下郡国利病书》卷46，甄敬

新乐遗址下层发现的一处房址出土了为数不少的煤精制品(圆泡形饰、耳珰形饰和圆珠,可能是装饰品),年代在六千多年以前①,西周时期又出现过大量煤雕刻制品,说明煤在早期用途尚不划一。直至西汉,考古发现和文献佐证已能说明除了煤雕,煤在居民取暖、做饭和冶炼铸铁中得到应用无疑。② 后世对煤的认识进一步深入,煤的用途也更加确定,不仅冶金、陶瓷、炼焦等手工行业广泛用煤作燃料和原料,日常生活中用煤也渐趋明显,史籍上载宋代京城汴梁一带"数百万家尽仰石炭,无一家然(燃)薪者"③,已广为今人所引征。延至明清两代,用煤进一步普及,特别北方民间普遍用煤,京城据说"百万之家,皆以石煤代薪"④,山东、河北地区煤窑遍布,文献中有"北地民间日用,无不需煤"之语。⑤

　　而中国的采煤技术,延至明清两代,也已经达到工业时代前较高的水平。明末宋应星《天工开物》中记,"煤有三种:明煤、碎煤、末煤。明煤……燕、齐、秦、晋生之。……碎煤有两种,多生吴楚",又云"凡煤炭不生茂草盛木之乡","南方秃山无草木者,下即有煤"⑥,说明当时对于煤炭的地理分布以及找煤方法都有了一定程度的认知。大约同时代的孙廷铨《颜山杂记》中提到,"凡攻炭者,必有井干(按:井筒)焉,虽深百尺而不挠","凿井必两,行隧必双,令气交通"⑦,更显示出深井开凿和通风这样一些重要技术在煤矿开采中的应用。虽有悠久的用煤历史并积累了一定的技术经验,但采煤在中国始终属于农余副业,并且煤的使用程度因地而异,范围也并没有扩展到足以改变中国基本的能源结构。

　　以现代机器方法开采中国的煤炭,是 19 世纪中叶由西方在华商业团体最早提出的。自鸦片战争以后,中国被迫增开通商口岸,西方的轮船运输、

────────────

《重修人祖庙碑记》,皆见《中国古代煤炭开发史》编写组:《中国古代煤炭开发史》,煤炭工业出版社 1986 年版,第 4—5 页。

① 沈阳市文物管理办公室:《沈阳新乐遗址试掘报告》,《考古学报》1978 年第 4 期;辽宁省煤田地质勘探公司科学技术研究所:《沈阳市新乐遗址煤制品产地探讨》,《考古》1979 年第 1 期。更多关于中国用煤及历代开发煤炭资源历史,参见《中国古代煤炭开发史》。

② 《中国古代煤炭开发史》,第 21、27 页。然而汉代用煤冶铁并不普遍,木炭仍然是主要的冶铁燃料,第 31 页。

③ (宋)庄季裕:《鸡肋编》卷中。

④ (明)邱濬:《大学衍义补》。

⑤ 《奕䜣等奏天津牛庄登州三口出口土煤仍照前定税则征税毋庸议减折》,同治十三年八月二十六日(1874 年 10 月 6 日),《筹办夷务始末(同治朝)》,第十册,中华书局 2008 年版,第 3902 页。

⑥ (明)宋应星:《天工开物》。

⑦ (明)孙廷铨:《颜山杂记》卷四,物产。

船舶修造、公用事业等随之进驻口岸城市,这些新式产业形态需要消耗大量煤炭。据资料,上海1858年输入煤炭近3万吨,而1872年已增加到近16万吨①;煤炭远自英国、澳大利亚和日本运来,主要供应行驶于口岸之间的外国轮船。1872年上海市场上英国煤炭每吨售价11两,澳大利亚煤炭8两,日本煤炭因质量低劣每吨5两5钱。②中国本土一方面煤炭资源不事大规模开发,另一方面产煤地多远离口岸商埠,即有稍近者,因系手工煤窑所产,质量不敷新式产业使用。因此,外商迫切希望能在中国以现代方式开采煤炭资源,以获得廉价和充足的煤炭供应。他们不断推动本国驻华使领机构向清政府交涉,主张"要求中国允许使用外国资本与技术于中国煤矿的开采方面",因为"廉价的燃料是使航运事业成功的重要因素之一……"③道光三十年(1850年),英国公使曾请求在台湾鸡笼山一带开挖煤矿,但未获允行。④ 19世纪60年代,美使蒲安臣(Anson Burlingame)向清政府介绍庞伯里(Raphael Pumpelly)前往北京西山一带查看煤窑,并劝中国设法开采⑤,英国公使阿利国(Rutherford Alcock)动员福建督抚开采澎湖厅署之青螺乡虎头山煤炭⑥,无果;当时且已有外国人试图在湖北大军山、台湾鸡笼山自行开采,皆受地方拦阻。⑦ 1868年中英修约交涉期间,英、美两国欲将开采煤矿纳入约章,明定其事,——"京师之西山、长江之两岸、山东、粤东产煤之处,俱请开挖","煤窑请于宛平、句容两处,先准洋人开挖"。⑧ 经过谈判,清政府在最后拟议的条文中,同意在句容、乐平、基隆三处试办煤矿,但规定"由南省通商大臣查看该处情形,自行派员试办。其应否雇用洋人帮工及租买机器一切,悉凭通商大臣主政。挖出之煤,华洋商人

① 《英国领事报告》,1865、1872年,上海。转引自张国辉:《洋务运动与中国近代企业》,中国社会科学出版社1979年版,第182页。
② 《英国领事报告》,1872年,上海。转引自《洋务运动与中国近代企业》,第182页。
③ 《1869年2月1日上海英商总会主席致英国驻上海领事梅辉立(Medhurst)书》,英国蓝皮书:中国,第12号,1869年,见孙毓棠编:《中国近代工业史资料》第一辑(1840—1895年),上册,中华书局1962年版,第211—212页。
④ 《同治十年刊淡水厅志》卷4,页213,见《中国近代工业史资料》第一辑上册,第201页。
⑤ 见"中央研究院"近代史研究所编:《海防档》,甲,购买船炮,上,同治二年十一月十四日(1863年),中华民国四十六年(1957年)版,第317、318页。
⑥ 《福建通志》册83,外交志,页6,见《中国近代工业史资料》第一辑上册,第207—208页。
⑦ 同治六年九月十五日《总理衙门条说六条》中载,"上年湖广大军山,有洋商在彼开石寻煤,经本衙门照会英公使饬令禁止;又福建税务司美理登,欲租台湾鸡笼山开采煤石,亦经彼处绅民禀请严禁"。《筹办夷务始末(同治朝)》第五册,第2126—2127页。
⑧ 《奕訢等奏与英使阿礼国修约彼此或允或否大概情形折》,同治七年十二月二十一日(1869年2月2日)。《筹办夷务始末(同治朝)》第七册,第2513—2518页。

均可买用"①。英商对此颇不同意,没有正式签字;各地方上则继续以"未便令洋人开采",或民风强悍、种种不便等由,"始终未允所请"。②

　　清政府对西法开矿的一再排斥和搪塞,主要出于对外人的防备心理和对开朝以来既定矿业政策的奉行。原来,有清一代鉴于明朝开矿暴敛病民,对于矿业时松时紧而倾向于禁,官吏则有开矿"聚众难散"之辞,民间且有地脉风水之说,积习日久,至晚清时期已成思维定式,一言开矿,辄引明代教训为戒,因此李鸿章总结说"近世学者鉴于明季之失,以开矿为弊政"。③ 虽然道光与咸丰二朝经历了鸦片战争的失败,渐悟于"足国之道,首在足民",一时矿禁大弛④,但这主要是对国人弛禁。而在经历了太平天国起义的内乱和第二次鸦片战争的失利过后,朝廷新的政策方针更重在尽量将外国人的活动范围限制在有限区域内(通商口岸和租界)并避免事端的出现。西法采矿必然涉及西人拥有更多的活动范围,由此蕴含冲突与纷争也未可预料,这在清廷及一般官吏看来,自然宁可多一事不如少一事,正所谓时人语"兴利之念,不敌其避罪之心"⑤。

　　当时朝廷上下也不乏有识之士。眼光卓著且思想开明的一位是时任福建船政大臣的沈葆桢。他较多数同时代人更积极主动地接触煤炭的新知,并且最早提出借用外国机器和聘用外国矿师开采本国煤矿:

　　　　煤山聚于下者,炭力结实而坚大,聚于上者,气薄而多碎屑。内地开山,每在上头而不能深凿底下者,以下面积水无可用力也。外国有火轮法子,一面凿山,一面戽水,愈凿愈下,得煤愈佳。闻赫德有人善看煤山,煤之好丑多寡一见了然。请与公使约,即延此人前往湖广之大军山

---

① 《英国新修条约善后章程十款》第八款,《筹办夷务始末(同治朝)》第七册,第2765页。

② 《奕䜣等奏天津牛庄登州三口出口土煤仍照前定税则征税毋庸议减折》,同治十三年八月二十六日(1874年10月6日),《筹办夷务始末(同治朝)》第十册,第3901—3902页。

③ 《大学士直隶总督李鸿章奏议覆总理衙门详议海防折》,同治十三年十一月初四日(1874年12月12日),《筹办夷务始末(同治朝)》第十册,第3996页。又,《清史稿》总结矿政:"清初鉴于明代竞言矿利,中使四出,暴敛病民,于是听民采取,输税于官,皆有常率。若有碍禁山风水,民田庐墓,及聚众扰民,或岁歉谷踊,辄用封禁。"赵尔巽等撰:《清史稿》卷124,矿政,中华书局1977年版,第3664页。

④ 《清史稿》载,"道光二十四年,诏云南、贵州、四川、广东等省,除现在开采外,如尚有他矿愿开采者,准照现开各厂一律办理。二十八年,复诏'四川、云、贵、两广、江西各督抚,于所属境内确切查勘,广为晓谕。其馀各省督抚,亦著留心访查,酌量开采,不准托辞观望……'一时矿禁大弛。咸丰二年,以宽筹军饷,招商开采热河、新疆及各省金银诸矿。"《清史稿》卷124,第3666—3667页。

⑤ (清)汤震:《危言》卷二。

等处,由我国设官煤厂,用火轮采办。①

另一位较早赞同延用西法、雇佣外国人开采煤矿的是时任湖广总督的李鸿章,他认为可以"由官督令试办,以裕军需而收利权"②。沈葆桢与李鸿章的开明态度与他们的身份有关,因为作为船政大臣的沈葆桢深悉"煤为船政所需"③,作为具体负责洋务的李鸿章也知晓中国本土所产之煤量少质劣,不敷现代产业所需,"沪、宁各制造局仿造洋枪洋炮,所用煤铁,必向行内购办,轮船亦然"④。但这样的意见在 19 世纪 60 年代的朝廷上下仍属少数。

而到了 19 世纪 70 年代,内外形势发生变化。国内,洋务派所建立的军工企业已颇具规模,生产皆成扩充之势:1870 年,江南制造总局(1865 年建)扩地至四百余亩,广泛地制造各种枪支、大炮、轮船、水雷、弹药、铜引⑤;1874 年,福州船政局(1866 年建)已制有 15 艘轮船⑥;1876 年,天津机器局(1867 年建)制造的新式军火在产量上已较前两年多至三四倍。⑦ 所有这些生产制造都需用煤。当时新闻报载,"天津自设火药局以来,需用煤铁,为款甚巨,皆从海外购来。"⑧沈葆桢奏折中也称,"台湾产煤甚富,各省船炮等局用煤日增,然多购自外国",并提出"广开台矿""以减税为请"。⑨ 不仅军工企业,洋务派倡导的民用企业也需煤日多。1872 年为抵制外轮而挽航运利权成立的轮船招商局在创办伊始即以用煤为急务,"招商轮船,以及各口官轮船,所用煤斤,为数甚巨,必须向洋商采买,以资应用……倘日久生意兴旺,则各商承领船只愈多,需用煤斤愈巨。"⑩由此,国内对煤已形成了相

---

① 《沈葆桢附呈福建候补同知黄维煊条说》,同治六年十一月二十一日(1867 年 12 月 16 日),《筹办夷务始末(同治朝)》第六册,第 2206—2207 页。

② 《李鸿章条说》,同治六年十二月初六日(1867 年 12 月 31 日),《筹办夷务始末(同治朝)》第六册,第 2259—2263 页。

③ 《沈葆桢附呈福建候补同知黄维煊条说》,同治六年十一月二十一日(1867 年 12 月 16 日)。

④ 《李鸿章条说》,同治六年十二月初六日(1867 年 12 月 31 日)。

⑤ 应宝时:《江南制造总局记》,《上海县志》(同治十年刊)卷二。

⑥ 参见《洋务运动与中国近代企业》,第 43—44 页。

⑦ 见李鸿章:《机器局动用经费折》,光绪二年八月二十一日,载顾廷龙等主编:《李鸿章全集》奏议七,安徽教育出版社 2008 年版,第 175—176 页。

⑧ 《中西闻见录》1874 年 3 月。见《中国近代工业史资料》第一辑下册,第 568 页。

⑨ 《沈葆桢等奏出口台煤减税折并朱批》,同治十三年八月十九日(1874 年 9 月 29 日),《筹办夷务始末(同治朝)》第十册,卷 97,第 3897 页。

⑩ 朱其昂、朱其诏草拟:《轮船招商章程》,见《海防档》,甲,购买船炮,下,第 911—915 页。

当规模的需求,而土煤不敷所需、进口煤渐成负担的情势已经很明显。在国外,中外关系在经历了太平天国平定后相对和平的一段时期后,局势再度发生变化。1874年日本借口琉球难民为台番所害进兵台湾,发生了所谓"琉球事件"①,这一事件给清政府很大刺激,遂有筹办海防之议。1875年总理衙门决定每年从关税和厘金项下拨400万两作筹办海军经费之用,企望在十年内建成北洋、南洋、粤洋三支水师。② 同年,越南与法国订立西贡条约,开始受法国保护。1876年,又出现影响中英关系的"马嘉理事件"。在西北部,中俄关系因伊犁问题已趋紧张。边境暗伏危机,中外之间有再起冲突之势。因此,李鸿章奏折中禀称,"设有闭关绝市之时,不但各铁厂废工坐困,即已成轮船,无煤则寸步不行,可忧孰甚"③。煤炭自给由此上升到事关国防的重要程度。

以光绪元年四月二十六日(1875年5月30日)清廷同意以西法开采本国煤铁矿藏的上谕为标志,延续二百多年的以矿禁为主流的政策彻底松动,动议了二十余年的西法开矿也终于采纳,中国近代煤矿业的历史由此开启。谕令文曰:

> 开采煤铁事宜,著照李鸿章、沈葆桢所请,先在磁州、台湾试办,派员妥为经理。即有需用外国人之处,亦当权自我操,勿任彼族挽越。钦此。④

虽然谕文中仍然可见清廷的保守与谨慎,但中国的现代化事业由此向前迈进了重要一步。此谕颁布后,李鸿章、沈葆桢除遵旨在直隶磁州和台湾基隆办矿外⑤,在其他地方亦广泛物色,择佳矿试采。于是,湖北开采煤铁总局、直隶开平矿务局等随之成立。其后光绪八年(1882),左宗棠请开江苏利国

---

① 郭廷以:《近代中国史事日志》,中华书局1987年版,第573—594页。
② 《光绪元年六月初十日总理各国事务衙门奕诉等奏折》,见中国科学院近代史研究所史料编辑室、中央档案馆明清档案部编组:《洋务运动》第一册,上海人民出版社1961年版,第162—165页;又,《光绪五年十月二十八日直隶总督李鸿章奏折附片》,《洋务运动》第二册,第424页。
③ 《筹议制造轮船未可裁撤折》,同治十一年五月十五日,《李鸿章全集》奏议五,第109页。
④ (中国社会科学院经济研究所藏)户部档案抄本。
⑤ 实际上在1874年,李鸿章在磁州、沈葆桢在台湾已经雇佣外国人查矿选址,为开办新矿进行准备工作。《英领事商务报告,1874年分(页64),天津》;《中西见闻录,1874年3月》;《关册,1875年分(页210),淡水》。皆见《中国近代工业史资料》第一辑下册,第570、568、584—585页。

驿煤铁。光绪十七年(1891),张之洞开湖北大冶和武昌煤矿(炼大冶铁矿)。以上为主要的官方矿业。同时,受官方的影响和带动,安徽池州、山东峄县、广西贺县、直隶临城、奉天骆马山、北京西山等地先后又有私人和民间资本也投入煤矿业中来。于是在1875后的二十年间,出现了规模大小不同的新式煤矿十六座,不同程度地使用机器方式开采。① 唯1883年因有上海金融风潮的影响,投资有所降温。最初的办矿是煤铁开采并举,意在采煤之后就近炼铁,因此直隶磁州、开平,湖北广济兴国、江苏利国驿的选址都是看重其煤铁矿藏并存,但后来大多迫于资金短绌,皆先尽采煤,仅湖北大冶建成铁厂,采附近之煤以炼钢铁。19世纪90年代末至20世纪初,在清末"新政"影响下,又兴起一轮开矿热潮,涌现出一大批官办、商办矿业;与此同时,外资开始涉足中国的煤矿业,外资煤矿(外国独资和中外合资)占同期新式煤矿开办的80%。② 晚清以煤矿计,各地兴办新式煤矿六十余座,其余小型或以土法出产者则不计其数。《清史稿》这样记载:

> 于是煤矿则吉林大石头顶子、乱泥沟、半拉窝、鸡沟、二道河、陶家屯、石牌岭;黑龙江太平山、察罕敖拉卡伦;直隶开平唐山,内丘县之上坪、永固、磁窑沟、南阳寨,临城县之冈头、石固、胶泥沟、杨家沟、新庄、竹壁、牟村、焦村,宣化府之鸡鸣、玉带、八宝寺山,阜平县炭灰铺村,曲阳县白石沟、野北村,张家口厅海拉坎山、马连坎垯,宛平县青龙涧、碑碣子,承德府榆树沟;奉天海龙府远来、义和、进宝、玉盛、永顺、永益、万利、人和、同德、顺发,锦州府大窑沟,锦西厅砀石沟,本溪县王干沟,兴京厅蜜蜂沟,辽阳州窑子峪;江西萍乡、永新、馀干;山东峄县;安徽贵池、广德、繁昌、东流、泾县;湖北荆门;河南禹州;山西平定、凤台;浙江桐庐、馀杭;江苏上元、句容;湖南湘乡、祁阳;广西富川、贺县、奉议、恩阳、南宁、那坡;陕西白水、澄城、同官、宜君、邠州、陇州、淳华。铁矿则直隶迁安县、滦州,湖北大冶,广西永宁州,江西永新县,云南开、广两府,贵州青黔,皆先后开采,而秦晋商民零星开采,尤难悉数。③

然而新式煤矿从开始试办到渐成规模却是一个充满着艰辛和挫折的历程。在19世纪七八十年代试办的机采煤矿中,实际上仅基隆和开平两座煤

---

① 参见张国辉总结,《洋务运动与中国近代企业》,第184页,另"中国近代煤矿简况(1875—1895年)",第185—187页。
② 晚清主要煤矿简介,参见"附录1—1　中国近代煤矿简表(1875—1934)"。
③ 《清史稿》矿政,卷124,第3664—3672页。

矿可称有成效,其余或因技术失败、或因资本不继、或因经营不善而中途停辍,成功率很低。回看这一时期新式煤矿的创办经过,几乎是一个不断的摸索和"试错"的过程。其中,最先开办的直隶磁州煤矿和湖北广济兴国煤铁矿尤其具有典型性。

　　直隶磁州煤矿最早在 1873 年已经开始了探矿和订购机器等准备工作①;1875 年试办开矿的谕令下达后,即遭遇地方抵制,当地据说因反对机器开矿、对官府占用民地大为不满而致"民情哗变"。② 另一边在采购机器上又出现问题,原订以四万五千英镑价格委托英商庵特生(J.Henderson)③赴英代购开矿机器,但是庵氏到英国后来函谓价格不敷、须添给银两方能采购,中方则认为既已签立合同,何能再为加价?④ 双方"意见龃龉"⑤,相持不下。另外,在复查资源时,发现矿产不旺,且矿地"去河太远",运输困难。⑥ 李鸿章后来以"磁州煤铁运道艰远,又订购英商熔铁机器不全,未能成交,因而中止",奏陈失败情形。⑦ 第一座新式煤矿就这样中途搁浅,直到1896 年才复又集商股重新开办起来。李鸿章深以此为戒,后来直隶开平矿务局招商开办时,一再嘱创办者"应以订请矿师为第一义""若但从洋商咨访,恐仍得其下乘"⑧。

　　同在 1875 年开办的湖北广济兴国煤铁矿更反映出新式煤矿起步时的步履蹒跚。湖北煤铁开采试办之初甚得官方支持:李鸿章会同沈葆桢、翁同爵奏请由直隶练饷项下拨给制钱 30 万串,湖北存储公款项下拨给 10 万串,委派盛宣怀试办,"所得煤铁,售与兵商轮船及制造各局"。⑨ 开矿先是同样

　① 《英领事商务报告》,1874 年分(页 64),天津,见《中国近代工业史资料》第一辑下册,第570 页。

　② 《中西闻见录》1874 年 10 月,见《中国近代工业史资料》第一辑下册,第 568—571 页。另,《申报》1875 年 3 月 18 日,第 1—2 版。

　③ 又译为海德逊、亨特生、安德生,广隆洋行英商,自 1860 年即居天津,是第一个系统勘察直隶煤铁矿的人。1881 年 6 月 17 日《北华捷报》载:"第一个系统地勘察直隶煤铁矿的人是海德逊,海氏自 1860 年即居住在天津。"1874 年 10 月《中西见闻录》载,海德逊十余年中,每届封河后,洋行公务稍暇,辄自备资斧,前往各地踏勘煤苗成色,曾著《探寻煤铁记》、《中西煤铁论》。皆见《中国近代工业史资料》第一辑下册,第 568 页。

　④ 《申报》1875 年 4 月 6 日,第 2 版。

　⑤ 《光绪二十二年直隶磁州矿务集股启》,见《中国近代工业史资料》第一辑下册,第 572 页。

　⑥ 李鸿章:《复丁稚璜宫保》,光绪二年八月二十六日,《李鸿章全集》信函三,第 489—490 页。

　⑦ 李鸿章:《直境开办矿务折》,光绪七年四月二十三日,《李鸿章全集》奏议九,第 339—340 页。

　⑧ 《直隶开平矿务局章程并批》,光绪三年八月二十一日(1877 年 9 月 27 日),《开平矿务招商章程》,第 25—29 页。

　⑨ 《李鸿章、沈葆桢、翁同爵会奏折》,光绪元年十二月十九日(1876 年 1 月 15 日)天津,转见《盛宣怀档案资料选辑之二》,上海人民出版社 1981 年版,第 46—47 页。

受到地方"地脉风水"等论拦阻,继之,所聘英国矿师马立师(Samuel John Morris)在广济和他处探矿多时无成效,由此迁延近一年。1877年新聘矿师郭师敦(Andrew White Crookston)主持重新全面踏勘湖北全省矿藏[①],拟就熔化大冶矿石建造生铁厂和开荆门煤矿的计划书,前后费时又三年。郭师敦的报告中,预算开煤井、安置熔铁炉、修理河道等一切费用需银37万两左右,此时湖北开采总局已试办三年,投入十余万串制钱而无成效,官府对于追加投资毫无信心,于是辞退郭师敦,计划未予采纳。[②] 1879年,盛宣怀受李鸿章之命以招商集资方式开采荆门、大冶煤铁矿,湖北开采煤铁总局遂移至荆门,改"荆门矿务总局"。原先拟集商股十万两,但至1880年只招集到19200两,转年不得不停办。这样,湖北煤铁开采历时六年,以无果告终[③]。

可见,西法采矿需要事前周密的勘察和选址,需要足够专业的矿师,需要巨额的资本投入,更需要对资金合理的运用和管理。如果不能调度得宜,只能徒然耗费财力物力。但我们也不能就此过分苛责办矿者的无能,因为新式煤矿与历史上的开矿设厂性质截然不同,从技术运用、人力组织、行政管理,到资金运用和分配上都无任何经验可借。曾经会办开平局林西煤矿、兼理承平三山银矿继又创办建平金矿的大商人徐润言:"润出省以来四十四年矣,历事已不为少,最难莫如办矿,色色须求于人,主其事者稍或犹豫胆怯,不能苦心忍耐,即难办矿。"[④]当西方商人积极在中国游说开发煤矿时,在他们自己的国度已积累了长达五个世纪的煤炭开采经验,即以英国人赛维利(Thomas Sevry)1698年制造第一台用来抽取矿井水的蒸汽泵、标志着采煤进入机器时代算起[⑤],也已经有两百年的历史。这样一个漫长的过程,中国不可能一下子完成。实际上,移植和嫁接西方先进的物质成果,其中牵涉的不仅仅是一个技术问题。新法开采煤矿,与原有的观念习俗和生产组织安排不相协调,自然受到旧有习惯性力量的羁绊。最典型者莫过于风水问题:按照传统社会的习俗,凡坟冢寺院道观古迹之所,皆不许探采,这些习俗约定的开采范围实际上在清乾隆时期的官方文书中曾予确认,具备一定法律效力[⑥];

---

① 据《中国近代煤矿史》,此次勘查开创了我国近代地质勘探的历史,第18页。
② 《盛宣怀档案资料选辑之二》,第380—382、384—385页。
③ 《徐寿致蒲而捺函》,载《盛宣怀档案资料选辑之二》,第111页。
④ 梁文生校注:《徐愚斋自叙年谱》,江西人民出版社2012年版,第95—96页。
⑤ 《中国近代煤矿史》,第7—8页。
⑥ 乾隆时代会典记,"各省产煤之处,无关城池龙脉、古昔陵墓、堤岸通衢者,悉弛其禁,该督抚酌量情形开采"。《大清会典事例》卷951,乾隆时期。

而这种习俗一直沿至民国时代。① 再如机器的使用:当时一般国人对于西方传入的机器持有巨大的怀疑,因此在建西式新矿时遇到抵制的情形颇多,有如李鸿章所讲"但官绅禁用洋法机器,终不得放手为之……而文人学士动以崇尚异端、光怪陆离见责"②。又如工人雇佣问题:开矿在传统社会属于农余副业,因此在新矿开办之初,矿工多是季节性工人,只在农闲时节赴工,生产受到农业社会生产节奏的制约。

　　除了上述办矿本身遇到的诸种困难外,运输是新式煤矿发展最大的瓶颈。在中国传统的交通运输条件下,煤的载运成本远远高于采掘成本,据1866 年资料,京西斋堂煤矿每吨煤的采掘成本二两五钱,经由牛车辗转运到天津市场,每吨以十二两的价格出售,贩运者也未必就能有利可得。③ 由此可以想见,如果不配合以发展现代交通运输工具的发展,新式煤矿所产煤炭在销场不会有任何价格优势,甚至反而可能为巨额的设备投入所累,不能获持续发展。正是这个原因,开平煤矿的创办者唐廷枢在筹建伊始,即提议修筑铁路,称"苟非由铁路运煤,诚恐终难振作也"。④ 但是,修建铁路在中国同西法开采煤矿一样,经历了一个长时间的动员过程,直至 19 世纪 80 年代后半期才为清廷所接受,而至甲午战后铁路才大规模铺设。

　　当然,所有以上这些因素,并不成为新式矿业发展的绝对阻碍。因为,技术的问题,可以通过慢慢适应和消化得到解决;风气不开,也能随着时间的推移而"拘牵渐化"⑤;运输不畅,也终会随现代交通运输体系的建设得以改观。其实,唯有企业的经营管理,不是可以随时间而必然能得改善。近代新式煤矿建设初期,由于系官方提倡和推动,因此多采用官办和官督商办模式。这种体制在发挥国家集中力量调动各种资源优势的同时,也将旧有的管理弊端带入新式企业中,于是官衙作风成为新式企业中的通病,新式煤矿最后逐渐成为封建官场的缩影。19 世纪末叶,"官方"煤矿都不约而同地衰

---

① 1928 年《矿业周报》曾记一事:湖南宝庆富有煤矿公司,其矿区附近有一巨石,相传为明季杨将军就义之地,居民因其有功于桑梓,立庙于石上以祀之,时有地痞刘某以此为由与公司纠纷。此从侧面反映出当时凡古迹所在,开矿有一定限制。事见《矿业周报》创刊号,1928 年 4 月 21 日。

② 李鸿章:《复郭筠仙星使(郭嵩焘)》,光绪三年六月初一日(1877 年 7 月 10 日),《李鸿章全集》信函四,第 75 页。

③ 《英国领事报告》1866 年,天津。转引自张国辉:《洋务运动与中国近代企业》,第 182 页。

④ 唐廷枢:《呈李鸿章查看开平煤铁矿情形禀》,光绪二年九月二十九日(1876 年 11 月 14日),《开平矿务招商章程》,第 1—8 页。

⑤ 郑观应《盛世危言》中有"风气渐开,拘牵渐化"之语。卷五,《开矿》上,载夏东元编:《郑观应集》上册,上海人民出版社 1982 年版,第 703 页。

落了。台湾基隆煤矿(1876年)因长期亏蚀于1892年封闭,湖北荆门煤矿(1879年)因资本短缺于1882年停办,山东峄县煤矿(1880年)于1895年因大水而禁采,广西富川贺县煤矿(1880年)因煤质较差、运输困难于1886年闭歇,山东淄川煤矿(1887年)于1891年随创办人死去而停办,湖北大冶王三石煤矿(1891年)于1893年因积水过多停采……①据《中国近代煤矿史》的总结,1895年之前的二十年间,新式煤矿大约创办有16个,其中因资金无着和订购不上机器而宣告失败的2个,因资金不足中途停办的2个,因管理不善、销路不佳、连年亏损而停办的5个,余下的6个煤矿,只有开平煤矿产销两旺,年有盈余。②

## 二、外国资本的涌入和民族矿业的兴起

中国的新式矿业在19世纪90年代中期开始出现重大变化,变化的核心就是矿业领域向外国资本开放,出现了一批中外合办和外商独资的矿业。

本来对于外资涉足矿业,清政府素持排斥态度。洋务运动中兴起的一系列新兴事业,只限于向外国采买机器、聘用技师,不准洋人附股。③ 开明人物如李鸿章也仅止步于商借洋债④,对于外资涉足则明确反对。例如,1887年德国商人同德国公使馆的铁路工程司起草设立煤矿公司和修建铁路的方案,李鸿章听说此事后,表示不能经营此类企业,作罢。⑤ 然而19世纪末叶,外资突然大量涌入,成为矿业领域投资中的主导,这个过程一直持续至20世纪最初十年。矿业中外国资本的大量出现宣告了自办矿业时代的结束。这一突然的转变其中有多重原因。

最直接的原因是1895年甲午战争的失败。西方各国对于在中国投资矿业其实早有意愿,但一直受到清政府的抵制,不能遂愿。甲午战败后中日《马关条约》签订,根据条约,日本可以在中国投资设厂,而西方各国根据最惠国待遇原则,也共享了这一权利,外国资本投资矿业于是终于以条约形式得到实现。并且,通过甲午一役,各国看出了中国的虚实,开始转借强力威胁手段迫使清政府同意他们的各种请求。甲午战前,中国在与外交涉中尚

---

① 详见"附录1—1 中国近代煤矿简表(1875—1934)"。
② 《中国近代煤矿史》,第45页。具体情形见附录1—1。
③ 李鸿章《妥议铁路事宜折》奏折中提及"宜仿招商局之例不准洋人附股",光绪六年十二月初一日。《李鸿章全集》奏议九,第255页。
④ 李鸿章创办的洋务企业举借的外资,有学者统计,有据可查的有332万余两。曹均伟:《中国近代利用外资思想》,立信会计出版社1996年版,第72页。
⑤ 中国社科院近代史研究所翻译室:《近代来华外国人名辞典》,中国社会科学出版社1981年版,第369页。

有一定自主权,而甲午战后,清政府对于办矿、筑路、开港等事,则是"尽撤藩篱",再不能完全自主。

从财政的方面来说,《马关条约》签订后,中国背负了两亿两白银的战争赔款(辽东半岛归还又加赔三千万两),清政府财政进一步紧绌,不可能再向新事业给予资金方面的支持。从前洋务企业的创办以及发展过程中或多或少都能得官款协济:轮船招商局1873年创办时得李鸿章拨借练饷制钱20万串(预扣利息及其他后,实际收到折合银12万3000余两),1876年购并旗昌时尚能得沈葆桢拨借公款100万两①;1875年直隶磁州煤矿、台湾基隆煤矿、湖北开采煤铁总局创办时都能直接得到官府拨款(详见前文)。然而此时,政府尚需向国外银行贷款以支付赔款,更无任何官款可为融资,矿业发展不得不转向国外资本求贷。

而中国利用外资的思想在19世纪最后十年间也更进一步。先时在洋务派与保守派官僚之间对于是否举借洋债存在重大分歧,保守派认为"行称贷之事,国体有伤""开洋债之风,牵掣实甚"②,这种思想曾在铁路修筑等新事业的营建上造成了很大障碍;洋务派一再动员利用外资,主张"借洋债以兴大利"(李鸿章),但同时提出"不可不慎"之三原则——由我自主、不准洋人附股、议明借款与海关无涉(日后所收铁路之利陆续分还)③。甲午战后中国利用外资的观念,由"权宜之计"转为"自强之策"。张之洞《条陈立国自强疏》中,提出"多借洋债"、中外合办矿业、外商包办铁路等等,后又在《劝学篇》中提出"采矿招洋股,修路借洋债",刘坤一认为"似可变通办法,兼招中外股资,股本既有洋人,局章(铁路公司章程)自照西法,风声一树,莫不乐从。盖有洋股在中,而华商方无顾虑;亦有华股参集,而洋商无可把持","今选诚实西人精通铁路者,充当首领,各项以洋人提纲,华人副之,效则任用,否则辞退。规画悉视泰西,权柄仍在中国,使彼无所挟持"。④

1896年,位于直隶(今河北省)宛平县门头沟的通兴煤矿招请美国商人施穆合股,后又有德国、英国先后投资接办,被视为最早的外资入股的煤矿。⑤而在此之前,外资可能已经通过托名华商的方式加入到中国本土的

① 张国辉:《洋务运动与中国近代企业》,第173页。
② 转见马建忠:《借债以开铁道说》,《铁道论》,《适可斋记言》卷一。
③ 李鸿章:《奏妥议铁路事宜折并密谕》,光绪六年十二月初一日(1880年12月31日),《李鸿章全集》奏议九,第254—257页。
④ 宓汝成编:《中国近代铁路史资料》第一册,中华书局1963年版,第203页。
⑤ 《中国近代煤矿史》中描述为"第一个中外合办煤矿",第115页;《中国资本主义发展史》第二卷,描述为"第一家外资矿业",第567页。

煤矿开采中。1896年以后,西方国家纷纷投资中国煤矿业,以英、日、德、比、俄为最著。至1902年,外资煤矿(外国独资和中外合资煤矿)①占同期开办新式煤矿的80%,基本控制了中国的新式采煤业。② 于是近代有"外资控制的七大煤矿"之说。③

外国资本的大量涌入以及占据中国的主要投资市场给当时国人以深刻刺激,并唤醒更深的民族权利意识,终于在世纪之交形成了上至政府官员下至一般商民的有广泛社会动员的收回矿权运动。从1903年至1911年,民族资本开始涉足新式矿业,掀起一轮自办矿业的高潮。在安徽,呈请开办矿务者纷纷而起,"一年之间,商人承办者二十余处"④。近代著名的商办煤矿如山西保晋煤矿公司、山东中兴煤矿、河北怡立煤矿等,都是在这场运动中创办并成为后来民族资本的中坚力量的。⑤ 1904年由清政府商部主持奏定暂行矿业章程三十八条,其中规定了洋股不得超过华股之数、华矿借洋债不得过股额十分之三⑥,意在从法律上对外资加以限制,以保证民族经济权益。

甲午至辛亥期间是民间资本历史上发展最快的时期,平均年增长率达15.19%。⑦ 随后在20世纪第二个十年又逢"一战"爆发,欧洲战事反而刺激了国内工业,本用土法开采的小煤矿也逐渐采用机器或合并成新式煤矿,华资煤矿由此在整个煤炭行业中奠定了自己的地位。

### 三、近代煤矿业发展的特点、影响与业绩

虽然有社会兴办实业的上下提倡,办矿之难最初仍使得相当一部分民间资本对之望而却步,因此从整体上中国的煤矿开发在20世纪之前处于缓慢发展阶段。大约从一战爆发开始,近代煤矿业特别是华资煤矿进入了一个较为繁荣的时期,不仅煤矿创办个数激增,而且产量也增长极快。全国民族资本煤产量,从1913年的580万吨上升到1920年的1080万吨,八年间

---

① 这里的"外资煤矿"取广义,即中外合资和外国独资煤矿的合称。中国近代史上的外资煤矿,多以中外合办的形式出现,其中外资往往主导经营管理权。

② 见《中国近代煤矿史》,第131页。

③ 抚顺、山东华德、开滦、临城、焦作、井陉、本溪湖七大煤矿。见《中国资本主义发展史》第二卷,第566—570页。

④ 《皖矿始末通告书》,第2页。转引自章开沅等主编:《辛亥革命史》中册,人民出版社1980年版,第483页。

⑤ 《中国近代煤矿史》,第131—171页。

⑥ 《中国近代煤矿史》,第234页。

⑦ 吴承明:《近代中国工业化的道路》,《文史哲》1991年第6期。

增长 1.86 倍①。这主要是战争使得列强无暇东顾,且战争本身产生对能源的大量需求,煤价的上涨也刺激了煤业生产的缘故。一战结束后,近代煤矿业的发展速度相对减缓,新办煤矿个数减少(见附录 1-1),且市场或受内乱、或受外煤(主要是日煤)倾销的影响,时有萧条,呈现出一种不稳定发展的局面,这种局面一直持续到抗战爆发前。参考附录 1-1 中可以观察到,中国近代煤矿业的发展大致呈现出以下特点:

第一,近代煤矿业起于国家主导,即自上而下的带动。最先一批新式煤矿皆为官办或官督商办煤矿。

第二,从资本性质的角度,近代煤矿业大致经历了"华资—外资—华、外资并存"的发展轨迹。近代煤矿业之初,政府排斥外资涉足中国矿业,新式煤矿几为特权产业;清末矿业开放后,外资大量涌入,中国最重要的煤矿除保晋公司外无一不有外资的渗入;随着矿权收回,原先的中外合办煤矿逐渐收回自办,至 20 世纪 20 年代初,在重要煤矿中,完全外资性质的仅日资的抚顺煤矿与烟台煤矿、英资的福公司煤矿和俄资的札赉诺尔煤矿四家②,其余多为中外合办和完全华资。

第三,从经营方式的角度,也相应经历了从官办(包括官督商办)到商办再到国家参办的转变。从 1875 年到 1896 年间,煤矿皆以"官办"或"官督商办"形式由国家主持经营;大约自 1898 年开始,商业资本投资煤矿蔚然成风,包括同期的外资大量涌入,商办煤矿占据新矿主流;进入 20世纪 20 年代后,国家资本主义兴起,官办思想开始回潮,从外资手中收回的煤矿,有些转为商办,也有相当一部分转为官商合办,政府经常以参股形式介入。

此外,近代煤矿业中也存在着"二元"式的经济生产格局,即土法开采与新式开采并存。一方面,以机采为特征的新式煤矿的发展对原先作为手工业范畴的小煤窑的开采有带动作用。另一方面,从历年机械采煤量占总产量的比重看(见表 1-1),机械采煤基本上持续上升。1912 年,这一比重是 57%,至 20 年代,平均比重是 69.8%,至 1937 年已达到 84.3%。这也从一个侧面表明近代煤矿的整体技术水平是进步的。

---

① 《中国近代煤矿史》,第 250 页。
② 谢家荣:第二次《中国矿业纪要》(民国七年至十四年),农商部地质调查所民国十五年
　　(1926 年)印行,第 17 页。

表 1-1 中国历年机械采煤量占全国总产量百分比

| 1912 年 | 57.0% | 1925 年 | 72.3% |
|---|---|---|---|
| 1913 年 | 59.6% | 1926 年 | 67.8% |
| 1914 年 | 56.2% | 1927 年 | 73.2% |
| 1915 年 | 62.9% | 1928 年 | 71.7% |
| 1916 年 | 59.3% | 1929 年 | 74.1% |
| 1917 年 | 61.7% | 1930 年 | 76.4% |
| 1918 年 | 60.3% | 1931 年 | 77.4% |
| 1919 年 | 63.6% | 1932 年 | 76.6% |
| 1920 年 | 66.3% | 1933 年 | 77.8% |
| 1921 年 | 65.1% | 1934 年 | 78.8% |
| 1922 年 | 66.5% | 1935 年 | 83.4% |
| 1923 年 | 69.1% | 1936 年 | 84.7% |
| 1924 年 | 71.9% | 1937 年 | 84.3% |

资料来源:严中平等编:《中国近代经济史统计资料选辑》,科学出版社 1955 年版,第 104 页。

从地理布局来看,虽然近代煤矿初始创办阶段遍及包括台湾、广西、江苏在内的十多个省份,但最终发展起来的只集中于沿海少数几省。近代先行开发且产量最多的,并不是煤量蕴藏最为丰富的山西省,而是河北、河南、山东及东北地区。据第二次《中国矿业纪要》(1926)载,各省煤产量以"直隶居首,约占 34%,奉天次之,约占 28%,山东河南各约百分之九、十,江西山西各约百分之三、四,黑龙江江苏各约百分之一,此外则不逮百分之一"[1]。这里直隶与奉天两省产煤,即达全国总产额半数以上。河北等东缘省份首先得到开发,最主要的原因在于这些地区有相对发达的交通条件(铁路线与海运)且临近东部市场,而山陕地区煤窑僻处乡间,交通不便,无法运销。另一个因素在于,近代煤炭市场上销用最大的品种为烟煤,而山西则以无烟煤产量较高,因此发展也多少受到限制。

以煤矿论,近代的大煤矿,到 1936 年为止,年产 60 万吨以上的煤矿 8个,分别为中英开滦煤矿、日资抚顺煤矿、华资中兴煤矿、中英中福煤矿、中日鲁大煤矿、中德井陉煤矿、中日本溪湖煤矿、西安煤矿,如果加上曾经达到年产 60 万吨以上的江西萍乡煤矿(中国官办)和河南六河沟煤矿(中国商办),共计十个。[2] 十大煤矿中,抚顺煤矿与开滦煤矿年产能力在 500 万吨

---

① 谢家荣:第二次《中国矿业纪要》,第 19 页。
② 见"附录 1—4 中国近代主要煤矿(20 世纪 30 年代)"。

以上,其它煤矿与之相比则望尘莫及。山东中兴煤矿是华资煤矿中实力最强者(年产能力 120 万吨),然而产煤量与开滦、抚顺比较相距仍是遥远。

中国近代历年产煤总量如何?民国以前没有具体统计数字,民国四年(1915 年)后农商部开始有统计。表 1-2 列出了从 1907—1936 年间各年产煤总量。

### 表 1-2　中国近代历年煤总产量(1907—1936)

单位:吨

| 年份 | 产量 | 年份 | 产量 | 年份 | 产量 |
|------|------|------|------|------|------|
| 1907 年 | 10500000 | 1917 年 | 16982260 | 1927 年 | 24172009 |
| 1908 年 | 12000000 | 1918 年 | 18432285 | 1928 年 | 25091760 |
| 1909 年 | 12800000 | 1919 年 | 20146818 | 1929 年 | 25437480 |
| 1910 年 | 13200000 | 1920 年 | 21318825 | 1930 年 | 26036564 |
| 1911 年 | 13000000 | 1921 年 | 20507390 | 1931 年 | 27244673 |
| 1912 年 | 9067862 | 1922 年 | 21139918 | 1932 年 | 26376315 |
| 1913 年 | 12879770 | 1923 年 | 24552029 | 1933 年 | 28378783 |
| 1914 年 | 14182330 | 1924 年 | 25780875 | 1934 年 | 32724842 |
| 1915 年 | 13496666 | 1925 年 | 24255042 | 1935 年 | 36091747 |
| 1916 年 | 15982616 | 1926 年 | 23040119 | 1936 年 | 39902985 |

资料来源:1907—1911 年产量取自谢家荣《煤》,商务印书馆民国十八年(1929 年),页六十三;
　　　　1912—1936 年产量取自《中国近代经济史统计资料选辑》,严中平等编,科学出版社
　　　　1955 年版,第 123 页。谢家荣《煤》中产量本截至 1921 年,唯与《中国近代经济史统计资料选辑》数字不符,故只取到 1911 年。

近代煤业兴起后,在半个世纪时间内终于改变了进出口局面。图 1-1 显示了 1864 年以来中国历年煤炭进出口数量的变化趋势(历年煤炭进出口数据见本章附录1—5),从中可以看到,从 1864 年至 1914 年,煤进口量呈增加趋势,在 1926 年达到一个峰值后便在波动中迅速下降;煤出口量大致从 1909 年开始增加,此后一直呈上升趋势,1914 年是一个转折点,之后煤炭出口开始超过进口,大约自 20 年代末开始,进出口差距拉大,中国完全从煤炭净进口国转变成为净出口国。

1934 年全世界总产煤约 10 亿余吨,其中欧洲占 45%,美洲占 30% 以上,亚洲仅占 8%,[①]可见亚洲地区煤炭开采属于后进。当时年产煤量在 1

---

① 　侯德封:第五次《中国矿业纪要》,实业部地质调查所、国立北平研究院地质学研究所印行,民国二十四年(1935 年),第 137 页。

图 1-1 中国历年煤炭进出口数量趋势

亿吨以上的国家,仅美、英、德三国。苏联产煤亦旺,当时增达 9000 万余吨列第四,其余各国皆在 5000 万吨以下。法国以 0.48 亿吨位于第五,日本以 0.36 亿吨排第六,中国在当时排第七位(东北四省在内),本部则排第十位。① 以煤炭总消费量看,中国亦排在第七位,但如果折合以人均消煤数量计算,则微乎其微,可见经济的工业化程度远远落后于欧美西方国家(见表 1-3)。

表 1-3 世界重要产煤国消费数量比较表(1934 年)

| 国别 | | 消煤量 | 每人消费率(吨) |
|---|---|---|---|
| 英国 | | 162.8 | 3.9 |
| 美国 | | 298.0 | 2.4 |
| 德国 | | 120.2 | 1.8 |
| 法国 | | 72.8 | 1.7 |
| 俄国 | | 91.7 | 0.55 |
| 日本 | | 35.2 | 0.55 |
| 意国 | | 8.9 | 0.21 |
| 中国 | 中国本部 | 20.9 | 0.05 |
| | 满洲 | 6.4 | 0.22 |

资料来源:侯德封:第五次《中国矿业纪要》,第 138 页。

然而以发展速度观察,中国近代煤矿业的发展也并不缓慢。1551——

① 侯德封:第五次《中国矿业纪要》,第 137 页。

1560 年,英国煤年产量约 21 万吨,而在 1681—1690 年迅速增长到年产约 300 万吨,至 1869 年达到 11000 万吨。① 从 18 世纪初的 300 万吨到 1869 年的 11000 万吨,增长 36 倍约用了 170 年时间;相比之下,中国从 1887 年的 40 万吨到 1936 年的近 4000 万吨②,增长约 100 倍,仅用了 50 年时间。更重要的是,近代煤矿业的兴起和发展深刻地改变了延续千年的传统能源供给结构。乾隆时期礼部尚书赵国麟请广开煤炭时,提到"东南多山林材木之区,柴薪尚属易得,北方旱田,全借菽粟之秸为炊……"③1877 年安徽池州煤矿开办时,据云"池郡山多木广,民间并不用煤"④;台湾则"炊爨御寒,均无藉于煤"⑤;创办开平煤矿的唐廷枢曾概括称"南方割芦苇〔为〕薪,北方则伐木为薪"⑥;同时又有"北地民间日用,无不需煤"之说⑦。这些都可视为近代之前中国社会基本能源利用格局的参考,从中可见煤炭的开发利用在传统经济生活中非居主流。但是,近代煤矿业兴起后,煤炭成为国民经济特别是工业发展中不可或缺的资源,也由此改变了传统的能源结构。

当然,中国近代煤矿业发展无论如何仍与西方工业国家有很大距离,1935 年产量 35 兆吨,仅达到英国 1840 年前后的水平(见表 1–4)。同时在消费结构方面,英国家庭用煤在 1929 年已降至 15%,工业总体(冶炼、煤矿、交通、气电、其他工业)用煤占 55%;中国方面,据第五次《中国矿业纪要》(1935 年)载,中国销煤各项中,铁路用煤占 8.4%,矿冶用煤占 7.6%,轮船用煤占 5.4%,家用(商家及乡间小工艺等在内)占 50%,新式工业占 28.6%。⑧ 两相比较,亦见较大差距。

---

① Richard Eden et al., *Energy economics: growth, resources and policies*, Cambridge University Press, 1981, pp.8, 99.
② 1887 年数字没有统计,系作者根据开滦煤矿当年产量以乘 1 倍方法估算(按:当时开平占中国煤产几一半),1936 年数字见表 1–2。
③ 《大学士兼礼部尚书赵国麟奏》,乾隆五年二月初六日,见中国人民大学清史研究所、档案系中国政治制度史教研室合编:《清代的矿业》上册,中华书局 1983 年版,第 8 页。
④ 《沈葆桢奏援照台湾、湖北成案,一体酌减煤税折》,光绪三年八月二十八日(1877 年 10 月 4 日),《洋务运动》第七册,第 105—106 页。
⑤ 《沈葆桢奏出口台煤减税片》,同治十三年十二月十五日(1875 年 1 月 22 日),《沈文肃公政书》卷五,第 17—18 页;《中国近代工业史资料》第一辑下册,第 582—583 页。
⑥ 《唐廷枢呈李鸿章熔化煤铁成色译文并条陈开采煤铁事宜禀并批、附》光绪三年八月初三日(1877 年 9 月 9 日),《开平矿务创办章程案据汇编》,第 4—10 页。
⑦ 《总理大臣奕䜣等奏出口台煤减税折并朱批》,《筹办夷务始末(同治朝)》第十册,卷 97,第 3902 页。
⑧ 侯德封:第五次《中国矿业纪要》,第 111 页。

表 1-4　英国煤产量及消费情况(1840—1929 年)

| 年份 | 煤产量<br>(兆吨) | 各类用途(百分比) | | | | | | |
|---|---|---|---|---|---|---|---|---|
| | | 钢铁<br>工业 | 煤矿 | 交通 | 煤气与<br>发电 | 其他<br>工业 | 家用 | 出口 |
| 1840 | 34 | 25% | 3% | 1.5% | 1.5% | 32% | 32% | 5% |
| 1869 | 110 | 30% | 7% | 5% | 6% | 26% | 17% | 9% |
| 1887 | 165 | 17% | 7% | 12% | 6% | 26% | 17% | 15% |
| 1913 | 287 | 11% | 6% | 6% | 8% | 22% | 14% | 33% |
| 1929 | 262 | 10% | 5% | 6% | 11% | 23% | 15% | 30% |

资料来源:根据 Deane and Cole (1969) and UK Department of Energy (1978a),转见 Richard Eden et al., *Energy economics:growth, resources and policies*, Cambridge University Press, 1981, p. 99.

## 第二节　开滦煤矿及其研究史

　　开滦煤矿系河北开平煤矿和滦州煤矿的合称,在中国近代历史上是赫赫有名的大型煤矿企业。它不仅是中国最早使用机器开采的煤矿之一,而且是中国近代史上持续经营时间最长、产量最巨的煤矿。自 1907 年中国煤炭年产量有数字以来至 1936 年,开滦产煤每年在全国的份额平均占到 17%,1912 年曾达到过 26%,如此情形,在中外历史上大概亦属罕见。1923 年以后,辽宁抚顺煤矿(日资)产量开始超过开滦,成为全国产额最巨之煤矿。然而这并不影响开滦矿的地位。第二次《中国矿业纪要》(1926 年)这样记载:"(烟煤)主要销煤之中心点、皆仰给于数大煤矿、如开滦抚顺中兴萍乡等、尤以开滦为最重要、几操中国出口煤业与海舶用煤之霸权、而京奉路之西半部及沿海一带诸大城市、亦无不仰给焉。"[1]可见对中国经济近代化贡献尤著。

### 一、地理位置与自然条件

　　开滦煤矿的地理位置,在今河北省唐山一带。唐山地区北依燕山,南临渤海,远古时期曾是渤海的一部分。到了古生代末期(距今 6 亿年至 2.25 亿年),这里形成了比较稳定的陆地,而且在古生代,由于植物从海洋登陆成功,陆地上出现了大片大片以蕨类为主的原始森林。后来,这些树木死亡

---

①　谢家荣:第二次《中国矿业纪要》(民国七年至十四年),第 72—73 页。

于凹陷下沉的内陆盆地,逐渐变成了蕴藏丰富的唐山一带的煤田。① 开平煤田区域广阔,西南自唐山,中经半壁店、马家沟、白道子、赵各庄,东至唐家庄,东北至林西,以迄雷庄,北蜓青龙山、汪里一带,面积约 700 余方里。② 地层大致倾向东南成单斜层,地质时代属石炭二叠纪。③ 整个煤田横广中狭,为一大盆地,其下为奥陶纪石灰岩,其上为中生界之赤色砂岩。④ 煤层可采者共 13 层,厚度不一,总厚在 10—21 米间。这一厚度,在全国各大煤田中,远超过平均水平⑤,只有少数煤田在其上,如辽宁抚顺煤田,厚度达 32 米。⑥

开滦煤矿的矿区储量,曾经多次估计,所得之数,颇不一致。1910 年左右,北洋大学教授杜雷克(Noah Fields Drake)最早估计开滦煤炭储量 27 亿吨,但当时地质情形尚不明确,所估有很强的推测性。⑦ 后来又有日本地质调查所所长井上禧之助、《十大矿厂调查记》作者顾琅等人估计,而以翁文灏根据地质调查所所存各种资料和李春昱(近代地质学家)根据 1928 年冬实地地质调查估计之数最有权威性。翁氏估计开滦矿区储量为 698235 千吨,李春昱估计为 757084 千吨。⑧ 第五次《中国矿业纪要》(1935 年)所采用的数字为 690 兆吨(6.9 亿吨)⑨,可能即由翁氏估计而来。

煤炭储量的数字,往往会随时间而不断修正,这一是由于从前未详测区域经详测后数字有修订,二是随着勘测技术的进步,也会有新的储量估计。开滦煤矿的储量后来数字又有增加:1948 年开滦地质工程师比利时人马涤吾(F.F.Mathieu)分段计算至 1000 米深止,埋藏量为 23.09 亿吨,若将千米以下包括在内,则为 44.39 亿吨。⑩ 到 1988 年底,经过进一步勘探,现井田

① 王士立等编:《唐山近代史纲要》,社会科学出版社 1996 年版,第 3 页。
② 李春昱等:《开平盆地及其附近地质》,国民政府农矿部直辖地质调查所编:《地质汇报》第 12 号,民国十八年(1929 年)。
③ 侯德封:第五次《中国矿业纪要》,第 15、294 页。
④ 胡荣铨:《中国煤矿》,商务印书馆民国二十四年(1935 年)版,第 30 页。
⑤ 山西煤田厚度平均为 7—10 米,河南 5—7 米,南方诸省普遍不超过 3 米,很多皆不及 1 米。第五次《中国矿业纪要》,第 4—33 页。
⑥ 第五次《中国矿业纪要》,第 6 页。
⑦ 袁通:《开滦矿务总局调查报告》第一卷第三章“储量”,民国二十三年(1934 年),开滦档案。载李保平等编:《开滦煤矿档案史料集》,河北出版传媒集团、河北教育出版社 2012 年版,第 1534 页。
⑧ 皆见袁通《开滦矿务总局调查报告》第一卷第三章“储量”,“开滦矿区储量估计比较表”。《开滦煤矿档案史料集》,第 1534 页。
⑨ 侯德封:第五次《中国矿业纪要》,第 15 页。
⑩ 开滦矿务局史志办公室编:《开滦煤矿志(1878—1988)》第二卷,新华出版社 1995 年版,第 46 页。

范围内的地质储量为 42.07 亿吨,若包括深部共有地质储量为 76.3 亿吨。① 比起近代的数字扩充了十倍。

　　煤质决定了煤开采价值的高低,不同煤质对生活和工业的用途颇不一致。近代依据炭与水分挥发之比例等,将煤分为无烟煤、烟煤和褐炭三种,除褐炭外,又各分为上中下三等;认为无烟煤大抵不甚适于炼焦,高级烟煤于制焦最佳,褐炭富于挥发分、焦不凝结、然为蒸发煤气适宜。② 从销路上,近代以烟煤为主流。③ 开滦煤矿的煤炭质属烟煤,比较适合工业生产和生活用煤。从本章附录 1—3 中“近代各煤矿煤质分析表”中可以看到,1923年后年产量跃居全国第一的抚顺煤矿,煤属“褐性烟炭”;南方最大的煤矿浙江长兴煤矿,煤属“低级烟炭”,品质皆不及开滦。因此论及开滦煤质,近代文献中大多为赞誉之语。胡荣铨在《中国煤矿》一书中即评价说,“开平煤田,质量均佳。煤系烟煤,燃烧时发长焰。极适于火车、轮船,及制铁等之用。”④但如果专就烟煤而论,开滦之煤质不及河南六河沟和河北井陉煤矿之煤。因此依整体水平,开滦的煤质在全国居于中上地位。

## 二、在近代煤矿业中的地位

　　衡量煤矿规模大小,一般以资本数量和产量论。汪敬虞《中国近代工业史资料》中曾将中外厂矿资本以图示意,在 1895—1913 年成立的煤矿中,仅开滦煤矿一家比中国 41 家煤矿资本额加总还要巨大(见图 1-2)⑤。而开滦之绝对优势地位并非仅限于这一年,依产量占全国比重而言,它一直是近代产煤的中坚力量(见图 1-3)。

　　开滦煤矿的总产量在整个近代时期是平稳上升的。在 1931—1935 年间曾有一度的下滑,此为市场因素造成;而 1942 年后的跌落则是战争影响所致。开滦煤矿的储量,根据 1929 年的数字,为 6.9 亿吨⑥,当时全国煤总储量为 2436.69 亿吨,开滦仅占 0.28%。从 1907 年全国煤炭总产量有数字开始到 1937 年,30 年间,全国共产煤 671952909 吨(约 6.7 亿吨),而其中开滦产煤总计 110433944 吨(约 1.1 亿吨),约占 16%。以 0.28% 之储量而

　① 《开滦煤矿志》第二卷,第 47 页。
　② 谢家荣:第二次《中国矿业纪要》,第 12—13 页。
　③ 谢家荣:《第二次中国矿业纪要》载,“烟煤分布最广、销路亦最大”。第 72 页。
　④ 胡荣铨:《中国煤矿》,第 30 页。
　⑤ 汪敬虞编:《中国近代工业史资料》第二辑(1895—1914)上册,“中、外矿厂资本比较图,1913 年”,中华书局 1962 年版,第 400、402 页。
　⑥ 侯德封:第五次《中国矿业纪要》,“第九表　河北省”,第 15 页。

開灤煤礦
資本額 20,630,000 元

中國所有 41 家煤礦
資本 14,100,000 元

图 1-2  开滦煤矿与其他煤矿资本比较图

资料来源:汪敬虞编:《中国近代工业史资料》第二辑(1895—1914)上册,"中、外矿厂资本比较图,
1913 年",第 400 页右。

生产 16% 之煤炭,加上 1907 年以前已有 30 年的产煤史,如谓开滦煤矿为中国近代史上的第一大煤矿,当不为过。

### 三、关于开滦煤矿的研究

从近代开始,关于中国矿产资源和国内矿业的研究逐渐增多起来。仅就煤矿业来说,顾琅的《中国十大矿厂调查记》[①]、胡荣铨的《中国煤矿》[②]、徐梗生的《中外合办煤铁矿业史话》[③]是最有代表性的三部著作。[④] 这几部著作都涉及开滦煤矿,对其地理位置、历史沿革、交通条件、煤质与储量、产量与销售等都做了详细论述。但这些著作主要系参考性质,并不能算是纯粹的研究性著作。

---

①  商务印书馆民国五年(1916 年)出版。
②  商务印书馆民国二十四年(1935 年)出版。
③  商务印书馆民国三十五年(1946 年)出版。
④  除此以外,还有一些著作,如英国高林士(William F. Collins)的《中国矿业论》(*Mineral Enterprise in China*,Tientsin Press Ltd.,1922),汪胡桢的《中国煤矿业小史》(1921 年)等。

**图 1-3 开滦煤矿产量趋势（1881—1948）**

资料来源：根据《开滦煤矿志》（第二卷）数字汇总。

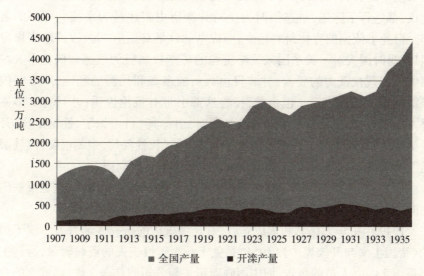

■ 全国产量 ■ 开滦产量

**图 1-4 开滦占全国煤产份额（1907—1936）**

　　始露研究端倪的，据笔者所见，为民国学者丁文江的《外资矿业史资料》（成书于 1915—1916 年间）①，书中对开滦煤矿的历史有较为系统的追溯和论述。此后，又有对开滦历史进行论述的著作和文章。1929 年，吴蔼

---

宸著有《华北国际五大问题》,评述由不平等条约而产生的华北五大国际问题,其第一篇即"开滦矿务局问题"①,共 11 章,介绍了开平矿务局的历史沿革,与滦州煤矿合并后的开滦矿务总局的组织及营业状况,以及对收回开平煤矿的意见等。1930 年,"河北矿学会"编有《三大问题之研究》,问题之一也是开滦的矿权,反映了当时河北地方士绅的意见。② 此外,张宗芳著有《开滦矿务局沿革》一文,1933 年在河北省政府的月刊上连载十几期,引用了很多资料。③

　　近代对开滦最具专题性质的研究,是杨鲁的《开滦矿历史及收归国有问题》(1932)。杨鲁成书之时,开滦煤矿已历 50 余年的历史,当时人们只知开滦是中英合办的煤矿业巨擘,对其由来和变迁所知已渐为模糊。杨鲁在书中序言中说,"开滦矿,则我国自办大实业,现为欧人盘踞者也。余向闻兹事奇诡,苦未能详。既践是邦,乃为考校其沿革迁流之故,推究其穷变通久之方"。④ 杨鲁这部书根据当时唐山市党委提供的材料及天津大公报图书室中的资料,对开滦煤矿原先的性质、断送的历史、现状和收归国有之建议,都进行了陈述,是迄当时为止对开滦历史叙述最为系统和详尽的著作。但此书依据的直接材料较少,而成书的背景又正值"九一八"事变爆发以后,当时国人对于关系国家战略资源的矿产权属极为敏感。杨鲁本人在书中说,"现代武力的要素,并非仅由兵员的多寡和兵器的利钝,双方国内经济背景,尤为紧要"。也由此,杨鲁这部书带有策论性质;并且行文多夹进人物臧否,如论及开平矿局督办张翼时,引称其"目不识丁,性情颠顸,开平矿断送,其初纯以浑浑噩噩出之"⑤,又称其"长袖善舞,中朝枢要,声气潜通"⑥。所有这些都使得这部书在学术价值上有一定局限。

　　总之,近代时期对开滦煤矿的研究偏重于考证其历史沿革,这也反映出当时中外经济利益冲突下国人争求民族权益的时代呼唤。

　　1949 年中华人民共和国成立后,对开滦煤矿的研究逐渐兴盛。魏子初的《帝国主义与开滦煤矿》(1954)是关于开滦矿权丧失的资料辑录,所选主要是历来经办人员的报告、旧中国政府机关与公司的往来文件、已成立的合

---

① 另外四大问题是:天津英租界问题、天津海河工程局问题、天津电车电灯公司问题及威海卫问题。
② 魏子初:《帝国主义与开滦煤矿》,例言,神州国光社 1954 年版。
③ 魏子初:《帝国主义与开滦煤矿》,例言,神州国光社 1954 年版。
④ 杨鲁:《开滦矿历史及收归国有问题》,自序,民国二十一年(1932 年),自行出印。
⑤ 杨鲁:《开滦矿历史及收归国有问题》,第 15 页。
⑥ 杨鲁:《开滦矿历史及收归国有问题》,第 34 页。

同章程及内部信札等。① 虽是资料辑录,但作者在导言中逻辑清晰地论述了开滦矿权的丧失过程,并对当时所能见到的资料做了系统性梳理,对于把握开滦的历史和相关研究材料有很强的指引作用。20 世纪 60 年代初,南开大学经济研究所在编纂完成《启新洋灰公司史料》以后,准备继续进行中国典型工矿企业的调查研究,随即开始了对开滦煤矿生产经营的调查和史料搜集工作,不久又把调研重点确定为开滦煤矿矿权的变化发展。② 开滦煤矿矿权的史料搜集和整理分析工作从 1961 年开始进行,1963 年至 1966年在南开大学经济研究所经济史组成员的共同努力下编纂出《开滦煤矿矿权史料》初稿。③ 此书主要以开滦煤矿及滦州矿务公司的档案资料为依据,并征引了其他相关的文献资料,共约 60 万字,较为全面和丰富。在《开滦煤矿矿权史料》第一稿的资料收集和编纂工作期间(1962—1966),产生了一些研究成果。最有代表性的是熊性美的《论英国资本对开滦煤矿经营的控制——开滦矿权丧失的原因分析之一》。④ 文章运用马克思主义政治经济学的理论,首先指出所有制问题并不只是生产资料归谁所有的问题,而且还包括归谁占有、归谁支配和归谁使用的问题,而开滦矿权问题的演变,从经济方面说,在于企业所有权和经营管理权相对独立而又相互制约的可能性,在半殖民地半封建的中国的煤炭业中找到了实现的条件。文章还指出"英人之所以能侵占开滦煤矿,最根本的原因是他们在中国享有帝国主义特权。"⑤除此之外,文章以大篇幅论述了英人如何恃仗帝国主义特权和运用垄断经营方式,获得生产经营方面的优势,并指出这是开滦矿务局成立后连年获利丰厚的秘密所在。虽然有强烈的时代烙印,但熊性美的研究指向了开滦煤矿的生产经营活动,这是先前研究中所没有的。

与此同时,台湾"中央研究院"近代史研究所王玺著有《中英开平矿权交涉》一书(1962 年)。作者援据开滦外交档案,及有关直接资料,以中英之间开平矿权的交涉为核心线索展开论述。书中将收回开平煤矿的交涉分为三期,第一期以直隶总督袁世凯为发议人,要求"废约收开";第二期以直隶总督陈夔龙为领导人,主张"发债收开";第三期由北京政府与国民政府主

① 魏子初:《帝国主义与开滦煤矿》,例言。
② 见熊性美、阎光华主编:《开滦煤矿矿权史料》,南开大学出版社 2004 年版,"编辑说明"。
③ 经过 20 世纪 80 年代中期的修改和 90 年代末新形势下对编纂经济史料书的经验总结于 2004 年编辑出版。
④ 1963 年 10 月脱稿,发表于《南开经济研究所季刊》1986 年第 2 期。
⑤ 熊性美:《论英国资本对开滦煤矿经营的控制——开滦矿权丧失的原因分析之一》,载《开滦煤矿矿权史料》,第 845 页。

持办理,实行"责滦收开"。① 作者对每一期的收回经过都做了阐述和评价,对收回失败的原因做了切要的分析,并在结论部分中指出"廷臣从中作梗、政府不肯力援、政局变迁多故"是这一场历时三十二载(1902—1934)的收开运动归于失败的原因。王玺这部著作承袭民国时代对开滦煤矿演变历史的关注视角,论述清晰、严密、精当,是关于开滦煤矿历史沿革的一部很有价值的著作。

在西方,卡尔逊(Ellsworth C. Carlson)的专著《开平煤矿》②(第一版1957年,第二版1971年)着眼于中国近代早期的工业化实践,认为开平为研究晚清经济史中的一些重大问题提供了一个很好的案例。专著对开平煤矿的缘起、唐廷枢时期的经营、张翼时期对外国资本的依赖、开平的失落和恢复矿权的交涉、滦州煤矿的开办及开滦二矿之合并作了系统论述,是迄今关于开平矿务局历史的最完整的一份研究,也是西语世界中最有影响力的一部著作。

20世纪70年代以后,大陆的研究中涌现出一批关于开滦工人制度、工人阶级状况以及工运史方面的著作。南开大学经济研究所编的《旧中国开滦煤矿的工资制度和包工制度》,系统论述了开滦工人工资收入的各个组成部分,分别计算了三个主要工种和矿区全体工人历年名义工资和实际工资及其变动趋势,对包工制进行了剖析,包括包工头与英国资本家之间的利益关系、包工大柜的组织机构以及它的经营管理情况等。③ 郭士浩在《旧中国开滦煤矿工人状况》一书中,对开滦煤矿工人的劳动条件和生活状况进行了集中论述,在另一篇文章里,还考察了开滦煤矿工人队伍的形成,指出在开滦早期,由于唐山地区人烟稀少,农民尚未完全从农业中游离出来,所以公司不得不从广东、福建和山东等地招募工人,到了20世纪20年代以后,随着破产农民和手工业者日益增多,开滦便很少到外地招工了。④ 关于开滦工人的来源,丁长清、阎光华、刘佛丁进一步指出,唐山地区劳动力的真正形成还是到了20世纪30年代,这一时期,开滦一方面大批解雇工人,另一方面又以严格的条件雇用一批精壮劳动力,使劳动力素质不断提高,且到这一时期,开滦工人的来源才发生根本变

① 王玺:《中英开平矿权交涉》,台湾"中央研究院"近代史研究所,1962年,"绪言"。
② The Kaiping Mines (1877-1912), Cambridge:Harvard University Press, 1957 (first edition), 1971 (second edition).
③ 南开大学经济研究所:《旧中国开滦煤矿的工资制度和包工制度》,天津人民出版社1983年版。
④ 郭士浩、阎光华:《旧中国开滦煤矿工人队伍的形成》,《南开学报》1984年第4期。

化,本地及河北省其他地区的工人占了工人总数的93%,不再需要从外省
招募工人了。①

　　20世纪80年代中期以后对于开滦煤矿的研究呈现多样化的面貌。一
方面,对开滦历史的考察仍在继续,但观点已有所更新,特别是对洋务运动
在近代史上的作用有了重新认识和评价,如张国权、马俊吉的《洋务运动时
期的开平煤矿》②、孙海权的《开平煤矿近代化进程简论》③等等。另一方
面,同先前的研究相比,这一时期更注重对开滦作为一个企业在经济活动方
面的一系列考察,这方面以张国辉、丁长清、王玉茹、刘佛丁几位学者的研究
为代表。张国辉在《洋务运动与中国近代企业》中论述了开滦煤矿的前
身——开平矿务局的创办和发展历程,这是较早地从企业近代化意义上系
统考察开滦历史的论述。其后,在《从开滦煤矿联营看近代煤矿业发展状
况》一文中,通过翔实的统计资料,透视了开平、滦州两矿联营后的发展情
况,指出1912年两矿联营后开滦煤矿的生产设备在当时全国煤矿工业中最
为新颖,劳动组织经过联合后的调整也更趋合理,两矿联营还消除了彼此争
夺市场的斗争,销售市场得到扩大,并且又紧紧抓住一战期间中国资本主义
工矿企业发展的大好时机,提高产量同时锐意经营和改善秦皇岛港口的吞
吐能力,使得开滦煤矿一直保持了平稳而持续增长的势头。④ 丁长清根据
开滦矿务局的档案资料,对开滦煤矿的具体生产经营活动进行了全方位的
考察。在《开滦煤矿在旧中国市场上的运销初析》《开滦煤矿人事管理的历
史考察》《从开滦看旧中国煤矿业中的竞争和垄断》《从开滦看中国近代企
业经济活动和中外经济关系》等若干篇文章中,分别对开滦煤矿的市场运
销手段、企业人事制度、战略决策、竞争和垄断等问题作了具体而翔实的研
究。这些不仅是关于开滦企业经济活动的实证性研究,而且为当代的企业
经营和发展都提供了有益的借鉴。刘佛丁的《开平矿务局经营得失辨析》
从企业的财务管理、资金运用、盈利分配等方面弊端,对开平矿务局的经营
得失作了分析。与此前对开平矿务局(特别是唐廷枢领导时期)多"一致赞
扬"的意见不同,这篇文章在肯定开平矿局企业进步性的同时,着重强调了
其经营管理的弊端,认为在企图原封不动地保存传统封建上层建筑和经营

---

① 丁长清、阎光华、刘佛丁等:《旧中国工人阶级贫困化问题管见——开滦煤矿工人的工资水
　平及其变动趋势》,《南开经济研究所季刊》1984年第4期。
② 张国权、马俊吉:《洋务运动时期的开平煤矿》,《鞍山师专学报》1984年第2期。
③ 孙海泉:《开平煤矿近代化进程简论》,《徐州师范学院学报》1992年第1期。
④ 张国辉:《从开滦煤矿联营看近代煤矿业发展状况》,《历史研究》1992年第4期。

方式的前提下,单纯引进先进生产力,只能是事倍功半的效果。①

由于开滦煤矿内部保存有自 20 世纪以来的企业档案,内含连续完整的数据资料,使得现代经济学中的一些工具方法得以应用,从而突破了传统的叙述和定性研究方法。在这方面,南开大学王玉茹曾运用古典经济学资本有机构成理论分析了资本与劳动在开滦煤矿生产中的配置组合,进行了相应的复相关系数测定,开数量分析之先河。后来,梁华、张晓峒使用计量经济学方法,建立了以销售量和吨煤售价为自变量、以公司利润为因变量的函数关系模型,分析开滦煤矿利润的影响因素。数量分析有助于弥补经验认识的不足或检验已有的判断。如在王玉茹的研究中,通过对开滦历年总成本、不变资本与可变资本之比(即资本有机构成)、工资成本、吨煤平均售价等数据进行的复相关系数测定,认为"特权"(主要体现为运价和税负的低廉)只是在某一时期影响开滦的经营效益,而体现生产要素投入组合的资本有机构成和吨煤价格才是决定利润率的主要因素。② 梁华、张晓峒《开滦煤矿利润影响因素的计量分析(1903—1940)》,根据建立的函数关系模型,观察到开滦煤矿利润对吨煤售价的弹性相对较小、对销煤量的弹性则较大,由此通过变动价格获取利润的空间非常小,扩大销煤量是提高利润的重要手段。这验证了开滦煤矿决策者以扩大销量而非提高售价为经营策略的有效性。

黎仁凯的《开平矿务局与华北社会经济的发展》是仅见的一篇探讨开滦煤矿外在辐射性影响的文章。作者在文中就开平矿务局与华北地区交通、工业、贸易及城市的兴起发展等方面的关系作了初步探索,认为由于开平煤炭的大量生产和运输条件的逐步改善,使京津唐地区普遍发生了一次燃料革命,并且带动了周边其他工业的发展,也促进了地区城市化。③

另外,还有其他一些研究虽并不以开滦为研究对象,但涉及中国近代煤矿业,有较高的学术价值,对本书的研究也有很大的启示。比如,国外学者蒂姆·赖特(Tim Wright)所著《中国经济和社会中的煤矿业(1895—1937)》,将中国近代煤矿业置于经济现代化的整体背景中考察,特别是将煤炭资源开发与中国近代经济发展联系起来,阐述了煤炭与轮船、铁路、发

① 刘佛丁:《开平矿务局经营得失辨析》,《南开学报》1986 年第 2 期。
② 参见王玉茹:《开滦煤矿的经营效益分析 1903/04—1936/37》,《中国经济史研究》1993 年第 4 期。另一篇相关文章《开滦煤矿的资本集成和利润水平的变动》,对开滦历年的资本利润率、股息率和成本利润率等做了计算,给出了开滦资本集成和利润水平的变动趋势,见《近代史研究》1989 年第 4 期。
③ 黎仁凯:《开平矿务局与华北社会经济的发展》,《中国经济史研究》1993 年第 4 期。

电、工业等诸多部门之间的连带发展和推动关系,驳斥了抗战前我国经济停滞论的观点,认为抗战前的中国煤矿是一部相当成功的历史。① 再如,全汉升《清季西法输入前的煤矿水患问题》从排水技术的限制方面分析了中国矿业不发达的原因,②其另一篇文章《山西煤矿资源与近代中国工业化的关系》分析了山西煤矿开采与中国工业化的关系,认为中国没有走上工业化的道路,与煤炭资源不能大量开发,尤其是山西煤炭开发得不充分有很大关系。③ 2009 年,王守谦的专著《煤炭与政治——晚清民国福公司矿案研究》具有革新意义,作者不仅改变了传统的叙事习惯,而且注意到晚清和民国时代对外交涉或中外商业竞争的复杂性,"无论是民国学者的成果还是新中国成立后的有关研究,都或多或少地带有'革命'叙事的痕迹。'帝国主义'、'民族'、'阶级'等语汇,常常掩盖了交涉各方在合同条文之外的人事关系和利益交换。"④虽然并不以开滦为研究对象,然而这份研究大大拓展了近代经济发展史领域中的研究主题和深度。

## 第三节　研究资料及本书范围

### 一、研 究 资 料

关于近代开滦煤矿最直接的研究资料为开滦企业自己保存的档案资料,这些资料在 1952 年解放军正式代管开滦之前计有四万多卷("开滦老档")⑤,内容包括历年的总经理年报、总矿师年报、董事会议记录、会计档案、信函、计划、合同契约、规章规程、公司组织、矿藏及一些专项调查报告等。由于 90%是外文文献(英文、法文、日文等),所以其中很多内容还没有进行翻译和整理。⑥ 已经整理出来的资料主要涉及矿权的丧失与交涉、工

---

① [澳]蒂姆·赖特著,丁长清译:《中国经济和社会中的煤矿业(1895—1937)》,东方出版社 1991 年版。

② 原载《"中央研究院"院刊》第一辑,1954 年 6 月,收于全汉升《中国经济史论丛》第二册,新亚研究所(香港)1972 年版。

③ 原载《"中央研究院"院刊》第三辑,1956 年 12 月,收于全汉升《中国经济史论丛》第二册。

④ 王守谦:《煤炭与政治——晚清民国福公司矿案研究》,社会科学文献出版社 2009 年版,第 16 页。

⑤ 本书称"开滦档案"。关于开滦企业档案及其保存情形,详见郗宝山:《百年开滦的档案传奇》,《中国档案》2011 年第 2 期。

⑥ 郗宝山:《百年开滦的档案传奇》,又见闫永增、陈润军:《20 世纪 80 年代以来的近代开滦史研究》,《唐山师范学院学报》2002 年 5 月,第 48 页。

人运动、企业的生产经营管理等方面。已编的资料集,依出版时间顺序,分别为《帝国主义与开滦煤矿》(神州国光社 1954 年)、《开滦工运史资料汇编》(中共开滦党委党史资料征集办公室 1985 年)①、《开滦煤矿矿权史料》(南开大学出版社 2004 年版)和《开滦煤矿档案史料集》(河北教育出版社 2012 年版)②。但以上这些资料对于本书的研究来说还不够充分。笔者在开滦企业档案馆查阅资料过程中发现,除总经理年报、总矿师年报外,一些调查报告是非常关键的资料。最值得注意者,为袁通的《开滦矿务总局调查报告》(1934 年)③和杜克茹的《视察开滦煤矿报告》(1936 年)。前者共分五卷,对开滦的地理位置、交通、煤田分布及储量、各矿区情况、技术设施、职员系统、劳动制度等皆做了集中和系统的报告,内容极为全面和翔实,非常具有参考价值;后者作者杜克茹(Docquier),为开滦煤矿历史上在任时间最长的总矿师,1909 年即来到开平,此后一直服务到 1930 年,与总经理不同的是,矿师要常驻矿区,加上杜氏在开滦供职历久,对于矿上情形非常熟悉,因此对于具体细节的把握更为直接和准确,其报告也更富于信息性。开滦的企业档案馆于 20 世纪 90 年代编写出版过一系列关于开滦煤矿历史的书籍,其中最重要的两部是"开滦矿务局史志办公室"所编的五卷本《开滦煤矿志(1878—1988)》和《〈开滦史鉴〉文萃》④。这些书籍虽然不是一手资料,但因为直接依据开滦企业档案而来,因此对本项研究也有很重要的参考价值。

馆藏于英国牛津大学柏德莲图书馆(Bodleian Library)特藏部的"那森档案"(Nathan Papers)是开滦煤矿直接史料的又一来源。这批档案由 20 世纪三四十年代的开滦英籍总经理那森爱德(E.J.Nathan)个人保留并带回英国,逝后由其遗孀捐赠于牛津大学。档案包括开平矿案及中英交涉相关文献、历届总经理与伦敦董事部之间的商业信函、那森个人档案(日本军管时期日记、回英国后书信等),等等,部分内容与开滦企业档案一致,但保留有众多原件和手迹,有珍贵的文献价值,对本研究所用资料形成参证和补充。

除开滦直接的档案资料外,近代同时期其他资料也是本书的资料基础。其中最重要的是自 1921 年开始北平地质调查所每隔三至五年就编印一次

① 中共开滦党委党史资料征集办公室出版。共五辑,最后一辑出版于 1988 年。
② 史料集综合引用了《开滦煤矿矿权史料》等已出版的资料,此外,又从清末民初文献、当时报纸期刊、近代名人文集书信等文献来源中补充了一些史料。
③ 袁通为开滦矿务局高级员司。这部调查报告已收录于《开滦煤矿档案史料集》第三册中。
④ 开滦(集团)有限责任公司档案馆编,2003 年。从企业刊物《开滦史鉴》(1995 年创刊)中选编。

的《中国矿业纪要》。从第一次到第五次的《中国矿业纪要》（分别于1921、1926、1929、1932、1935年出版）都是建立在对全国矿业实地调查的基础上，对各大煤矿的调查尤为详尽。并且这些调查时间上连续，对于研究煤矿的变化发展非常有利。五次《中国矿业纪要》提供了关于中国近代煤矿业整体情况的可靠的依据资料。另有第六、七次《中国矿业纪要》（1941、1945年出版），时逢战争，调查受限，不做重点参考。另一组重要的资料是中华矿学社自1928年刊行的《矿业周报》。事实上，《中国矿业纪要》中的一些内容亦来自《矿业周报》。《矿业周报》中不乏对开滦煤矿的报道，这些报道提供了一个外在视角，同时《矿业周报》中对其他各大煤矿的报道也为关于开滦煤矿的研究提供了参照对象。但《矿业周报》是有自身政治主张和倾向的报纸，在1928年创刊号中的"发刊词"中即明确提出，"要催促政府废除不平等条约，宣布关税自主，取消厘金杂税，积极扩充国营矿业。同时还要谋矿政的廉洁，矿产运输的便利，和矿工生活的改良。"①《矿业周报》的民族主义立场是非常明确的，其主张和观点渗透在报道和评论中，因此在对这部分资料进行运用时需要加以甄别。

此外，严中平编《中国近代经济史统计资料选辑》、孙毓棠编《中国近代工业史资料》第一辑（1840—1895）、汪敬虞编《中国近代工业史资料》第二辑（1895—1914）、陈真编《中国近代工业史资料》第三辑（清政府、北洋政府和国民党控制官僚资本创办和垄断的工业）及第四辑（中国工业的特点资本结构等和工业中各行业概况）、上海社会科学院经济研究所编《刘鸿生企业史料》，以及天津、唐山、秦皇岛三座城市出版的地方文史资料中的相关内容，也为本书的研究提供了重要的参考来源。

## 二、本 书 范 围

对近代开滦煤矿的研究已大致形成了三个领域：一是开滦煤矿的历史沿革，二是开滦的工人运动和工人阶级状况，三是开滦经济方面的活动。本书的研究并非完全意义的企业史，而是意在从开滦煤矿的近代生产经营历史中获得现代化的启示和经验，因此重点择与现代化事业相关者为研究内容。全书共六章，内容主要涉及以下五个方面：

（一）开滦矿史。传统关于开滦煤矿的历史叙述基本在矿权演变的线索中展开，强调帝国主义的对华经济侵略。但是传统的"侵略动机"论难以解释开平丧失整起事件中的诸多实际情节；实际上，这段历史所反映的，是

---

① 《矿业周报》创刊号，1928年4月21日印行，"发刊词"。

19世纪末20世纪初西方各国由商业资本主义过渡到工业资本主义进程中的投机肆行以及晚清时代中国政治的腐朽无能。而另一方面,矿权丧失后,历史仍在继续,英资主导下的开滦煤矿其生产经营活动持续四十年有余。从企业整体发展角度,开滦煤矿在近代的历史可分为官督商办之"开平矿务局"时代和商办性质之中英"开滦矿务总局时代"时代,前者是初创时期,后者则经历了20世纪20年代的黄金发展时期、30年代的市场竞争时期和40年代的日本军管理及战后时期。

(二)制度变迁。开平矿务局最初为"官督商办"体制,虽然引入了现代企业模式,如发行股票、实行股份制、管理制度仿照西方,但最终仍不能避免人浮于事、任人唯亲的行政腐化和管理失效;这种弊端是官僚体制内难以革除的,甚至一直生息衍化至民国时代,在官矿中重现"以办矿为做官"的模式。英资入主后的开滦煤矿,最深刻的转变就是在制度上进行"外科手术",建立了真正意义上的现代企业制度,从而实现了从家长式个人管理到制度化管理的变革。企业的组织与运行与西方同时期形成的一套科层管理体系同步,适应着工业时代大生产和管理的内在要求;同时,以包工制为代表的劳动用工制度又反映着企业的"在地化"经营。1934年,随着开平与滦州进一步合并,企业组织与管理再度发生调整,裁撤"督办"一职,实行中、英两经理负责制,以"矿区主管"代替从前的"总矿师",形成制度上的又一次更新。

(三)技术进步。传统采煤受技术限制,长期停留在手工作坊阶段。作为新式企业,官督商办之开平矿务局以及后来的北洋滦州官矿有限公司皆不遗余力地引进最新采矿机器设备,与旧式煤窑相比,实现了技术上的巨大飞跃,也使得中国采煤业开始脱离了传统的手工业而发展成为工业部门。而在商办的中英"开滦矿务总局"时代,虽在同行业中有较强的技术优势,但在盈利最大化原则下,逐渐走向发挥廉价劳动成本优势的道路,由此呈现了采掘工作面上机械化程度较低的技术特征,这也是技术引进后的"在地化"表现。

(四)环境约束。企业并非在真空状态中生存,时代环境、国家法律、政府政策等都从外部对企业形成影响。外部环境对开滦形成的影响复杂而多变。凭借早期英国在华影响力和企业与政界军界关系的积极疏通,开滦在税捐、铁路运费方面特别于军阀混战时期受外在不利因素影响相对较小。20世纪30年代国民政府的矿业法律的出台和相关税负规定、各大铁路运费的下降、华资煤矿实力的增长以及日本在华势力扩张等等,都形成新的环境因素,影响着开滦的各种决策和安排。

（五）外溢性影响。经济学中有"外部性"概念，指代经济个体在追求利益过程中对他人和社会造成的影响，多形容一种负效应（如环境污染）。但企业的外部性可以有多重维度并且在某种历史条件下效应为正。开滦煤矿的开发带动了相关产业和相关地区的发展，例如为天津、上海等城市的工业发展提供着能源支持，直接促成了唐山和秦皇岛两个近代城市的产生，具有"规模报酬递增"效应；矿权丧失的教训又产生"负激励"效果，催生了民族矿业的"现代型"成长，促进了一系列国家制度如矿业法律的建设和政府保护政策的形成；并且，在其长期经营的过程中"外送"了一批管理、技术人才，近代一些重要的工商实业家如周学熙、刘鸿生等也都首先从开滦获得重要的事业基础和商业经验。所有这些都对现代化起到推动作用。

在研究方法上，首先采取历史主义的研究方法，即将研究对象置于当时的历史情境中并以此为基础展开论述，诸如对官督商办、开平矿案等问题的考察，皆采用了这一原则。同时，亦注重采用比较的研究方法，在论及技术进步、经营管理、环境约束等方面时，皆贯穿着同国内其他煤矿甚至国外煤矿的参照，以期获得更清晰的认识。而作为一项重要特色的方法，是运用了跨学科的研究法，借鉴了现代经济学和其他社会科学的理论概念和分析工具，例如在新古典生产函数模型基础上，运用 Solow 余值法进一步分析，计算各类生产要素或组合不同时期对开滦产出的贡献率。

过去对开滦煤矿虽然已有大量和各种专门性的研究，但受意识形态影响，过于强调"帝国主义经济侵略"，角度略显单一。从社会层面上看，中国近三十年来的经济发展成绩斐然，现代化速度之快超越了历史上的任何时期。另一方面，三十年的改革开放特别是加入世贸组织以来诸多领域的敞开和当今势不可当的全球化浪潮，从某种程度上又把中国带回到一百年前的近代。因此，总结历史上的经验、分析利弊、考量成败得失，对今天的现代化实践和形成自己的发展之路有重要的启示作用。本书从中国的历史实际出发，以开滦煤矿这一与中国的现代化事业同时起步并且经历复杂的企业为对象，探寻其身上承载的历史实践经验。

# 第二章 矿史概述

开滦煤矿在近代的历史分为"开平矿务局"①和"开滦矿务总局"前后两个时期。前者是在清末洋务运动中产生的官督商办企业;后者是名义上中英合办、实为英资主导的中外合资企业。从最初的"开平矿务局",到1900年落入英商之手的"开平矿务有限公司",再到1907年为收回开平而创办的"北洋滦州官矿有限公司",最后到1912年两矿联合的"开滦矿务总局",开滦的这一系列复杂的演变构成其历史的核心内容。

## 第一节 开平矿务局(1878—1900)

### 一、创办经过

最早在1869年,直隶开平一带的煤铁资源已引起注意,当时有消息传出清政府拟在这一带开采煤矿。② 1875年,清廷责成李鸿章、沈葆桢试办开采煤铁,直隶择定的地点在磁州(今河北磁县)。但是磁州煤铁矿因运输及购置机器等问题中途停辍,而与磁州同年开办的湖北兴国煤铁矿同样没有起色。于是,直隶开平再次成为考虑的对象。

1876年,李鸿章命时任轮船招商局总办的唐廷枢赴开平一带勘察煤铁矿藏。唐廷枢(1832—1892),号景星(亦作镜心),广东香山人氏。早年在香港马礼逊教会学校(Morrison school)接受教育,后有六年时间在香港巡礼厅、大审院任翻译;27岁时转往上海任上海海关正大写及总翻译,并开始与英国怡和洋行(Jardine, Matheson and Company)合作,"代理该行长江一带

---

① 亦作"开平矿务总局"。为与后来的"开滦矿务总局"作区分,通常文献中省略"总"字。

② 1869年分《天津关册》载,"据可靠消息,中国政府打算自己用机器开采天津东面山地的煤矿。这一步骤最后可能导向煤业的发展,但是,正像中国经营一切其他新事业一样,前进是缓慢而审慎的"。《天津关册》的这则报道应与这一年英商庵特生(James Henderson)受李鸿章委托探查开平煤产一事有关。事见庵特生"《开平煤产纪略》(An Account of Coal in the Kaiping District of Country between the Lan-ho and the Peh-tang-ho),1869年5月18日,威廉逊:《北华纪游》卷2附录。皆见孙毓棠编:《中国近代工业史资料》第一辑下册,中华书局1962年版,第613—617页。

生意",至 1863 年正式充任怡和洋行总买办,成为当时著名的买办商人。①
1873 年在盛宣怀的介绍下,唐廷枢被李鸿章委任为轮船招商局总办,开始
参与洋务事业。唐廷枢不仅商务熟悉,经营有方,并且英语能力很强,外商
且对他赞许有加,称其英文"是这么样地精通""写得非常漂亮""说起英语
来就像一个英国人",在 1876 年中英烟台条约订约谈判期间曾任李鸿章翻
译②,中外之间沟通自如、转圜有余,因此深得李鸿章赏识,被视为不可多得
的洋务人才。于是在继续任轮船招商局总办的同时,又受李鸿章委任北上
主持开平矿务局。

1876 年 10 月间,唐廷枢偕英国矿师马立师(Morris)来到开平。这一地
区采煤早有历史,1869 年海德逊来此探查时即提到"此地挖煤的方法,比北
京西北各煤窑的方法进步得多"③;唐廷枢查勘此地时,发现"该处煤井乃明
代开起,遍地皆有旧址,现在开挖者亦有数十处"④。但是限于开采技术,无
法深挖,只是采取头层浮煤,采完即废,"一个新井总挖不到十年以上"⑤;另
外,或排水、或找煤、或通风技术不高,开采艰难,"开煤者缺本多而获利
少"⑥。在连续三日的查勘后,唐廷枢向李鸿章呈上了一份报告,详尽地描
述了当地开采情形,并进行了具体的成本及利润核算以分析开平煤的开采
前景。尤值得注意的是,唐廷枢一开始就建议筑铁路运煤。他认为,开平煤
如果仿照西法开采,虽出煤成本可降低,但运到市场水脚成本过高,在价格
上仍不能抗拒洋煤,"苟非由铁路运煤,诚恐终难振作也",由此建议在开平
南至涧河口修筑铁路。⑦

这次查勘还带回了一些煤铁矿石,随后分寄京师同文馆和英国以化验
成色、确定开采价值。约半年后,伦敦方面的化验结果寄回。根据化验结
果,唐廷枢向李鸿章再次递交了一份更加详尽的报告(《开采开平煤铁并兴

---

① 见"唐廷枢年谱",汪敬虞:《唐廷枢研究》,中国社会科学出版社 1983 年版。
② 1864 年 9 月 27 日上海怡和洋行经理机昔致香港怡和洋行经理 J. 惠代尔(J. Whifall)、1865
年 7 月 9 日机昔致 J. 惠代尔、1873 年 1 月 6 日上海琼记洋行费伦(R. I. Fearon)致香港琼记
洋行何德(A. F. Heard)、1876 年《字林西报》报道,皆见《唐廷枢研究》,第 157—158、
188 页。
③ 庵特生(即海德逊):《开平煤产纪略》,《中国近代工业史资料》第一辑,下册,第 613—
616 页。
④ 唐廷枢:《开平矿务招商章程》,见《中国近代工业史资料》第一辑,下册,第 629—630 页。
⑤ 庵特生:《开平煤产纪略》,《中国近代工业史资料》第一辑,下册,第 613—616 页。
⑥ 唐廷枢:《察勘开平煤铁矿务并呈条陈情形节略》,光绪二年九月二十九日(1876 年 11 月
14 日),《开平矿务创办章程案据汇编》,上海著易堂书局光绪丙申年(1896 年)版,第 1—
4 页。
⑦ 唐廷枢:《察勘开平煤铁矿务并呈条陈情形节略》。

办铁路》)。在报告中,唐廷枢首先将化验结果与英国黑铁石和焦炭成色作比较,认为开平煤铁"身骨虽不能与英国最高之煤铁相比,但其成色既属相仿,亦采办应有把握"①;针对煤,唐廷枢称虽然质不甚高,"但好在无硫磺掺杂,故焦炭成数甚高",并且所取煤样为浮面所挖,"如仿西法深取,其煤必定更佳";接着,唐还重申了开煤必须筑铁路的意见,"盖煤本不难取,所难者使其逐日运出费力","以五两之煤,轮船自烧尚可,若装运回申,由申发售以拒洋煤,断不行也";最后,唐廷枢又作了初步的建设预算,认为如果专事采煤,须筹银五十万两,如果再开办铁工,另须资本五十万两。②

　　李鸿章给唐廷枢的批复六天以后送达(光绪三年八月初九日,1877年9月15日)。这个批复,一是确定了在开平地区开采煤铁矿并命唐廷枢即刻筹办,同时派前任天津道遇缺题奏丁寿昌和津海关道黎兆棠会同督办;一是确定了官督商办的办矿原则,命唐廷枢与丁、黎二人筹议试办开采章程和集资办法(即《开平矿务招商章程》)。③ 不久,"招商章程"拟定,计划集资80万两(分作8000股,每股100两)。④

　　李鸿章这次任命唐廷枢办矿与传统的做法有所不同。历史上的办矿,多由政府出面,经费也由政府拨付或借贷,派专门官吏办理。1876年台湾基隆煤矿创办时,闽浙总督自请从饷项中筹拨经费⑤,常年经费来源于台湾道的批拨⑥,可说延续了这一传统。同年盛宣怀奉委会同李明墀(时任汉黄德道)试办开采湖北广济兴国煤铁,也是从直隶练饷中拨给制钱20万串、湖北存储公款项下拨给10万串核实支用⑦。而这一次,李鸿章以委派商人经办的方式来进行这项政府事业,政府既不出资,也不直接经营,只负责监督,这种做法李鸿章谓之"官督商办"⑧。

---

① 唐廷枢:《呈李鸿章熔化煤铁成色译文并条陈开采开平煤铁事宜禀》,光绪三年八月初三日(1877年9月9日),《开平矿务创办章程案据汇编》,第4—10页。
② "连盖造炉厂及附近安排小铁路数里,必须资本五十万两,方足成事"。皆见唐廷枢:《呈李鸿章熔化煤铁成色译文并条陈开采开平煤铁事宜禀》,《开平矿务创办章程案据汇编》,第4—10页。
③ 《开平矿务招商章程》,第20—21页;《批开平矿务禀》,《申报》1878年1月21日,第2—3版。
④ 黎兆棠、丁寿昌、唐廷枢:《禀复遵批议定开平矿务设局招商章程》,光绪三年八月二十一日(1877年9月27日),《开平矿务招商章程》,第23—26页。
⑤ 《光绪二年八月二十四日闽浙总督文煜等奏》,中国科学院近代史研究所史料编辑室、中央档案馆明清档案部编辑组:《洋务运动》,第七册,上海人民出版社1961年版,第73页。
⑥ 张国辉:《洋务运动与中国近代企业》,第192页。
⑦ 《李鸿章、沈葆桢、翁同爵会奏折》,光绪元年十二月十九日(1876年1月15日)天津,转见《盛宣怀档案资料选辑之二》,上海人民出版社1981年版,第46—47页。
⑧ 关于官督商办的探讨,详见本书第三章第一节。

80万两的资本全部依靠筹集商资,是否能成功? 当时《北华捷报》即有评论:"我们对于这[开平矿务局集股]计划的成功不很乐观……从中国人不愿承购轮船招商局的股票来看,他们大约也不愿承购同一帮人主持下的矿务局的股票。"①然而事实不尽如此。实际上,不仅《北华捷报》并且在华很多外国观察者也同时注意到,至少轮船招商局的股东是愿意投资的,因为这样可以为轮船招商局的货运载得一宗经常性的生意,不致空船回沪。② 果然,《招商章程》一经公布,认购者颇多,至1878年3月,附股者已有七千股③,原先设计的"八十万两分作八千股"已认领了近九成;至十月,已集二十余万两。④ 这大概也正是李鸿章起用唐廷枢办开平煤矿所期盼看到的。当然,作为一项前途尚未明朗的新兴事业,吸引到社会投资是非常困难的。开平矿务局最后招徕的社会资本极为有限,实际上,唐廷枢通过他本人的商业网络关系和利用轮船招商局的总办身份,筹得主要资金来源。1883年轮船招商局整顿时,查出开平矿务局"动挪招商局本银及息款八十余万两"(其中包括招商局持开平股份二十万两),而当时开平矿务局成本所费,据盛宣怀的说法,已达"二百万(两)左右"。⑤

1878年夏,开平矿在开平镇正式设局成立,名曰开平矿务总局。⑥ 同年秋,第一批采矿机器(钻地机器等件)辗转陆续运齐,停放在唐山南麓乔家屯村西。⑦ 后钻地试探,至冬天已探得煤层六层,六层以下仍有一二层,足供六十年之用。转年(1879年)购办抽水提煤机器,同时开凿了两眼煤井,一井提煤,一井通风抽水,直径均为14尺……地下开横巷三道。当时《关

---

① 《北华捷报》1878年2月14日评论,见《中国近代工业史资料》第一辑,下册,第635页。
② 《北华捷报》1878年2月14日评论;又,《日本内务大书记官河濑秀治致大藏卿大隈重信的报告》,日本明治十一年(1878年)。皆见《中国近代工业史资料》第一辑,下册,第635、636页。
③ 《申报》1878年3月8日,第2版。
④ 《开平矿务创办章程案据汇编》,第23—25页。据《招商章程》中载:"拟集资八十万两,分作八千股,每股津平足纹一百两。一股至千股皆可附搭。定于注册之日先收银十两,即给第一期收票。光绪四年正月再收四十两,即发第二期收票,以便购买机器。其余五十两限四年五月收清,即将两期收票缴回,换发股票,以便开办。"此所以认领九成,而迄当时仅集二十万两之原因。
⑤ 《盛宣怀、徐润等上李鸿章禀》,光绪九年十月初二日(1883年11月1日)。见陈旭麓等主编:《盛宣怀档案资料选辑之八》,上海人民出版社2002年版,第124—126、131—133页。
⑥ 具体时间为1878年7月24日(农历六月廿五日),见光绪四年六月"唐廷枢等呈李鸿章开平设局开用关防禀",《河北矿务汇刊·调查》,第11—12页。转引自《开滦煤矿档案史料集》,第90页。
⑦ 具体情形参见唐廷枢:《呈李鸿章开平矿务开办情形并恳请核奏禀》,光绪四年九月二十八日(1878年10月23日)。《开平矿务章程案据汇编》,第23—25页。

《册》这样报道：

> 开平矿务局……雇用了九个英国矿师与工头。此矿规模很大，使用的是英国制的最好的机器。……
>
> 1878 年开始钻探，使用金刚石钻探机；钻探共三穴，相距各 400 尺，最深的一穴钻探达 536 尺。
>
> 共凿了两个井，相距 100 尺，第一号井现在凿至 68 尺；第二号井至 103 尺；井的直径各 14 尺。……①

而"官督商办"下的开平矿务局也因起用唐廷枢这样买办背景出身的商人具备了一种全新的"商办"面貌。在唐廷枢 1877 年 9 月 27 日递呈的《直隶开平矿务局章程》中明显体现出商办原则：

> ……
>
> 一、议请删繁文，事旧简易也。查此局虽系官督商办，究竟煤铁仍由商人销售，似宜仍照买卖常规，俾易遵守。所有各厂司事，必须于商股之中选充，方能有裨于事。请免添派委员，并除去方案书差名目，以节靡费。其进出煤铁银钱数目，每日有流水簿，每月有小结，每年有总结，随时可以查核。即领官本，应请亦以年结送核，免其造册报销，以省文牍。
>
> ……
>
> 一、议股大任重，准派司事也。查股分一万两者，准派一人到局司事。其能当何职，应受薪水若干，由总局酌定。若其人不称职，或不守分，任由总理辞退，仍请原人另派，以昭平允而免误公。
>
> ……
>
> 一、议股分各商，详开姓氏也。凡入股者务将姓名、籍贯注明，以便常通信息，所有股分银两，可就附近各口岸交招商局代收。总合天津平色为准，以昭划一。②

唐廷枢深受英国商业传统和影响，办事极具英国人严谨、秩序化特征。因此每临一处，每接管一项事业，皆以立法为第一要事。1873 年唐廷枢接

---

① 《天津关册》，1879 年分，天津，见《中国近代工业史资料》第一辑，下册，第 638—639 页。
② 《开平矿务招商章程》，第 25—29 页。

办轮船招商局时,上任伊始便重新修订《局规》和《章程》。这一次主办开平矿务局,亦首重"立法",在矿厂尚未建成投产的 1878 年至 1880 年间,已制定了各种开办和管理条例,仅"规条、要略、专条"即一百三十八则,包括《煤窑规条三十三则》《煤窑专条六十六则》《煤窑要略十五则》《洋人司事专条十二则》《煤井规条十二则》。① 唐廷枢早先即有"土人好在工食廉,西人好在立法善"之论②,这里可见对于"立法"的强调。唐廷枢此举也是有意识地要革除衙门作风,在企业中建立起"法治",务去"人治",真正引进和树立起现代西方的商业管理原则。

对于唐廷枢所强调的商办原则,李鸿章殊为赞同,在唐廷枢所禀《招商章程》中批示"摒除官场习气,悉照买卖常规,最为扼要"。③ 唯对于修筑铁路一事,李鸿章并无明确回应。这也并不是李鸿章反对铁路,而是当时风气不开,朝廷上对于开矿、筑路等洋务事业反对声音甚高,特别在 1877 年又有"吴淞铁路事件"的影响,修铁路的时机尚未成熟。而修筑铁路经过的地段旗地太多④,可能也会为本已遭非议的办矿事业招致更多阻碍。最后,唐廷枢考虑到芦台至唐山之间有一段路地势甚低,如筑路必须垫高路基,又是一笔花费,而当时资本未充,难以开煤筑路同时进行,于是暂时搁置了铁路计划,转乞开运河以解决运输问题。⑤

1878 年夏,唐廷枢乘小船由海边入洞河口沿河一带,溯查至雁翎庄 88 里,预勘河道。⑥ 1880 年再度前往勘探,确定了运河路径及挑河方案,即由芦台东北至丰润县属之胥各庄开河一道计程 70 里,定名煤河。⑦ 挖河工程从 1880 年秋开始,翌年 4 月完工,全部费用约耗银 14 万两。开河运煤虽然不是唐廷枢的初衷,然而一旦确定实施,唐仍然倾注心力。在《呈李鸿章挑

① 光绪四年(1878 年)制订,后于光绪六年(1880 年)修订。内容详见《开平矿务创办章程案据汇编》,第 27—47 页。

② 唐廷枢:《呈李鸿章熔化煤铁成色译文并条陈开采开平煤铁事宜禀》,光绪三年八月初三日(1877 年 9 月 9 日),《开平矿务创办章程案据汇编》,第 4—10 页。

③ 《开平矿务招商章程》,第 25—29 页。

④ 1879 年 2 月 7 日《捷报》提到:"自开平煤矿至海岸修筑铁路之议业已打消。铁路必经之地大半系旗地,如躲避此等旗地,另筑曲折的路线,则将所费不赀。"见宓汝成编:《中国近代铁路史资料(1863—1911)》第一册,中华书局 1963 年版,第 124 页。

⑤ 唐廷枢:《呈李鸿章筹议运煤河道节略》,光绪四年九月二十八日(1878 年 10 月 23 日),《开平矿务创办章程案据汇编》,第 47—49 页。

⑥ 唐廷枢:《呈李鸿章筹议运煤河道节略》,光绪四年九月二十八日(1878 年 10 月 23 日),《开平矿务创办章程案据汇编》,第 47—49 页。

⑦ 唐廷枢:《呈李鸿章踏勘河道情形并拟应挑河道路径禀、挑河章程六条》,光绪六年九月初七日(1880 年 10 月 10 日),《开平矿务创办章程案据汇编》,第 52—55、57—58 页。

河章程六条》中处处可见虑远便民的良苦用心:

> 一、议开河一道,取名煤河……堤高四尺,阔五丈,河边栽小柳枝,以坚河岸。离堤四丈种树,以作煤河之界,且将来煤槽亦得此项木植,以作工程。其车路一条,阔三丈,中间筑硬路,以免车辆陷入松土内。两旁仍种树,俾来往工人得以遮蔽。
>
> 一、议沿河七十里内,所有往来大路备造大桥,以利往来车马;小路驾小桥,以便行人。每五里另设石暗洞与两岸田亩相平,以泄地上积水入河,以免田地受淹。
>
> ……
>
> 一、议将来河底淤塞,由矿局派人挑浚,即将淤土放于坝外所备四丈空地之上。若遇山水发涨,冲崩高堤,仍归矿局修理。即在所备四丈空地之上取土,以免挖破两岸民田。①

煤河开竣后,惠祉广波。张焘在《津门杂记》中记"开平煤河起建十桥,均由督办唐景星观察酌定。每隔十里建筑一座,禀尽李傅相(李鸿章)锡以嘉名,附近居人皆欢喜无量"②。大约同时创办的沽塘种植公司(1882 年),也因开河而成良田。③

虽然修筑铁路计划改成了开运河,但是从煤厂到运河起点,仍须有路连接。矿务局于是从煤厂到丰润县胥各庄修建一条"马路",长约 15 里,利用水陆兼运的办法,暂时解决煤炭外运的问题。④ 这条"马路",实际上是一条单轨铁路,路轨为钢制品,为避免社会守旧势力的干扰,暂时不使用机车、而是用骡马曳引。直到 1881 年以后,矿务局英籍工程师金达自制一座火车机头,用以作为引擎运送煤炭。

---

① 《唐廷枢呈李鸿章挑河章程六条》,光绪六年九月初七日(1880 年 10 月 10 日),《开平矿务创办章程案据汇编》,第 57—58 页。
② (清)张焘:《记开平矿务局》,光绪十年(1884),《津门杂记》卷中。见丁緜孙等点校:《津门杂记》,天津古籍出版社 1986 年版,第 72 页。
③ 郑观应忆叙,"昔年令叔景星见天津沽塘荒地甚多,与官应集资六万五千两,并开平矿局出资六万五千两,合买沽塘荒地四千顷,为开垦、种植、畜牧等用","闻唐君所购之地,因开河后,左右皆成淡田"。《盛世危言后编》,卷六开垦;《致唐少村中丞请移民开垦书》;《致农林部科员叔荫侄书》。见夏东元编:《郑观应集》下册,上海人民出版社 1988 年版,第 501、522 页。
④ 《英领事商务报告》,1880 年分,天津,《中国近代工业史资料第一辑》下册,第 642 页;《开平矿务创办章程案据汇编》,第 55、64 页。

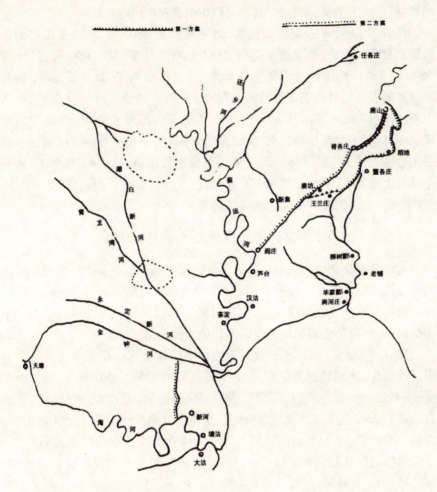

（据开平矿务局相关档案绘制。《开滦煤矿志》第二卷，第 385 页）

### 图 2-1　开平矿务局开挖煤运河方案示意图

　　历经三年多的建设，矿区工程基本完工。这里可能是中国最"现代化"的地方：矿区建有煤气厂，足供二三百盏煤气灯；在矿厂与运煤河北端的终点胥各庄之间已修成一条铁路，约长六英里半（二十里），用以把煤装上剥船沿运河运走[①]；从胥各庄到芦台的运河挖好，这条运河专为运煤而开，是在中国"第一次用外国方法开凿的水道，安装着有阔十四至三十英尺的铁石水闸和坚固

①　一八八一年分《英领事商务报告》；一八八二年分《英领事商务报告》第三篇：《开平煤矿记》。皆见《中国近代工业史资料》第一辑，第 642、649—650 页。

的桥梁"①,并且在运河终点芦台,"可以用电话和矿区通音讯"②。

1881 年,开平矿务局正式出煤,当年煤产量 3600 余吨,机器采煤的优势即刻显见。其后,产量逐年提高,1883 年增至 7.5 万吨,1885 年达 24 万余吨。③ 1881 年,李鸿章奏请援照台湾、湖北税则例,酌减开平煤税。④ 开平煤矿的发展趋势吸引了大批商人和官僚的投资热情。到 1881 年底,仅从上海便吸引到私人资本约 100 万两。⑤ 上海股市出现了争购开平股票的热潮,一时间开平股票价格猛涨,1882 年"开平煤矿原价一百两今已涨至二百三十七两五钱矣"⑥。1883 年,开平股票价格数次高涨,仅 11 月至 12 月一个月就上涨多次,从每股超过 120 两到超过 150 两。一个现代煤矿企业历经四年的建设,终于欣欣向荣地运转起来。

## 二、矿局时代的发展之一:唐廷枢时期

由于开平煤矿的开采最初是为了解决洋务运动所办兵工厂及轮船招商局的用煤问题(《开平矿务招商章程》中即规定,"煤照市价,先听招商局、机器局取用。其余或在津售,或由招商局转运别口销售"⑦),因此自 1881 年出煤以来,招商局轮船和政府用煤为其最大的销路来源。

1881 年《捷报》载,"预计数月内招商局的轮船即可在天津获得其全部需用的煤斤;并预计所产之煤将超过招商局的需要。"⑧1889 年,海关《官册》中载,"……然自到口,陆续已运去旅顺口、威海卫、烟台水师驻扎等处官用煤有 3362 吨矣。"⑨北洋水师的煤也是由开平供给的,"北洋兵轮用煤,全恃开平矿产,尤为水师命脉所系"⑩,1894—1895 年中日甲午战争期间,更是为供给舰队船只而增加产量,当时《捷报》载"唐山的煤矿日益发达:平时产量每日 1000 吨;最近已增至 1500 吨,并准备上达 1700 吨;此数字不包

①　《英领事商务报告》,《中国近代工业史资料》第一辑,下册,第 642 页。
②　《北华捷报》通讯员:《开平纪行》,《捷报》1884 年 6 月 27 日。见《中国近代工业史资料》第一辑下册,第 651—652 页。
③　《开滦煤矿志》第二卷,"表 4-1-3-15　1881—1899 年开平矿务局各矿历年原煤生产数量",第 310 页。
④　李鸿章:《请减出口煤税片》,光绪七年四月二十三日,《李鸿章全集》奏议九,第 341 页。
⑤　《捷报》1881 年 11 月 8 日,天津通讯。见《中国近代工业史资料》第一辑,第 643 页。
⑥　《申报》1882 年 6 月 13 日,第 1 版。
⑦　黎兆棠、丁寿昌、唐廷枢:《禀复遵批议定开平矿务局招商章程》,见熊性美等主编:《开滦煤矿矿权史料》(以下简称《矿权史料》),南开大学出版社 2004 年版,第 11 页。
⑧　《捷报》1881 年 3 月 22 日,见《中国近代工业史资料》第一辑,下册,第 643 页。
⑨　《天津关册》1889 年分,天津,见《中国近代工业史资料》第一辑,下册,第 656 页。
⑩　《中国近代铁路史资料》第一册,第 131 页。

括林西煤矿。人们从经验里认识到，在战争期间，煤的问题极其重要。"①据资料，开平供给清政府的用煤最高时达到其产量的 37.25%（1893 年）。②然而开平本身的生产能力、国内外在华工业生产、商业和民用的各种需要，注定了开滦煤的销路绝不仅仅限于船运和政府事业。

由于唐胥铁路和胥各庄至芦台运河的通行初步解决了煤炭外运问题，运煤成本大为降低，开平煤炭首先在天津市场上将外煤排挤出去。据资料，1881 年天津进口外煤数量尚为 17445 吨，1882 年后即降至 5416 吨，1883 年为 3785 吨，1884 年为 1296 吨，1885 年为 566 吨，1886 年仅 301 吨。③ 6 年内下降了近 99%，几乎呈直线速度。此后，天津一直为开滦煤的主要销售基地。

销量的增加又促进产量的提高。产量提高必然对运输能力提出相应的要求。事实上，自从 1882 年以后，从唐山到胥各庄的单轨铁道已经通行火车，但是铁路运煤的优势仍然是运河无法比拟的。第一，由于地处北方，运河在冬季会冰冻无法运输，而铁路不会受到结冰期的限制。第二，正如中国河运系统的通病，运河时间久了容易淤塞，需要不断清理疏浚。第三，运河一般水不会太深，如果水浅而水草生长过多，会影响拖船的使用（系因拖船使用螺轮），并且水的深浅又受到雨水潮汐的影响，如果来水过少，船只能停棹等候。第四，用铁路会更省运煤成本，从而销价可以进一步锐减。矿务局于 1886 年借李鸿章的庇护，私将铁路延长 65 里，展至阎庄，从阎庄到大沽，又以海军衙门的名义修建。到 1889 年，为开采唐山北面的林西煤矿时，又将铁路延长 30 里，连通林西。④

开平煤还运至其他各地。1891 年海关《官册》中载，"开平煤本年出口者七万余吨，内有一千余吨往香港……"⑤而至天津进行贸易的轮船，也"大抵都满载本地的煤而去"，"有几艘帆船载赴牛庄，也有些汽船各载煤数百吨赴上海销售"⑥。自 1884 年开始，开平煤已有向海外的出口，当时从天津海运出口国外煤炭 280 吨，这是开滦煤向国外销售最早的年份。⑦ 由此可

---

① 《捷报》1894 年 8 月 24 日，见《中国近代工业史资料》第一辑，下册，第 657—658 页。

② 孙毓棠编：《中国近代工业史资料》第一辑，下册，"表 14　开平煤矿供给清政府用煤及其在出口总量中所占比重（1890—1894 年）"，第 665 页。

③ 孙毓棠编：《中国近代工业史资料》第一辑，下册，"表 15　天津洋煤历年入口量值表（1870—1894 年）"，第 666 页。

④ 《关册》1890 年分，天津，《中国近代工业史资料》第一辑，下册，第 658 页。

⑤ 《关册》1891 年分，天津，《中国近代工业史资料》第一辑，下册，第 656 页。

⑥ 《关册》1884 年分，天津，《中国近代工业史资料》第一辑，下册，第 655 页。

⑦ 开滦矿务局史志办公室编：《开滦煤矿志（1878—1988）》第三卷，新华出版社 1995 年版，第 642 页。

见,开平煤的销路甚广,不仅供应了清政府的官办企业、南北洋舰队和轮船招商局的需要,也供应了中外航运商轮的需要,还远销中国沿海各口岸、香港、东南亚及海外。

1884 年即出煤的第四年,开平矿务局时期已有向海外的出口。开平就从天津海运出口国外煤炭 280 吨,这是开滦煤向国外销售最早的年份。①经多年扩展销路,开平煤的市场已达到华中、华南、日本及东南亚一带。

1888 年,开平矿务局第一次发放股息。从开平破土开钻到第一次发放股息,历时恰好十年。同时期中,开采经营的矿山为数不少,能够盈利而分配股息的却不多见,先于开平开采的台湾基隆煤矿却是“历年亏折”②。其他很多煤矿也多亏损,相形之下,只有开平矿务局产销两旺,当时人们议论,“中国有利之矿,仅开平煤矿耳”。③

开平矿务局在唐廷枢时期,并不只限于新式煤矿一项事业。实际上,围绕煤矿的开采并且围绕唐廷枢本人的活动范围,开平矿务局也成为洋务派推广一系列新兴事业的平台和“试验田”。1882 年(大致年代),沽塘耕种公司成立,这是一家现代种植垦牧公司④;1883 年,在热河成立了承平银矿,亦采用西法开采,矿局(包括李鸿章个人等)在其中有大量投资⑤;1887 年,开平铁路公司成立(后更名为“中国铁路公司”,从开平矿局中分立)⑥;1889 年,唐山细棉土厂成立,这是中国最早的一家水泥厂,即后来著名的“启新洋灰公司”⑦;1891 年,在广州成立了开平粤局城南地基公司,经营码

<hr>

① 《开滦煤矿志》第三卷,第 642 页。

② 《光绪十八年八月二十四日福建台湾巡抚邵友濂片》,《洋务运动》,第七册,第 99 页。

③ 马建忠:《适可斋记言》,中华书局 1960 年版,卷 1,第 7 页。

④ 《唐廷枢呈李鸿章购买荒地开河种植、请转饬宁河县出示禀并批》,光绪八年六月二十三日(1882 年 8 月 6 日);《徐愚斋自叙年谱》序,第 1 页;《郑观应致唐少川中丞请移民开垦书》,《郑观应集》下册,第 501 页。

⑤ 《美国驻华公使田贝向美国国务卿报告热河矿务情形》,1888 年 7 月 9 日,见《中国近代工业史资料》第一辑,下册,第 694—695 页。唐廷枢最初以招商局出银一万两入股三分之一,后来 1900 年调查发现开平矿局在其中投资有三十万两银,——《益闻录》光绪九年二月初二日,见《中国近代工业史资料》第一辑下册,第 1135—1136 页。李鸿章投资事见胡华:《开平矿务局报告》,伦敦毕威克—墨林公司 1901 年版,开滦档案 M0767/50,见《矿权史料》,第 40 页。

⑥ 《铁路公司招股章程》,《申报》1887 年 4 月 26 日,第 4 版。又,参见《唐胥铁路的修造与拓展》,1925 年,《天津——插图本史纲》第七章,见《天津历史资料》1964 年第 2 期,第 37—39 页。

⑦ 《李鸿章札饬开平矿务局督办唐廷枢访查洋灰原料文》,光绪十五年十一月初二日(1889 年 11 月 24 日);《唐廷枢呈李鸿章筹办唐山细棉土厂情形禀并附章程、批》,光绪十五年十一月十五日(1889 年 12 月 7 日);《唐廷枢呈李鸿章唐山细棉土厂集股赶办情形禀并批》,光绪十六年四月十九日(1890 年 6 月 6 日)。《启新洋灰公司史料》,第 19、22—25 页。

头货栈业务①。

从开平煤矿到广州开平粤局,唐廷枢开办各项新兴事业在当时的资金约束条件②下,形成一种"独特"的融资模式(见表2-1)。从渠道看,首先是从已建成的"母企业"获得资金来源,如开平矿务局从轮船招商局借得大量资本,耕种公司、细棉土厂又从开平矿局借得初始资金;再是唐廷枢个人的投资(包括他家族的投资);三是唐廷枢利用他的商界网络关系(主要是粤商关系)获得的"社会资金"。凡在开平以外地区的事业,又皆吸纳了地方利益入股,这一方面可以扩大资金范围,另一方面又可以化解原有地方势力与新企业间存在的矛盾和利益冲突。例如热河银矿和广州开平粤局,不同程度有地方利益"参股",通过这样一种安排,有利于将新的经济因素"植入"地方社会中。③ 而新的企业一旦建设成功,又多从"母业"中独立分离出去,实际上开平矿务局的创办从某种程度上即有此性质④,开平铁路公司则更典型⑤。唐廷枢的这种办企业的方式,显现出一种"分枝栽种"的扩散型特征,这与官督商办后期的资源和权力向中央归拢的垄断式经营形成鲜明对照(详见第三章)。

表2-1 唐廷枢新式企业的融资安排

| 公司名称 | 总资本(单位:两) | | | | | 时间 |
|---|---|---|---|---|---|---|
| | | "母企业" | 个人投资 | 社会关系 | 地方 | |
| 开平矿务局 | 2000000 | 800000<br>(招商局)<br>(40%) | 3000股<br>(30万两)<br>(15%) | 900000*<br>(45%) | — | 1883年 |
| 沽塘耕种公司 | 130000 | 65000<br>(开平矿局)<br>(50%) | — | 65000<br>(50%) | — | 约1882年 |

① 郑观应:《广州城南地基公司股东说帖(补刊)》,《郑观应集》下册,第989—993页。
② 当时的资金约束条件主要指:一、官方资金来源极为有限;二、由于社会对新兴事业陌生,社会资本很难吸引;三、不允许向外国资本称贷。
③ 《益闻录》光绪九年二月初二日(1883年3月10日),《中国近代工业史资料》第一辑,下册,第1135—1136页。
④ 开平矿局创办之初,当时社会观察有认为是招商局附属产业。《日本内务大书记官河濑秀治向大藏卿大隈重信报告开平煤矿情形》,明治十一年(1878年),见《中国近代工业史资料》第一辑,下册,第636页。
⑤ 开平矿局商董拟立铁路公司时,即倡议"应将铁路公司与开平矿局分为两事,出入银款,各不相涉"。《中国近代铁路史资料》第一册,第126页。

| 公司名称 | 总资本（单位：两） | | | | | 时间 |
|---|---|---|---|---|---|---|
| | | "母企业" | 个人投资 | 社会关系 | 地方 | |
| 热河银矿 | 25000 | 10000（招商局）（40%） | 5000（朱翼甫）（20%） | — | 10000（倪中兴）（40%） | 1883 年 |
| 开平铁路公司 | 1000000（拟定股本） | 250000（开平矿局） | 不详 | 不详 | — | 1887 年 |
| 唐山细棉土厂 | 60000 | 20000（军械所）** 20000（开平矿局）（66.7%） | — | 20000（香山堂）（33.3%） | — | 1889 年 |
| 开平粤局城南地基公司 | 27200 | 10000（开平矿局）（37%） | 7200（26%） | 5000（郑观应）5000（李玉衡）（37%） | | 1891 年 |

资料来源：(1)《盛宣怀、徐润等上李鸿章禀》，光绪九年十月初二日（1883 年 11 月 1 日），《盛宣怀档案资料选辑之八》，第 124—126、131—133 页；1883 年《怡和洋行档案》，转引自刘广京《中英轮船航运竞争（1872—1885）》（原作英文），载黎志刚编《刘广京论招商局》，社会科学文献出版社 2012 年版，第 80 页。(2)郑观应：《致顺直垦荒公司农科毕业生叔荫侄书附言》，《郑观应集》下册，第 522 页。(3)《益闻录》光绪九年二月初二日（1883 年 3 月 10 日），《中国近代工业史资料》第一辑，第 1135—1136 页。(4)《开平铁路公司启事并附招股章程》，光绪十三年四月初四日（1887 年 4 月 26 日），《中国近代铁路史资料》，第 133—134 页。(5)唐廷枢：《呈李鸿章筹办唐山细棉土厂禀并批》《唐山细棉土厂章程》，《启新洋灰公司史料》，第 23 页。(6)郑观应：《广州城南地基公司股东说帖》，《郑观应集》下册，第 989—993 页。

注：＊此数字为"总资本"减去"母企业""个人投资"两项之差。
＊＊唐山细棉土厂的开办拟首先供应天津军械局，因此军械所各局出资两万两。

1892 年，年届 61 岁的唐廷枢去世。他的去世可能是中国工业萌芽阶段中一个极大的损失。开平矿务局的成绩与唐廷枢的个人才能密不可分。彼时中国尚未形成现代经济的制度模式、法律环境和商业氛围。因此一项新事业的兴废，几乎全系于经营者的个人能力上。唐廷枢 1872 年为怡和洋行开展汉口业务时，当时的竞争对手美国旗昌洋行的老板就曾感叹怡和洋行因有唐廷枢，"在取得情报和兜售生意方面……能把我们打得一败涂地。"[1]多年的

---

[1] 1872 年 6 月 11 日旗昌洋行 F.B.福士致金能亨函，见刘广京《英美航运势力在华的竞争，1862—1874》（Anglo-American Steamship Rivalry in China, 1862-1874），上海社会科学院出版社 1988 年版，第 108、181 页。

商业经历为唐廷枢积累下信誉和在商界广泛的号召力。开平矿务局从官方获得的资金支持甚少,创办过程中主要的筹垫,都是由他"独肩艰巨"的。[①] 更加难得的是,唐廷枢通晓英文,多年的洋行买办经历又使得他谙习外国的法律和商业运作,这使得他在与外国人打交道的过程中拥有一般中国人所不及的沟通和交涉能力,这种能力甚至是同辈的实业开拓者如盛宣怀及又一代如周学熙、张謇等人所不具备的。这样一位工商业人才在中国近代化历史上绝对是不可多得。无怪乎李鸿章曾有"中国可无李鸿章,不可无唐廷枢"之语。

当然,这不是说唐廷枢时期的开平矿务局是晚清工业化自强运动中的一个完美案例。实际上,尽管唐廷枢本人在尽力按照西方的管理模式去经营,但仍不能避免矿局发展过程中出现旧式官衙作风。1887 年《北华捷报》就曾报道说,"当开平矿山正在欣欣向荣、继续发展的时候,所有督办、总办和其他大员的三亲六戚都成群结队而来。而且完全不管他们能否胜任,都一律委以差使,把他们养得肥肥的"。[②] 这也是官督商办企业以及一切官方企业的局限性。

### 三、矿局时代的发展之二:张翼时期

1892 年唐廷枢去世后,总办一职(后改督办)由江苏候补道张翼接任。张翼,字燕谋,大约在 1890 年进入开平矿务局。关于张翼的背景与生平,史籍记载者甚少,一般根据他的墓志铭知道他早年家贫,以负贩为业,后投到醇亲王奕𫍽府中,受到赏识,从此显达。[③] 有资料载,他在入局之前已经非常富有,在开平煤矿、银行等都投有大量股份。[④] 但显然,张翼与唐廷枢、盛宣怀、徐润,包括郑观应、马建忠等人在内的李鸿章办洋务事业所倚重的买办商人并非一系;如果开平由已参与了一些矿局事务的徐润或郑观应接任,似乎更顺理成章。[⑤] 由此,张翼的接任应该与他醇亲王府的渊源有关。虽然

① 《开平矿务创办章程案据汇编》,第 53—54 页。

② 1887 年 6 月 24 日《北华捷报》,转引自刘佛丁:《开平矿务局经营得失辨析》,《南开学报》1986 年第 2 期。

③ 章钰:《通州张侍郎墓志铭》,载《清代碑传全集》下册,第三编,上海古籍出版社 1987 年版,第 1672 页。

④ 见"Chang-Yi:A Personal sketch",*The Observer*,Mar 5,1899,p.6.引自 ProQuest Historical Newspapers.

⑤ 徐润 1888 年受委办开平矿务局,1891 年会办开平林西矿,1892 年会办建平金矿,见《徐愚斋自叙年谱》,江西人民出版社 2012 年版,第 39、71、94 页。郑观应 1890 年受委总办广州开平粤局,见《禀谢北洋通商大臣李傅相札委总办开平煤矿粤局》,《郑观应集》下册,第 956—957 页。

张翼在中国近代史上名不见经传,但在19、20世纪之交,他一度是新崛起的官僚型商人,当时最有望成为中国的"煤铁大王"①。1899年,张翼被委为督办直隶全省及热河矿务大臣,又任督办铁路矿务大臣,1902年又被委总办路矿事宜②,官拜礼部右侍郎和工部右侍郎,地位与权力不仅远远超过他的前任唐廷枢,而且与长期经办洋务事业的官商盛宣怀势力匹敌③。

不仅关于张翼本人,他继任后开平矿务局的管理和业务情形同样因为资料缺乏而显得迷雾重重。除了仅有的几份奏折,张翼本人没有与官员往来或私人信函见诸流传,关于张翼和他任总办时期的开平矿务局情形,仅能从一些零星的外界报道获得端倪:

《北华捷报》1893年载:"现旧股市价九十五两,新股八十五两"④;1894年报道唐山水泥厂:"房子已渐渐坍塌了。这就是华北有名的、人们曾对它抱着不少希望的水泥厂。……但资本的开支不断膨胀;每月所需款项便可能把厂主拖垮,所以他们一遭到亏本,便赶紧把它关了门了"⑤。郑观应记唐廷枢组织成立的塘沽耕种畜牧公司,"惜景星故后,张燕谋办理不善耳"。

从这些记叙看,似乎张翼接任的最初几年,开平矿务局的经营情形不甚理想。但是从1897年开始,矿局的业务开始渐有起色,是年天津《国闻报》报道:

> 开平煤矿公司……缔造经营凡三十年。近来销路日见其盛,湖北铁厂每月需用焦炭至一千余吨之多,悉仰给于唐山矿局。京津铁路告成,芦汉又值开办,但就唐山、林西两厂每日所出之煤几有应接不暇之势……闻该厂所有厂屋、机器、运船、码头、栈房、地亩等项成本,共值银五百万两,在中国今日亦可谓一极大产业矣,旧股票每百两时值一百六七十两,现在开平另添煤井,须招新股,此系现成矿局,与目前各矿之初办者不同,想附股者必当异常踊跃也。⑥

---

① 前引"Chang-Yi:A Personal sketch"。
② 光绪二十八年一月十六日(1902年2月23日)上谕,《光绪朝东华录》第五册,中华书局1958年版,总第4827页。
③ 当时外国人对于在让与南方修筑铁路权利方面之事务操之于盛宣怀之手而非张翼殊感诧异,反映了张翼当时的权力地位。1903年6月5日Bany致德璀琳函,第4页,那森档案MSS.Eng.hist.c.419, pp.53—56.
④ 1893年5月26日,《中国近代工业史资料》第一辑,下册,第661页。
⑤ 1894年7月6日,《中国近代工业史资料》第一辑,下册,第664页。
⑥ 天津《国闻报》1897年11月10日。见李保平等编:《开滦煤矿档案史料集》,河北教育出版社2012年版,第147—148页。

可见湖北铁厂的需求和当时铁路的修筑,为开平煤带来了销路,股票亦随之增长。转年(1898年)《华字报》又报道:"开平矿务历年皆有起色,以去年论,开平、林西两矿售煤收入,计银一百七十万两……"①

此外,轮运业务的扩张可能也是开平矿务有起色的一个因素。因为据当时报道,矿局"于自运煤斤之外,兼揽载客货,搭趁仕商。客位生意蒸蒸日上,实与招商、怡和、太古三公司旗鼓相当,别树一帜"②。可见搭载客货是一个新的业务增长点,惜缺乏数字资料,无从做进一步考察。

观察开平矿务局历年的官商存入款额表(见表2-2),一个令人惊奇的发现是官款在矿局借入款项中的比重在1892年陡然增加。在有数字记载的1888年(唐廷枢时期),官款借入不过5万两白银,但至张翼接任督办的1892年突增至55万两余,转年又增至77万两余,并且此后直至1896年官款比重始终高于商款。1895年北洋大臣王文韶致总理衙门的一份咨文提供了问题的答案,"职局查开平矿务局现欠巨款本银二十三万五千两,系应解还衙门垫拨船价五十万两之款"③。后来一些新闻报道也印证了开平从国外购入两艘大吨位的运煤船只。④ 也就是说,1892年海军衙门曾经贷给矿局50万两白银作购船之用。可见,张翼入主开平矿务局所带来的是唐廷枢时期所不能企及的资金支持,而这种支持可能来源于其背后更为强大的政治资源。⑤

表2-2 1888—1900年开平矿务局实存借入官款、商款数额统计表

单位:津银(两)

| 年度 | 官款 | 商款 | 官商款合计 |
|---|---|---|---|
| 1888 | 50000.000 | 284776.291 | 334776.291 |
| 1889 | 9681.650 | 286509.445 | 296191.095 |
| 1890 | 91040.040 | 452053.676 | 543093.716 |

① 转引自《开滦煤矿档案史料集》,第148—149页。
② 天津《国闻报》1897年11月27日。见《开滦煤矿档案史料集》,第148页。
③ 《总署收北洋大臣王文韶文》,光绪二十一年十月初六日(1895年11月22日),见《矿务档》,一般矿政,直隶矿务,"中央研究院"近代史研究所,第185—186页。
④ 天津《国闻报》1897年11月27日,见《开滦煤矿档案史料集》,第148页;"Chang-Yi: A Personal sketch", *The Observer*, Mar 5, 1899, p.6.
⑤ 张翼始终与醇亲王府关系紧密,直到1901年仍作为随员随第二代醇亲王载沣出使德国就庚子年德国公使遇害一事道歉。另外,张翼与宫廷往来密切,其续弦据说与慈禧连亲,此说无从考证。

续表

| 年度 | 官款 | 商款 | 官商款合计 |
|------|------|------|------------|
| 1891 | 91040.040 | 641608.516 | 732648.556 |
| 1892 | 553169.264 | 630673.147 | 1183842.411 |
| 1893 | 771955.106 | 413307.321 | 1185262.427 |
| 1894 | 598123.034 | 431819.681 | 1029942.715 |
| 1895 | 582762.351 | 416779.042 | 999541.393 |
| 1896 | 539927.732 | 490089.099 | 1030016.831 |
| 1897 | 438185.832 | 850009.857 | 1288195.689 |
| 1898 | 519633.242 | 860966.701 | 1380599.943 |
| 1899 | 430004.134 | 983503.453 | 1413507.587 |
| 1900 | 385565.334 | 1335022.815 | 1720588.149 |

资料来源:《开滦煤矿志》第三卷,第728页。根据开平矿务局相关档案编制。

　　凭借着雄厚的资金和政治方面的支持,张翼在任内做了很多大规模的投资和基建项目。除了购置上述两艘汽船,又投资承德府的建平、永平金矿。至1897年,所有厂屋、机器、运船、码头、栈房、地亩等项,外界报道共值银五百万两[1],资本规模直追先起之"中国第一大生意"[2](盛宣怀语)之轮船招商局。当然,张翼任内最大的一个"手笔"也是最重要的一件事还是秦皇岛码头的营建。

　　早在19世纪90年代初期,开平的发展已再次遇到运输方面的瓶颈。从运输能力上讲,除了铁路、轮船等交通运输工具的改善,码头港口的货物吞吐量也是决定运煤能力的重要因素。开平矿务局原先拥有塘沽码头,开平煤的海运出口通过唐胥铁路运至塘沽,再由轮船运至青岛、烟台、海州、威海卫等。但塘沽码头时常拥挤,装载不便,更重要的是,吃水吨位较浅,且每年冬季有三个月的封冻期,使得运煤大受局限。[3] 1897年海关总税务司赫德议行邮政,希望解决冬季封河后商轮停驶、各省及外洋文报不通的问题,开平矿务局受命设法维持。于是张翼用矿局运煤轮舶由秦皇岛至烟台往返

---

① 天津《国闻报》,光绪二十三年十月十六日(1897年11月10日),见《开滦煤矿档案史料集》,第147页。

② 《盛宣怀上李鸿章禀》,光绪九年十月十九日(1883年11月18日),《轮船招商局——盛宣怀档案资料选辑之八》,第133页。

③ 《津海关税务司贺璧理申呈秦王岛添开通商口岸文》,光绪二十四年(1898年),《河北矿务汇刊·调查》,第91—94页,见《帝国主义与开滦煤矿》,第207—209页。

试行成功。① 营建秦皇岛码头的计划初露端倪。

秦皇岛码头的营建,在当时不仅是解决开平煤的外运问题,还有政治军事方面的原因。1895 年甲午一役中国战败后,在外交上不得已采取了亲俄政策,俄国借机租旅顺、大连,这些港口皆需用煤,俄国甚至还曾经提出过购买开平煤矿②。旅顺港既租与俄国,胶州湾又租与德国,清政府水师无险可据;从经济方面来说,旅顺为不冻深港,铁路通后更将成为商贸中心,天津、营口关税颇受影响。③ 如果将秦皇岛开辟为通商口岸和建港设码头,可以补救商务,也有遏制俄国势力的过度扩张之意④。张翼 1899 年上书朝廷的奏折中说:

> 勘得秦皇岛地方可为停泊轮船之所。即用矿局运煤轮舶,由该岛至烟台为度,往返试行。当此之时,胶、旅已租给他人,北洋水师无险可据,臣屡与洋员德璀琳(按:德国人,时任天津海关税务司,1895 年开始任开平矿务局会办)等留心考究,均以秦皇岛形胜较庙岛等处为独优……
>
> 该处入冬不冻,水又是最深,即三四千吨至重载可停。铁路一通,旅顺为商船之所极便,衷迁繁盛,我之天津、营口,受损已多,而津海与山海两关,巨万税金,久之将销归于无有。设立码头,则地情与水势均宜,不至如大沽各处之受病……欲济商务之穷,而塞饷源之漏,固非不足以制胜,不独全省矿务于该岛关系匪轻也。⑤

为筹办秦皇岛码头,张翼开始筹措款项。与先前历来采用的招资集股的办法不同的是,此次张翼直接以矿务局的财产作为抵押,举借外款。在上

---

① 张翼:《奏查明秦皇岛详细情形,拟先由开平矿务局借款试办码头折并朱批》,光绪二十五年七月上旬(1899 年),《续录开平矿交涉案》。见《开滦煤矿档案史料集》,第 228 页。

② 1899 年 6 月 27 日德璀琳致墨林函,见《矿权史料》,第 60 页。

③ 《路矿督办张翼奏查明秦皇岛修铁路请拟办法折》,光绪二十五年七月十二日(1899 年 8 月 17 日),见王彦威纂辑,王亮编,王敬立校:《清季外交史料》,第三册,卷一百四十,书目文献出版社 1987 年版,第 2307—2308 页。

④ 后来袁世凯奏折中对此也有所证实,——"唯秦皇岛向不结冰,以之开埠,足以抵制俄谋"。袁世凯:《请饬外务部督饬张翼迅速收回矿产折》,光绪二十九年十月二十三日(1903 年 12 月 11 日),《袁世凯奏议》中册,天津古籍出版社 1987 年版,第 854—856 页。

⑤ 《路矿督办张翼奏查明秦皇岛修铁路请拟办法折》,光绪二十五年七月十二日(1899 年 8 月 17 日),见王彦威纂辑,王亮编,王敬立校:《清季外交史料》,第三册,卷一百四十,书目文献出版社 1987 年版,第 2307—2308 页。

引奏折中,张翼言"曾与墨林议借英金二十万镑,约估银一百四十万两有奇"①。这是一笔在谈的借款,而此前已另有一笔是向德华银行(Deutsche Asiatische Bank)的45万两款项②。据近代杨鲁的分析,到1900年前,外债在开平矿务局负债总额中约占44%的比重。③

借外债以发展企业是张翼时期的开平矿务局与先前相比最重要的不同之一。唐廷枢时期矿局并未举借外债,1885年曾拟向怡和洋行借款并以局务暂归其经办、日后收回为条件,李鸿章不希望矿局的管理受外人挟制,因此作罢。④ 但是到19世纪末,利用外资的思想逐渐升温,借外债在当时社会舆论已不为奇谈异见。曾追随李鸿章办洋务的马建忠(1844—1900)向来主张借洋债办企业。刘鹗(《老残游记》作者,曾任英国福公司买办)1897年曾以"借外款以兴内利,引商力以御兵力"为名写信给山西巡抚胡聘之,劝其向福公司借1000万两银子,用于造铁路、建矿厂、资转运。⑤ 张之洞也提倡"东西人合本开采(矿业)"、借洋款修铁路等等。⑥ 然而外债是否真正能为己所用,并不简单。大规模举借外债虽然可以解决企业用款之急,但也把企业引上乞求外国金融支持和丧失主动权的危险道路。

1899年9月20日,张翼签署了一份关于墨林筹借二十万英镑款项的特别授权书,款项用于修建秦皇岛码头和新开一个煤矿("山海关铁路线上古冶车站附近"),以矿局全部产业为抵押。⑦ 到1900年间,"运煤所需的秦皇岛停泊处工程已取得了很大进展……"⑧从后来煤矿的发展看,秦皇岛码头的建立是对开滦意义最为重大的事件之一,因为它不仅为开滦又增辟了一收入源(航运与码头堆栈业务),更重要的是,码头直接服务于开滦煤炭的自运,这使得它能相对避开因内战造成的铁路运输系统瘫痪造成的损失。只可惜秦皇岛尚未发挥作用,开平煤矿已丧失到外商手中;而这又正与获授权筹借英款的矿商墨林不无关系。

---

① 《路矿督办张翼奏查明秦皇岛修铁路请拟办法折》,光绪二十五年七月十二日(1899年8月17日),见王彦威纂辑,王亮编,王敬立校:《清季外交史料》,第三册,卷一百四十,书目文献出版社1987年版,第2308页。

② 见《1900年7月30日"卖约"》,"开平矿务总局债欠单",见《开平矿务切要案据》。

③ 杨鲁:《开滦矿历史及收归国有问题》,第165页。

④ 《字林沪报》1885年12月8日,转引自《开滦煤矿档案史料集》,第285页。

⑤ 薛毅:《英国福公司在中国》,武汉大学出版社1992年版,第9页。

⑥ 见《劝学篇》,"矿学""铁路"。

⑦ 《1899年9月20日张翼致墨林的筹借廿万镑款项的授权书》,《矿权史料》,第63—64页。

⑧ 1900年天津(海关)关册记载。自《1925年7月18日开滦矿务局秦皇岛船务处处长"秦皇岛简史"》,见《矿权史料》,第27页。

从 1876 年开始筹建到 1900 年,开平煤矿经历了二十余年的发展历史。根据 1900 年的调查报告①,开平矿务局所属单位有三类,一类是煤矿和相关部门,包括唐山矿、林西矿、西北井矿、医院、胥芦运煤河、唐胥铁路、胥各庄修理厂;另一类是码头,包括天津河东码头、塘沽码头、广州码头、营口码头、上海浦东码头、天津河西码头、秦皇岛码头、烟台码头、香港荔枝阁码头;再一类是其他产业,包括细棉土厂(水泥厂)、建平金矿、永平金矿、承平银矿。除此之外,开平矿务局的财产还包括六艘运煤轮船和在各地购买的地皮(见图 2-2)。

实际上,开平煤矿在当时的成功与一系列与煤炭开采相配套的"环节"建设密不可分。当时有资料载:

> 这个企业固然应以它的各个矿井为基础,但是由于还有一些可以称之为附属部门的部门,办理出售煤矿产品的业务,又有分散在整个煤斤市场上的各商业代理处,煤矿产品输出的秦皇岛港口,运送煤斤的船队、焦炭厂、制砖厂等等事务有关的部门,这个事业实际上就呈现出一种极为错综复杂的局面。②

民国学者丁文江在追溯开滦煤矿的前身时曾记述:"开平公司之起,远在前清光绪三年,由直督李鸿章派唐廷枢调查唐山煤矿,至光绪四年,以资本 120 万两奏设开平矿务局,官督商办从事开采,同时修铁路开运河购地设厂经营秦皇岛商埠,计划绝大。"③丁文江之"计划绝大",其实正体现了作为一个非工业化国家自主进行工业化的全局构想和统筹实施。

## 第二节　开平矿案

"开平矿案"为近代中外关系史上一桩公案。近代吴蔼宸④之《华北国

---

① 胡华:《开平矿务局报告》,伦敦毕威克—墨林公司 1901 年版,见《矿矿权史料》,第 28—41 页。
② 《关于 1901 年至 1908 年公司业务发展的情况的备忘录》,转引自丁长清:《中英开平矿务案始末》,《南开学报》1994 年第 4 期。
③ 丁文江:《外资矿业史资料》,农矿部直辖地质调查所印行,约 1929 年,第 1 页。
④ 吴蔼宸,福建闽侯人,生于 1891 年(光绪十七年)。1910 年(宣统二年)考入京师大学堂分科大学工科采矿冶金门,毕业时授工学士。1932 年被新疆省政府聘为矿务高级顾问,后受委任为国民党驻新疆外交特派员,撰有《新疆纪游》。关于吴宸蔼生平,参见王连芳:《三十年代新疆石油事业的热心倡导者——吴蔼宸》,《新疆地方志》1992 年第 4 期。

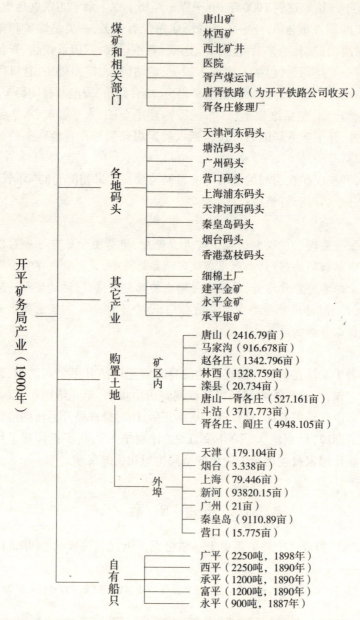

**图 2-2　开平矿务局产业图（1900 年）**

资料来源:"开平矿务局所属单位图""开平矿务局时期购置土地统计表",《开滦煤矿志》第三卷,第
9、721 页;"开平矿务局船队一览表(截至 1900 年上半年)",《开滦煤矿志》第二卷,第
395 页。

际五大问题》(1929 年)将"开滦矿务局问题"作为问题之一陈述于开篇,其

时已距开平煤矿丧失有近三十年,可见仍具有重要社会知名度。关于开平矿案,从近代开始已有诸多研究,以 20 世纪 70 年代以后南开大学依据开滦企业旧藏资料做出的论述最为完整和详尽。[①] 但是,限于民族主义和革命史学的思维视角,这桩近代史上著名的公案仍有很多环节为人忽略,需要重新梳理和解读。

## 一、1900 年庚子事变与英国开平矿务有限公司的成立

1900 年夏,义和团运动爆发,列强"联军"进犯中国。此时在天津租界,英军以"通匪"为由,突将开平矿局督办张翼拘留,后在德国人德璀琳(Detring Gustav)[②]的斡旋下旋即释放。张翼恐矿务局因有"准官方"性质而遭抢劫破坏,于是札委德璀琳"或借洋款,或集外国资本,将唐山开平矿局作为中外矿务公司"[③],借此寻求外国势力的保护。"换旗"取得外国保护的做法并非没有先例:1884 年中法战争和 1894 年中日甲午战争之时,轮船招商局曾两次售卖给外国洋行,所有船只改挂外国旗帜,战争结束后赎回。[④] 德璀琳在甲午中日战争期间,也曾建议张翼仿照招商局做法,以防日本全面进攻华北而成为敌方产业,后随《马关条约》签订、战争中止而罢。

德璀琳在拿到张翼的札委后,立即与英国"毕威克—墨林"公司(Bewick Moreing Co.)的在华代表人胡华(Hebert C. Hoover)[⑤]签订了一份协议。内载:德璀琳与开平矿局"允将开平矿务总局所有之地亩、房屋、机

①　例如,熊性美等编:《开滦煤矿矿权史料》序言;再如,丁长清:《开平矿务案始末》,《南开学报》1994 年第 4 期。

②　德璀琳(1842—1913),长期任天津税务总司,李鸿章的私人顾问。1899 年被委任为"秦皇岛开埠税务司",全权负责秦皇岛建港和秦皇岛海关开关筹建事宜。在唐廷枢任总办时期,德璀琳已与矿局有往来,时而接受唐廷枢的咨询;张翼继任后,外交及矿务管理等事务皆仰赖德璀琳,称其"于开平局扩充矿务、秦皇岛筹办码头,其中紧要机宜,颇资匡画"。见德璀琳证词,《张燕谋控诉墨林案诉讼记录》,伦敦高等法院 1905 年版(以后简称《诉讼记录》),No.973—974,p.173;《张翼奏札委德璀琳随办洋务工程事件片并朱批》,光绪二十五年七月上旬,见《开滦矿务档案史料集》,第 230 页。关于德璀琳生平还可参见李桂林:《秦皇岛海关首任税务司德璀琳》,秦皇岛市政协文史资料研究委员会编:《秦皇岛文史资料选辑》第四辑,第 169—171 页。

③　《张翼札德璀琳文》,光绪二十六年四月十九日(1900 年 5 月 17 日),见周学熙等辑:《开平矿务局交涉事汇》,1910 年版。《开平矿务局交涉事汇》有原注:"查此札六月下旬在塘沽发交德璀琳,倒填月日,为保护矿产之计。不意后来德璀琳竟背此札与胡华私订合同(指卖约)。"

④　张国辉:《洋务运动与中国近代企业》,第 166、167 页。

⑤　即后来著名的美国第 31 届总统。1895 年作为采矿工程师受雇于墨林公司,在澳大利亚从事采矿工作,1899 年由墨林指派来华在开平矿务局做一系列采矿调查,墨林返英国后指定其为在华代理人,主要负责监督秦皇岛工程款项用途。

器、货物,并所属、所受、执掌或应享之权利、利益,一并允准转付、卖予、移交、过割与该胡华,或其后嗣,或其所派办事掌业之人"(第一款);待墨林按照英国公司法组织的"开平矿务有限公司"注册成立后,胡华再将其"转付、移交与有限公司"(第二款);新公司资本定为100万英镑,分为100万股,每股1镑,开平旧股(每股100两)一万五千股,每股换给英国有限公司新股25股,作为移交给新公司一切财产和权益的完全赔偿(第三、五款)。①这份合同后来也称为"卖约"。

德璀琳首先想到英国商人墨林和他的公司,部分源于他与墨林之间的"友谊"。早在1898年墨林来华期间,正是通过德璀琳的介绍,才与张翼结识并签订了秦皇岛工程款的借款授权合同。后来二人之间的往来通信透露出进一步的合作关系:当时中国有设立"中央矿务总局"之意,墨林自称"我准备如已说妥的那样为中央矿务总局一事与你合作,你将在中国做领导人,我的公司将提供专家和资金,利润与你平分"②;德璀琳则回函称,"有张燕谋、卡特莱特③与我(请原谅我这种自夸辞句),你会有最好的机会在中国的采矿竞赛中赢得胜利"④。另外,德璀琳虽然身为德国人,但倾向于煤矿得到英国的保护,他的理由是,"怕假使俄军占据了矿山,德国当局不会干涉俄国的利益"⑤。这里也可见各国在华利益的冲突以及结盟关系。

1900年10月,胡华到达伦敦,将"卖约"和张翼给德璀琳的代理委任状副本一并拿给了墨林。按照合同规定,墨林须筹集资本组建公司,但是他遇到的是一个棘手的问题。其实,早在筹集秦皇岛借款一事上,墨林即已遇到困难:债券认购者很少。据1903年一份资料,这20万英镑债券最后由英国认购了10万5000英镑(其中包括墨林、铁路股份信托代办公司、谢夫公司、中国开发有限公司等);比利时资本认购了9万5000镑。⑥而墨林与比利时资本的合作关系在1900年墨林第二次去中国之前就已"形成":1899年12月14日,"东方辛迪加"在英国注册成立,资本10万英镑,目的在于当墨

---

① 《开平矿务切要案据》。"机器"原文为Buildings;"权益、利益"依原文应译为"动产抵押权、权利、利益、特许营业权",见魏子初:《帝国主义与开滦煤矿》,第7—12页。
② 1898年7月22日墨林致德璀琳函,《矿权史料》,第44页。
③ 海关税务司,曾任德璀琳助手,后退职回英国,墨林来华时同行并陪任翻译。《诉讼记录》,No.553, p.137;No.3242, p.391。
④ 1898年8月14日德璀琳致墨林函,《矿权史料》,第55页。
⑤ 德璀琳证词,《矿权史料》,第68页。
⑥ 英开平公司董事戴维斯于1903年6月26日致英国外交大臣兰斯道恩函中透露。见《矿权史料》,第64页。

林在中国办矿需要资本时,供给他必要的资本。① 这一次组建公司,墨林在伦敦金融城融资不成功后,再次找到比利时资本。比利时方面并不怀疑开平的投资前景,但不相信仅凭墨林手上的"卖约"及授权德璀琳的札委书便可以得到开平矿局的一切资产和权益。于是,一个新的"计划"产生。

1900 年 12 月 21 日,"开平矿务有限公司"在英国伦敦注册成立,股本100 万英镑。显然,这是为履行"卖约"中关于在英国成立同名公司的约定。但是,成立这家公司时,却没有实际的资金贯注。根据致"东方辛迪加有限公司"函中的承诺,墨林将根据"卖约"所得到的一切财产和权益一并售予东方辛迪加,代价为东方辛迪加公司之"缴足股金之股票七万九千五百股"(每股一镑)。② 而东方辛迪加在 1901 年 1 月 29 日又将"卖约"利益转让给了新成立的"开平矿务有限公司",买价为公司"缴足股金的股票九十九万九千九百十三股……还应付给辛迪加前此为公司注册现金所支付的现款二千五百五十一镑五先令"。③ 也就是说,开平矿局的产业在"卖"与墨林后,墨林又"卖"给了东方辛迪加,"代价"为接近 8 万股的辛迪加股票,而东方辛迪加又将产业"卖"给了"开平矿务有限公司",得到后者接近 100 万股股票。在这一置换中,作为开平矿局产业的买者,墨林并没有付出任何代价,东方辛迪加也未付出任何代价,开平矿务有限公司除少量公司注册资金外仍未付出任何代价。正如后来张翼的辩护律师在法庭上所说,"这笔生意如果成功,他们将得到全部好处,如果不成功,也不会遭受任何损失。"④

而这一切最终能否实现,将取决于开平矿务局财产权益是否得到成效转让。1901 年初,胡华带着"修订"后的"卖约"回到中国。修改后的卖约有若干处以很巧妙的方式做了重大改动,最主要的地方是:原约内载"兹因欲将中国开平矿务总局改为英国有限公司,按照西历一千八百六十二年所定公司新例,在英国注册",修订版将"改为"二字(Transformed to)改成"移交与"(Transferred to),如此一来,契约的性质便由"改组"变成了"转让"。为使这一合同生效,英商方面又拟定一份"移交约",期望获得张翼的签字,因为在英比资本看来,这将是一个"使 1900 年 7 月 30 日的合同正式生效的契约"⑤。

---

① 《矿权史料》,第 53、154 页。
② 1900 年 12 月 13 日墨林致东方辛迪加有限公司函,《矿权史料》,第 160 页。
③ 《矿权史料》,第 154 页。
④ 《诉讼记录》,p.257.
⑤ 1902 年 11 月 12 日蔡斯致威英函,《矿权史料》,第 221 页。

　　张翼原无卖矿之意,对于德璀琳与胡华所订之合同,也并不知具体内容。① 因此当"卖约"和"移交约"呈在张翼面前请他签字时,张翼错愕万分,因为他原期待签署的是一份关于开平矿局改组为中外合办公司的文件,不想,这是一份将矿局所有产业和权利全部移交出去的合同。开平矿局是完全的华人产业并受政府监督,涉及重大的主权和国家利益,他自知无法承担如此重大的责任,于是拒绝签署。但胡华等人连续四天的威胁利诱终于使张翼妥协了下来。作为签字条件,双方增订《副约》,内容涉及办理方法:"该局各事,将由两部办理之人定夺:一在中国,一在伦敦"(第六条);张翼"仍为该公司驻华督办管理该公司各项事宜"(第七条)。1901 年 2 月 19日,双方签订"移交约"与"副约"。同年,张翼将此事以"加招洋股,改为中外合办公司"含糊上报朝廷②。

　　张翼原想凭借副约,继续保持中方在开平矿务局的经营管理大权,但英方不过是想以之为诱饵而取得张翼的签字盖章。双方签字后的第七天,顾勃尔即向伦敦报告说,"契约的形式以及弄到手的签字盖章可以说是尽善尽美(当然皇上的直接批准除外),我敢说,就中国同等重要的产业来说,没有一家外国公司曾获得过这样完善的一份契约"③。而签约以后,英商也无任何实际的行动来履行副约。在伦敦成立的开平矿务有限公司的组织章程中,根本没有关于在中国设立董事部和驻华督办这样的条款。④ 胡华在致董事部的信中说:

　　　　当我们向你处提出这份七个月的艰苦工作的总结的时候,我们相信我们已经把交给我们的任务完成到使你们满意的程度;而留给我们的后任乃是一个前途远大的企业,它的实际组织形式已获得了普遍的承认,它的财产除个别细节外都已妥为注册并备有清单,它的管理权是操在外国人的手里;中国人的干涉只限于一个具有协商性质的董事部,它对于我们将来很有用处而绝无害处。⑤

---

① 《矿权史料》,第 98 页。
② 张翼:《开平矿局加招洋股改为中外合办折》,光绪二十七年五月(1901 年 6 月),《开平矿务切要案据》。见《矿权史料》,第 135—137 页。
③ 1901 年 2 月 25 日顾勃尔致东方辛迪加秘书函,《矿权史料》,第 130 页。
④ 《开平矿务有限公司设立章程与公司章程》,1900 年 12 月 20 日,《矿权史料》,第 140—144 页。
⑤ 《胡华致布鲁塞尔开平公司董事部的报告》,1901 年 9 月,《矿权史料》,第 193 页。

随着开平矿务局产业的移交到 1901 年底逐项完成之后,英国将管理权彻底揽入手中,1902 年甚至禁止矿上悬挂龙旗,只准挂英旗,以此明确公司的英属性质,也由此引发了中英政府间关于开平主权的交涉。

## 二、伦敦涉讼

开平煤矿丧失后,朝廷并不知道内情,对张翼所奏"加招洋股改为中外合办折",朱批谕旨批复"知道了。该大臣责无旁贷,著即认真妥为经理,以保利源。"[①]至 1902 年,因英人不准在矿上悬挂龙旗,开平煤矿丧失的真相才逐渐透露出来。当时的直隶总督袁世凯在参奏张翼私卖矿局产业的奏折中说,

> 乃上年十月间,开平局员候补道杨善庆及地方官认为中外合办,因在该局悬挂中国龙旗,与英旗相对并峙;而英使萨道义函至外务部,诘责此事,请饬查办;驻津英总领事金璋亦函请护督,饬将龙旗落下。臣销假回津,道出上海,遇晤萨使,以勒下国旗,损辱国体,曾向理论,诘以"中外合办公司"何以不准悬挂龙旗? 该使谓:开平矿务局,前已卖与洋商,至英国挂号,现在英国公司,非中外合办公司,断不准悬挂龙旗。[②]

而后,在袁世凯的进一步追问中,英使将移交之合同录送给袁世凯核阅,开平被卖一事才得知晓。朝廷在接到袁世凯的奏折后,1903 年将张翼革职,命其"赶紧设法收回"。同年,张翼在伦敦的律师向英国高等法院大法官厅递交控诉书。

张翼控告墨林案是 1905 年初在伦敦高等法院大法官厅由法官卓侯士(Mr. Justice Joyce)审理的。在张翼的起诉书中,原告为"张燕谋阁下和天津开平矿务局",被告是"查礼士·阿尔几能·墨林、毕威克墨林公司及开平矿务有限公司"。作为原告,张翼提出以下要求:

> (1)宣告该 1901 年 2 月 19 日业已盖印之副约对于所有被告均具有约束力,并谕令执行该副约之条款。

---

① 《开平矿务切要案据》。

② 袁世凯:《英商依据私约侵占开平矿产请饬外务部声明规复折》,光绪二十九年二月十五日(1903 年 3 月 13 日),《袁世凯奏议》中册,第 740—742 页。

（2）否则，如认为该副约不能具有此种约束力，则应（甲）宣告该1901年2月19日之移交和转让契约，系由被告或其代理人借助于虚伪陈述和欺骗得来，应予取消，并谕令该契约可予取消；或（乙）宣告被告，除非对原告履行该业已盖印之副约中所赋予的义务，并完成其中各项条款，无权继续享有该移交契约中之利益，并颁发必要之谕令使宣告得以生效。

（3）赔偿损失。

（4）诉讼费用。

（5）其他费用。①

从上述要求便可以看出，对于开平，虽然清廷责令"收回"，但张翼执迷前践，仅要求履行副约，这也是他后来在开平矿案上的一贯立场和主张。

1905年3月1日，法官卓侯士宣判："副约对于各被告都是具有约束力的，而且被告公司如果不遵守和履行副约中的规定和义务，过去或现在都无权取得、持有或管理移交约中所开列的产业，或享受其利益"②，但同时宣布"这个副约，无论连同或不连同移交约在内，按其性质来说，都不能构成一个本院所能判决强制执行的合同，我不能直接命令履行这个合同"。

这一宣判表面上张翼胜诉，然而又由于宣布合同无法"强制执行"，判决成为一纸空文。另一边，墨林和英国公司又向更高一级的法院提出上诉。1906年1月24日，法院对上一次的判决作了修改，一方面维持了原判，宣告1901年的副约对被告"均具有约束力"，另一方面又宣布"按照该副约的真实解释，并未赋予或有意赋予原告张燕谋以督办之权，张燕谋亦不能据此职位，行使超过被告公司之公司设立章程所能有效地赋予该公司的一名执行董事之权。"③由此以来，即便副约可以"强制执行"，张翼亦不能享有督办之权，这离要求英商履行副约更远了一步。张翼的英伦诉讼以无功而返告结束。

### 三、滦州煤矿的创办

从1900年开平煤矿丧失，到1906年张翼从英国回国，虽然清政府始终不承认"开平矿务有限公司"的合法，但却也无能为力，只能任由其继续经

---

① 《张翼起诉书》，见《矿权史料》，第245—246页。
② 《高等法院皇家法庭判决书》，1905年3月1日，《矿权史料》，第280页。
③ 《第二上诉法院谕单》，1906年1月24日，《矿权史料》，第306—308页。

营。张翼的伦敦涉讼又无实际结果,收回开平之事陷入僵局。

"北洋滦州官矿有限公司"是袁世凯根据周学熙的建议,命令后者主持创办并于1907年成立的。自滦州公司创办后,收回开平之事始有起色。

袁世凯命周学熙开办滦州煤矿,并非其仅是为了《招股章程》中所提到的"开辟地利,保守主权,官家得用煤之便宜,股东享天然之美利"①,而是打算凭借滦矿对开平加以实力抵制。在滦州公司后来(1912年)的呈文中亦提及:

> 查本公司创办于前清光绪三十二年间,其时英人久据开平,交涉讼争,迄无收回成议。不得已发生创办滦矿问题,实力抵制,以为外交后盾。②

事实上,滦矿的招商章程从本身内容上即体现出对英商开平公司的抵制姿态。第一,当初开平矿界仅以唐山十里以内为限,而滦州矿界取包围开平煤矿形势,东自范各庄起,迤西无水庄、白道子、石佛寺、杨子岭、陈家岭、马家沟,以迄半壁店,占地330方里,已超过1904年商部奏定的"矿务章程"30方里之限制。第二,开平矿局原定招商股80万两,至多不逾百万两,而滦矿初即定资200万两,内由北洋特拨官款50万两,以示提倡,后拟增至500万两,如不足用,可再招新股,可见务期使滦矿实力驾于开平之上。第三,鉴于开平失之于洋股,所以郑重声明专以华股为限。第四,滦矿应完煤税,亦受国家特权优待,照开平旧案。③

在这样的优待条件和政府扶植下,滦矿果然扩展神速,不到五年,规模大备,加上购置装备了德国最新机器,实力已有驾乎开平而成抵制之势。据1901年周学熙呈直隶总督文中称:

> 数年以来,先后招集股本银五百万两,竭力经营,在马家沟、赵各庄、陈家岭、印子沟等处,共开大小井口十四号,选购各种机器,如电力机、起重机、风扇机、抽水机等项,均系外洋最新之式,现在规模粲然大备。目前美国实业团赴矿参观,英国那森及其矿师随同前往,交口称

---

① 《北洋滦州官矿有限公司章程》,1908年,见《帝国主义与开滦煤矿》,第109页。
② 《滦州公司呈署理直隶都督张锡銮文》,1912年7月9日,《矿权史料》,第561页。
③ 《北洋滦州官矿有限公司章程》,《札准滦州煤矿立案文》,皆见《帝国主义与开滦煤矿》,第105、109页。

赞,骎骎乎驾开平而上之,是抵制之力,已征实是。①

滦矿的开办,在英商开平公司方面,早已窥知其用意,并且游说英国领事出面干预。在 1907 年滦矿开始筹议之际,驻津英总领事即来诘问,当时袁世凯以张翼私立移交等约未经中国政府承认而驳复了英领事。1908 年 4 月,英领事见滦矿已渐成规模,又据张翼移交约中所开直隶省开平煤田所有之地亩、煤矿、煤槽皆在其界内,商请滦矿停工。当时的直隶总督杨士骧以开平原有之财产权益正思设法挽回,开平以外之滦矿系中国自办官矿,岂容再为攫取,给予驳斥。5 月,英使朱尔典(John N.Jordan)正式致送外务部节略内称,滦州陈家岭、马家沟矿井,系在张翼所立移交约之内,应令停止。外务部亦据理逐级驳复,双方相持不下。

## 四、陈夔龙的收开活动与最终结果

1909 年冬,陈夔龙奉命接办开平矿案的交涉,至此收回开平之事打开了一个新的局面。

陈夔龙奉旨筹办开平矿案后,悉心研究案情,认为若不先行证明私约废归无效,则中英之间彼此争执、纠缠不清,难期了结。在 1910 年 9 月 9 日"筹议收回开平矿产情形折"内,陈夔龙分析道:

> 张翼坚主责任副约,谓实行副约,可为中外合办,无须费款赎回,即可同享利益。不知副约原于移交约,移交约原于卖约,三约一脉相承。英国中公堂判词,明明断为移交约与副约应作为一件看。是认副约,即不能不认移交约,认移交约,即不能不认卖约,一认卖约,主权何在? 况副约中所谓张翼仍充该矿督办,有管理一切之权者,英国上公堂已并此而驳之。是即以副约论,亦毫无效力,何况有移交约、卖约为之根据……②

据此可见,陈夔龙对开平矿案见识之高,远在当时一般人之上。其"三约一脉相承"切中要害,一语点破张翼浅薄幼稚的主张。

陈夔龙随后提出的收开方案是:在承认三约无效的基础上,由国家担保

---

① 《周学熙呈直隶总督陈夔龙禀》,宣统二年十月初八日(1901 年 11 月 9 日),经济部矿业司藏开滦矿务档。转引自王玺:《中英开平矿权交涉》,"中央研究院"近代史研究所,1962 年,第 117—118 页。
② 《开平矿务切要案据》。

发行债票,将英商开平有限公司股本加债票共 142 万镑,以年息七厘计在十五年内全部赎回。①

英外部及英公司最开始持反对意见,然而陈夔龙办事风格颇为果决,在与英方的反复辩难中,态度坚决,不为所动。英人时而恫吓,时而要挟,变幻多端,陈夔龙亦随时商承外务部,内外坚持。于是英国公司知难而退,表示愿意接受债票,应允产业归还,但是索价高达 270 万英镑②。后经几次磋商,让至 178.2 万英镑。③

就在收开之事眼看就要成功时,张翼又从中作梗。1910 年 10 月至 11 月间,他连续上奏朝廷,反对赎回开平,声言如履行副约,中外合办,即可不费一文而收回开平。④ 1911 年初,清廷派度支部尚书载泽、邮传部侍郎盛宣怀查办开平案件。1911 年 1 月 5 日,载泽、盛宣怀上折,一方面不同意张翼所坚持的“责任副约”,另一方面又认为巨款收回,吃亏太多,最后建议由“滦州公司加招商股,出立债票,与英人另议收回办法”。⑤ 清廷随后谕令滦矿设法收开,“如有把握,尚属可行”,对于陈夔龙,则判“此次陈夔龙遽议发给国家重利债票,并不预先请旨,殊属非是,应毋庸议”。⑥

由此,国家担保债票以收回开平的方法作罢,陈夔龙苦心经营的收开活动,终归失败。综观当时的时局,国内革命潮流正在蓬勃发展,清政府的统治已危如累卵,对于 1907—1911 年间赎回山西、安徽两省矿山,最后支出不到 1000 万两,⑦犹意存观望,现在如果指望它为了赎回直隶省一个矿山而承担约 4000 万两的公债本息,似乎也不大可能。陈夔龙收开计划的失败,其中也蕴含着某种必然。

清廷否决了陈夔龙的收开计划后,将收回开平之事全部推给了滦州公司。前在 1910 年 11 月 5 日滦州公司召开特别董事会议时,即决定或拟照陈夔龙方案,给开平公司常年七厘之债票分三十年还清,或另借外债 2000

① 1910 年 4 月 25 日陈夔龙给予开平有限公司条件;1910 年 7 月 27 日戴维斯致英外务次官函。《矿权史料》,第 410、417 页。
② 1910 年 6 月 13 日英外务次官康拜尔致盖克维次-史密斯-凯律师事务所函,《矿权史料》,第 415 页。
③ 1910 年 9 月 21 日开平公司秘书致英外务次官函,《矿权史料》,第 418—420 页。
④ 张翼:《奏为续陈开平矿案对待合宜办法请旨早派大臣督办以利交涉折》,宣统二年十月(1910 年 11 月),见《矿权史料》,第 427—432 页。
⑤ 载泽、盛宣怀:《遵旨查明开平矿务一案始末情形及现拟收回办法折》,宣统二年十二月初五日(1911 年 1 月 5 日),《矿权史料》,第 444—450 页。
⑥ 清廷给外务部和陈夔龙的谕旨,《矿权史料》,第 451 页。
⑦ 熊性美:《矿权史料》序言,第 18 页。

万元以为收回之用。① 1911 年,周学熙又与德华银行、俄华道胜银行、东方汇理银行等接洽借款之事。然而,英方此时早已识破清廷之收开并无坚定决心和诚意,于是既不接收"未经国家担保之债票",同时又百般活动,阻挠滦州公司向国外银行借款。1911 年 8 月 1 日英开平公司的负责人之一萨敦致开平矿务公司秘书函中说:

> 7 月 27 日我去北京,并与英国公使商量(滦矿)借外国款的事情,他同意向外务部抗议(滦矿)借外款来反对我们的利益。我访问北京各外国银行,为了了解周学熙是否曾与他们接洽过……他们均保证以后没有中国政府的担保不借与款项。②

英国驻华公使极力支持英国资本家,甚至为此还向中国外务部提出抗议,并威胁说,"此议(滦矿借款)果成,将来开平损失,必向中国索赔,亦只得以兵力从事,恐酿成重大交涉。"③

借款不成,唯有寄希望于与开平的价格战,滦州公司希图通过价格竞争,使开平股市下跌,利润减少,使得英方不得不降低条件,将开平归还中国。

还是在 1910 年 6 月,两公司已经在矿区和天津展开了激烈的竞销。开平公司以成本价格售煤,并在滦矿周围建立煤厂和关卡,还规定凡从开平煤厂买煤的用户一律给予特别回扣。在天津除廉价倾销外,还代改炉灶、赠送炉具,以推销开平煤。滦矿则在开平降低价格的地方,也相应大幅度削价,比开平煤每吨还低 0. 25—0. 40 元。④

1911 年春,双方的价格战趋于白热化。开平公司猛烈进攻,他们总结自己竞销的战略时亦承认,凡是可以阻止滦州矿务公司销煤赚钱的事情都做到了,"使竞争做到尽量地全面而有效"。⑤ 从实力上讲,开平公司已有三十余年的发展,资本雄厚,成本低廉,而滦州公司刚刚成立几年,经营运行尚不完善,难与开平进行持久的竞争。在经过一番激烈的较量后,滦矿抵挡不

---

① 《滦州公司第一次特别股东会议事录》,宣统二年十月初四至初六日(1910 年 11 月 5—7 日),《矿权史料》,第 437 页。
② 转引自丁长清:《中英开平矿务案始末》,《南开学报》1994 年第 4 期。
③ 外务部致北洋大臣陈夔龙电,宣统三年闰六月初八日(1911 年 8 月 2 日),《矿权史料》,第 475 页。
④ 《开滦煤矿志》第三卷,第 679 页。
⑤ 1911 年 1 月 12 日那森致开平公司秘书函,《矿权史料》,第 457 页。

住,损失奇重,内部也逐渐分化,主张实行妥协的意见愈占上风。1911 年 11 月 18 日李希明致周学熙函中劝告,"鉴思有志实业,总以保全股东利益为主"①。当时政治局势也颇让滦州公司股东担心,正值辛亥革命前夜,股东害怕革命会影响到自己的财产权益,因而再次希望托庇于外人保护之下。

与此同时在开平公司方面,持续两年多的价格战自己也颇受损失,早有联合之意。双方此时一拍即合,于是两公司各派代表周学熙、那森进行会议,谈判联合条件。1912 年 1 月 27 日双方签订了草合同十七条,附件九条,6 月 1 日周学熙与那森签订正式合同,自此开滦实行联合。按照联合合同,两公司联合组织设一"开滦矿务总局",总局议事部设在天津,由两公司各举议董三人,会议总局之事;两公司各设一董事部,属于开平公司者设在伦敦,属于滦州公司者设在天津,保存各自原来组织及原来附属权利;两公司资本各作为 100 万镑,总共 200 万镑,每年总局所获净利在 30 万镑以下时,开平公司得 60%,滦州公司得 40%,30 万镑以上时则两公司均分。②

开滦联合之时,清帝已经退位,民国建立。1912 年 2 月,临时大总统孙中山让位于袁世凯,袁世凯就职后,其子袁克定被委为开滦矿务督办。袁克定督办开滦后,随即承认开滦联合办理草合同合法,并与开平公司代表那森议定条件七条。内容是:秦皇岛官有地,仍为官有产业租与开滦总局,其海港、市场由总局照光绪初年开平官办局原案代办,市政警权仍归中国,中国兵轮停泊不得收费;矿界相连之铁矿,准开滦总局与永平铁矿公司联合办理;胥如庄运河归开滦总局经理;建平永平金矿、承平银矿、细棉土厂已归启新公司承受;沽塘公司归直督收回另办。③

开滦的这一联合,依照 1912 年 1 月 28 日周学熙禀陈夔龙文中的解释,仅营业的联合,"所有两公司名义各自存在,仅将营业一部分联合组织,设一开滦矿务总局,协力进行,以息争端而维权利"④。但事实上二者权利并不平等,联合后的经营管理大权尽归英人掌握,这从联合合同中之相关规定即可见得。比如,利润 30 万镑以内四六分成之规定(第三条),再如联合后前十年总局总理由开平董事选任(附件第三条)。而滦州公司之股东也情愿将管理大权拱手相让。开平公司总经理那森在致伦敦董事部主席特纳函中说:

① 《矿权史料》,第 488 页。
② 《开滦矿务总局联合办理草合同、附件》,1912 年 1 月 27 日,《矿权史料》,第 509—513 页。
③ 丁文江:《外资矿业史资料》,第 4 页。
④ 1912 年 1 月 28 日周学熙禀陈夔龙文,见《矿权史料》,第 508 页。

中国人始终表示十分情愿把控制权交给本公司,困难在于要用一种尽量不损伤中国人的面子的方式把这一点表达出来;同时,还得防止参加谈判的人将来受到指责,说他们把滦州公司出卖给开平公司了。……关于最后的控制权应属于谁的问题,始终没有人怀疑过。就这一点来说,这个协定当然是十分令人满意的。①

……所有各部门都将由我们的各部门接管,由我们的员司来经营;滦州公司的员司,则仅按实际需要予以留用……实际将要发生的情况是:滦州矿务公司的矿山和财产完全划归现在的开平矿务有限公司来管理。至于说什么我们收购滦州公司出产的煤,或者作出安排赋予滦州公司以管理他们矿山的权利等等,并不存在这样的问题。②

由此可见,开滦之联合名为中外合办,实际上成为英商控制经营下的煤矿企业。当初原拟的"以滦收开"之策,最后演变为"以开并滦"。

## 第三节　开滦矿务总局

### 一、黄金发展时期

开滦煤矿矿权的沦落无疑是一出悲剧。但是如果从企业自身的角度,"开滦矿务总局"的成立和中英合办,换来的却是更有效率和更良性的发展。

首先,1878 年建矿开始,开平矿务局一直采用传统的"存""该""收""付"式记账法("存"包括全部资产;"该"包括全部负债;"收"亦称"进"包括全部收入;"付"亦称"缴"包括全部支出)。这种记账方法以毛笔写账簿,数字全系中国大写繁体字。更主要的是,这种记账法不利于成本核算,也很难分清固定资产和流动资金的变化,不能适应新式企业的管理。1901 年英人入主开平后,引入了西式记账法,提高了效率,更适应了大机器生产时代企业管理的需要。同时,官督商办下的开平矿务局,包括前北洋滦州煤矿,经营体制上官僚作风严重,经营者不懂矿务,用人亦多有任人唯亲的现象。英人革除一切旧弊,在制度上实施"外科手术",不仅改革了机构设置③,并且各部门职员再不能凭借关系获得职位,而是凭借个人能力被企业聘用而

---

① 1912 年 1 月 30 日那森致特纳函,见《矿权史料》,第 517 页。
② 1912 年 5 月 10 日那森致特纳函,见《矿权史料》,第 558 页。
③ 详见第三章第二节。

来。开滦矿务总局成立之后,总经理共三届,每届的任期皆在十年左右①,有相对稳定的经营管理和极为成熟的运营,改变了从前企业经营对"用人得宜"的依赖,而实现了"铁打的营盘流水的兵"的制度化运营。在这样一整套的企业制度变革中,开滦的生产经营模式彻底脱离了传统窠臼,转变成真正意义上的现代企业。

有很多因素促成了开滦在 20 世纪最初二十多年的"黄金发展"。首先,开滦从开平矿务局和滦州官矿有限公司继承的有利条件颇多,比如两矿先进的技术装备、已有很好的建井基础、秦皇岛码头的投入使用等。

开滦煤矿近代时期主要有五个矿出煤,新中国成立前号称"开滦五矿"。五矿依建矿时间顺序,分别为唐山矿、林西矿、马家沟矿、赵各庄矿和唐家庄矿。其中,开平矿务局时期建有两个矿——唐山矿与林西矿,北洋滦州官矿有限公司时期建有两个矿——马家沟矿与赵各庄矿,开平矿务局时期建设了唐家庄矿。五矿建矿及出煤投产时间如表 2-3 所列。此外,开平矿务局还曾于 1894 年投资建设了西北井矿,但该矿因透水于 1920 年关闭。②

表 2-3 开滦各矿建井及投产时间

| 矿名 | 开凿时间 | 出煤时间 | 投产时间 |
|---|---|---|---|
| 唐山矿 | 1879.2 | 1881 | 1882 |
| 林西矿 | 1887 年冬 | 1889 | 1892 |
| 马家沟矿 | 1908.7.19 | 1910.4.13 | 1910.4.13 |
| 赵各庄矿 | 1909.2.14 | 1910.1.14 | 1912 |
| 唐家庄矿 | 1920.4 | 1925.1 | 1925.6 |

资料来源:根据《开滦煤矿志(1878—1988)》第二卷"表 2-2-4-3 开滦各矿投产时间及设计能力"节录,第 84 页。

五矿之中,唐山矿建立最早(1879 年),矿址位于开平煤田西北翼的西南端,在开平镇西南 18 里。1881 年这里开始产煤,根据当时资料,日产量约 300 吨。③ 其后生产能力不断提高,1882 年日产量达 500 吨左右④,1883年超过了 600 吨⑤,1886 年日产量已达 800 至 900 吨⑥,延至 1923 年,日产

---

① 见附录 2—1"近代开滦煤矿历届经营者及任期(1878—1941)"。

② 《开滦煤矿志》第二卷,第 82 页。

③ 《英领事商务报告》1882 年分,《中国近代工业史资料》第一辑,下册,第 649 页。

④ 《益闻录》光绪八年四月初四日,《中国近代工业史资料》第一辑,下册,第 653 页。

⑤ 《英领事商务报告》1883 年分,《中国近代工业史资料》第一辑,下册,第 654 页。

⑥ 《捷报》1886 年 9 月 4 日,天津通讯,《中国近代工业史资料》第一辑,下册,第 656 页。

量则达到 2510 吨。① 唐山矿是近代早期最重要的矿井之一,从这里出产的煤供应了当时轮船招商局、兵工厂等洋务企业的用煤,还供应了旅顺、威海卫、烟台水师特别是北洋舰队的用煤,在清末历史中发挥了重要的作用。五矿之中,赵各庄矿产量最多。赵各庄矿地处开平煤田东北端,为滦州公司1909 年兴建,20 年代时日产即超过 5000 余吨,比当时唐山矿与马家沟矿日产之和还要略多。② 赵各庄矿具有年产 200 万吨的生产能力,据开滦矿务局的报告,就单个煤矿论,在 20 世纪 20 年代除美国外,赵各庄是世界最大的。③ 可见开滦煤矿在规模和实力上可以与英、美等先进采煤国家的相媲美。

就产品而言,开滦煤矿生产的煤有多种。据第二次《中国矿业纪要》中载,"产出之煤,先经筛煤台,后入手选带……视煤之大小性质,分为粉煤、石煤、海军煤、铁道煤等,共有十二种。"④实际上,开滦的产煤品种依市场需求而不断有所调整。1912 年前后,开滦煤炭种类,仅块煤即分八种,末煤分四种,没有统一的质量标准规格,而是随需要或按合同要求而定。⑤ 1915年,开滦为适应市场需要,改革了所有煤炭产品的结构,制定了块煤、核煤和碎煤的统一规格。规定粒度大于 38 毫米的为块煤,在 21—38 毫米之间的为核煤,小于 21 毫米的为碎煤。当时煤市的市面上会看到"开滦一号块煤""开滦二号块煤""开滦一号屑煤""开滦二号屑煤"等等名称,其中"块煤、末煤"为煤的品种⑥,"一号、二号、三号"为煤的等级。

开滦获得黄金发展的另一大优势来自它自身强大的运输能力。

与中国近代大多数煤矿甚至是世界其他国家煤矿相比,开滦煤矿一个突出的特点是,煤炭自运的比重很高。从近代社会政治和经济背景来看,这一特点对开滦是有利的,因为运费构成企业价格成本的一部分,谁能将煤以低廉的费用运到销场,谁就能更具竞争优势,而开滦的自运措施一方面节约了运输费用,另一方面又能在国内发生战乱造成的车皮征调、交通阻滞情况下,相对避免或降低所遭受的损失。侯德封第三次《中国矿业纪要》载:

---

① 谢家荣:第二次《中国矿业纪要》,第 29 页。
② 马家沟矿日产 2634 吨(1923 年)。第二次《中国矿业纪要》,第 29 页。
③ 见蒂姆·赖特著,丁长清译:《中国经济和社会中的煤矿业(1895—1937)》,东方出版社1991 年版,第 48 页。
④ 第二次《中国矿业纪要》,第 28 页。
⑤ 《开滦煤矿志》第三卷,第 676 页。
⑥ 还有"机车块煤""核煤""过筛核煤""特别末煤""制焦末煤"等等。例见《矿业周报》各期煤市价格行情。

该矿自备机车煤车甚夥,往来甚便,按十七年(1928年)运出额百分之七十八为该矿自运,是以近年我国自营矿业均以运输困难,完全停顿,而该矿产销反愈增加也,且秦皇岛码头,为该矿所有,出口极便,并于天津上海汕头等处,均自设码头,故其运销,毫无滞碍,而营业尤觉顺利。①

上文提到的"运出额78%为该矿自运",系指开滦用自备机车运出的煤炭数量在其通过铁路运出煤炭总数中的比重,当时为1928年,而至1932年,这一比重又上升到93%。②

铁路交通其实仅是开滦运煤方式中的一种。近代开滦的运输方式有三:河运、铁路和海运。开滦在华北和东北市场上销售的煤,主要依靠铁路运输,内河航运则是其补充手段;输往沿海、山东、上海、香港、广州地区分销处及销往国外的煤则是依靠轮运走海路。

1880年,开平矿务局修建了一条由胥各庄通往芦台的长约15英里的运河,专为运煤之用。这条运河在芦台使煤矿与中国整个内陆运河系统衔接起来,煤可以由此水路运至塘沽、北塘、天津以及运河下游一带。1882年8月至1887年5月,通过运河运至天津的煤炭计40万吨左右,占唐山矿产量的80%。③ 由于运河有淤塞之患,且铁路运费更廉,因此在19世纪末逐渐废弃不用。④

1881年,唐山至胥各庄铁路修建,全长15里,这也是全国第一条标准轨距的铁路。⑤ 唐胥铁路建成后,由于当时风气不开,被朝廷勒令禁驶,后经李鸿章、唐廷枢从中转圜,才得恢复运行。1886年朝廷允将铁路由胥各庄延长到芦台。⑥ 转年(1887年)"开平铁路公司"成立,承接从芦台至天津铁路工程,计长180里。⑦ 1889年为连通林西矿又在另一端延长50里至古冶。这样,在唐胥铁路的基础上,不断地向西、向东延长,1893年津榆铁路通车,以后逐步形成京奉(后北宁)铁路。⑧ 开滦的铁路运销主要依靠这条

① 第三次《中国矿业纪要》,第2页。
② 1932/33年总经理年报,转引自丁长清:《开滦煤在旧中国市场上的运销初析》,《中国经济史研究》1988年第3期。
③ 《开滦煤矿志》第二卷,第389页。
④ 胡华:《开平矿务局报告》,见《矿权史料》,第34页。
⑤ 《开滦煤矿志》,第415页。
⑥ 《天津——插图本史纲》第七章,见《天津历史资料》1964年第2期。
⑦ 《开平铁路公司招股章程》,《中国近代铁路史资料》第一册,第133页。
⑧ 《开滦煤矿志》,第416—417页。

铁路线。

海运是开滦煤矿运输系统中最具特色也是最重要的部分,开滦的煤炭自运多半体现于此。在海运方面,开滦承继的依然是开平矿务局时期开创的有利条件。一则开平矿务局自 1888 年起先后在天津、塘沽、广州、营口、上海浦东、秦皇岛、烟台、香港荔枝阁等处都建立了码头,可以专供矿局煤炭的起卸和外运;二则矿局自备运输轮船,专供运煤之用。

开平矿务局最先拥有的出海码头是塘沽码头,开平煤通过唐胥铁路运至塘沽,再由轮船运至青岛、烟台、海州、威海卫等,此后还转运至津浦铁路北段沿线各地。1901 年秦皇岛码头初步建成,该港逐步成为开滦外运煤炭和国内外海运贸易的基地。从秦皇岛港外运的煤炭主要运至山东沿海、上海、长江流域、香港、广州及日本等。

开平矿务局 1900 年时拥有六艘轮船,即“广平”“西平”“清平”“福平”“永平”“北平”号,载运量总计 8300 吨。① 1907 年,“承平”号在运煤驶往山东沿海时因搁浅而报废。② 此后,为降低海运成本,开平公司大大削减了自备船只,采用大量租用轮船的办法。据第二次《中国矿业纪要》载:

> 矿务局在秦皇岛筑有新式码头及堆栈、以便装运出口煤焦、除自备开平(容量三一五〇吨)广平(容量二一五〇吨)二轮、专利运输外、又与天津日商松昌洋行、订贩卖煤焦之约、松昌洋行现有三千吨以上轮船十五艘、专供由秦皇岛至日本运煤之用、因之开平煤在日本之销路、日益畅旺。③

1924 年,开滦共租用轮船 27 艘,登记吨位 49689 吨(见表 2-4),④比 1900 年的载重能力增加 5 倍多。

表 2-4    1924 年开滦总局租用轮船情况

| 国籍 | 租用艘数 | 登记吨位 |
|---|---|---|
| 中国 | 7 | 13578 |
| 英国 | 3 | 5246 |

---

① 胡华:《开平矿务局报告》,《矿权史料》,第 35 页。
② 《开滦煤矿志》第二卷,第 396 页。
③ 第二次《中国矿业纪要》,第 28 页。
④ 《开滦煤矿志》第二卷,第 397 页。

续表

| 国籍 | 租用艘数 | 登记吨位 |
|------|---------|---------|
| 挪威 | 5 | 7699 |
| 日本 | 12 | 23166 |
| 总计 | 27 | 49689 |

资料来源:《开滦煤矿志(1878—1988)》第二卷,"表6-2-2-9",第397页。

海运与铁路运输是开滦煤炭外运的两大支柱。从1912年至1948年(不包括日军占领开滦期间)共销售煤炭1.2亿多吨,铁路和海运销售的煤炭几乎各占一半。[①]

除庞大的生产能力和运输能力外,开滦锐意经营的销售网络系统亦是其业务繁荣的关键因素。至20世纪30年代前,开滦矿务总局已逐步形成了以营业部为首的多地区多层次的庞大而复杂的销售网络。总局下设的营业部(包括运输)是执行总经理关于运销决策的指挥机关。营业部下设满洲(东北)、华北、华南三个大区经理处(在1933年底前还曾设有北方售品处),各大区又分辖不等的分销处或经理处及代理人。图2-3显示了开滦二三十年代的销售机构设置,开滦正是通过这一经销机构网络,将煤炭销往华北、东北、华东、华南以及国外。

开滦的经销方式有四种:自行销售,合伙经销,合资经营和委托代销。自行销售是指由开滦直接供应销售到户,一般是与开滦签有固定用煤协议的、距离较近的客户,如京奉铁路局、唐山的启新水泥厂、华新纺织厂等。凡直接与开滦订货、签订合同者,均由开滦直供销售到户。合伙经销指开滦与经销代理人签订合同,共同主持对矿务局的煤炭和其他产品的日常销售业务。例如,1926年开滦与代理人魏冲叔成立京兆售品处,按合同规定,魏冲叔从开滦每月领薪200墨西哥银元,另分50%的售品处纯利,纯利由每售一吨煤的回扣减去经营管理费所构成。对工业企业特定用户的售煤,每吨回扣0.25元;对一般用户售煤,末煤每吨回扣0.4元,块煤每吨回扣0.6元,焦炭每吨回扣1元。[②] 1924年开滦与上海巨商刘鸿生成立的上海售品处,为合资经营。根据1924年第一期合同:上海、宁波以及长江下游流域至九江为止,各地方所有矿局煤焦及矿务局别种出品之销售,均移归合组公司管理(惟销售洋户不在此例);公司资本洋40万元,双方各出资一半;售品处

---

① 《开滦煤矿志》第二卷,第398页。
② 《开滦煤矿志》第三卷,第678页。

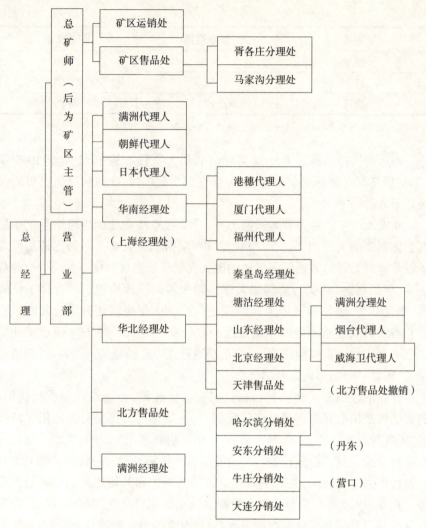

**图 2-3　开滦总局销售机构（20 世纪二三十年代）**

资料来源：开滦集团档案馆编：《开滦史鉴文萃》，第 484 页。

盈利或亏损，由双方平均分配或承担。① 根据合同，每销 1 吨煤得佣金白银 4 钱，外加经销费每吨 2 钱，故售品处向开滦购煤每吨较市价共低银 6 钱。② 代销是开滦通过付给一定比例的佣金，将煤炭及其他产品委托给他人代为销售的方式。开滦矿务局在各地都有经理处或售品处，在各地委托商行、洋

---

① 上海社会科学院经济研究所编：《刘鸿生企业史料》，上海人民出版社 1981 年版，第 23— 25 页。

② 《开滦煤矿志》第三卷，第 678 页。

行、煤商,代理销售开滦得煤炭和其他产品。开滦对这些商行、洋行、煤商,均按销售每吨等级煤付予一定的佣金。

开滦正是通过其庞大的多层次多方位的营业组织机构,运用以上这些经销方式,将煤炭推销到诸多地区,获得了广袤的市场和高额的营业利润。据1914—1915 年度的销售情况统计,煤炭总销量近 270 万吨,其中北方销售占开滦总销售的 43.63%,国内其他各地销售占 30.49%,国外销售占 18.25%。[①]

开滦煤在上海销路的打开是其这一时期市场方面最重要的开拓。上海是中国近代时期最大的商埠,也是工业经济最为发达的地区。上海在近代初期工业发展依赖进口煤炭,1904 年日本煤占煤市销量高达 85.44%,因此开滦煤在上海市场的打开意义巨大。从表 2-5 中可以看到,在 1904 年,开滦煤在上海的市场份额仅 4.62%,十年以后,市场份额即上升到 27.22%,1920 年更是达到 52.19%。

表 2-5 上海煤市销售量及开滦煤所占比重的增长
(1904—1924)

| 年份 | 上海煤市的总销售量 | | 开滦煤 | | 日本煤 | | 其他煤 | |
|---|---|---|---|---|---|---|---|---|
| | 数量(吨) | 指数(1913年=100) | 销售量(吨) | 占煤市总销售量的% | 销售量(吨) | 占煤市总销售量的% | 销售量(吨) | 占煤市总销售量的% |
| 1904 | 867909 | 62.17 | 40067 | 4.62 | 741564 | 85.44 | 86278 | 9.94 |
| 1905 | 915499 | 65.58 | 65522 | 7.16 | 752070 | 82.15 | 97907 | 10.69 |
| 1906 | 999062 | 71.57 | 69852 | 6.99 | 824239 | 82.50 | 104971 | 10.51 |
| 1907 | 1025398 | 73.45 | 81417 | 7.94 | 818240 | 79.80 | 125741 | 12.26 |
| 1908 | 1072762 | 76.85 | 135857 | 12.66 | 845020 | 78.77 | 91885 | 8.57 |
| 1909 | 1117118 | 80.03 | 140942 | 12.62 | 833316 | 74.60 | 142860 | 12.78 |
| 1910 | 1126189 | 80.67 | 202860 | 18.01 | 784281 | 69.64 | 139048 | 12.35 |
| 1911 | 1099821 | 78.79 | 154839 | 14.08 | 819126 | 74.48 | 125856 | 11.44 |
| 1912 | 1187378 | 85.06 | 185734 | 15.64 | 887131 | 74.71 | 114513 | 9.65 |
| 1913 | 1395959 | 100.00 | 281999 | 20.20 | 917172 | 65.70 | 196788 | 14.10 |
| 1914 | 1467585 | 105.13 | 399442 | 27.22 | 854543 | 58.23 | 213600 | 14.55 |
| 1915 | 1337287 | 95.80 | 415664 | 31.08 | 743767 | 55.62 | 177856 | 13.30 |

① 根据丁长清《开滦煤在旧中国市场上的运销初析》中"开滦煤销售情况统计表之二"计算,原表根据 1914/15 总经理年报。《中国经济史研究》1988 年第 3 期。

续表

| 年份 | 上海煤市的总销售量 | | 开滦煤 | | 日本煤 | | 其他煤 | |
|---|---|---|---|---|---|---|---|---|
| | 数量（吨） | 指数（1913年＝100） | 销售量（吨） | 占煤市总销售量的% | 销售量（吨） | 占煤市总销售量的% | 销售量（吨） | 占煤市总销售量的% |
| 1916 | 1461531 | 104.70 | 480196 | 32.86 | 814857 | 55.75 | 166478 | 11.39 |
| 1917 | 1515155 | 108.54 | 513194 | 33.87 | 791587 | 52.24 | 210374 | 13.89 |
| 1918 | 1315006 | 94.20 | 384977 | 29.28 | 733034 | 55.74 | 196995 | 14.98 |
| 1919 | 1458529 | 104.48 | 606949 | 41.61 | 650033 | 44.57 | 201547 | 13.82 |
| 1920 | 1696275 | 121.51 | 885258 | 52.19 | 554326 | 32.68 | 256691 | 15.13 |
| 1921 | 1935962 | 138.68 | 906420 | 46.82 | 637319 | 32.92 | 392223 | 20.26 |
| 1922 | 1838869 | 131.73 | 756819 | 41.16 | 562860 | 30.61 | 519190 | 28.23 |
| 1923 | 2083219 | 149.23 | 976457 | 46.87 | 610193 | 29.29 | 496569 | 23.84 |
| 1924 | 2073502 | 148.54 | 977592 | 47.15 | 588369 | 28.38 | 507541 | 24.47 |

资料来源:《刘鸿生企业史料》上册,第8—9页。

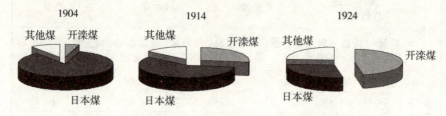

图 2-4　1904、1914、1924 年上海煤市各煤销售所占比重

资料来源:根据表 2-4 中 1904、1914、1924 年数据绘制。

　　开滦煤在上海市场销路的打开与近代著名民族资本家刘鸿生的贡献是分不开的。1909 年间,刘鸿生经上海某德商洋行买办黄可方和工部局翻译周良卿的介绍,进入英商上海开平矿务局当职员,当时,开平煤由于所产煤炭质量欠佳销路不畅,刘鸿生的销煤工作做得很有成绩,于 1911 年(时 24 岁)被提升为买办。[1] 一战时期,开滦自备船只被英国政府征用了,秦皇岛码头煤炭积压无法外运,刘鸿生设法自租数十只船只销开滦煤到上海,同时由于战时国外工业破坏、国内工业发展,煤的需求增加,开滦煤在上海的销路骤然打开。[2]

　　　———————

　　① 《刘鸿生企业史料》上册,第4页。
　　② 《刘鸿生企业史料》上册,第6—9页。

至 30 年代,开滦的煤已遍销全国,在海外亦拓展了市场。1934 年袁通的报告中说,"开滦煤沿海分销山东各口岸,南至上海,复转长江流域,沿海南下,销往华南各大商埠,直至广东、香港。……开滦煤在华北一带销量可达 200 万吨,上海长江流域达 150 万吨,沿海华南各埠达 30—40 万吨,输入日本平均 20 万吨……"[1]

表 2-6　开滦煤销售情况统计表(1935—1936)

| 地区 | | 吨数 | 比重 | |
|---|---|---|---|---|
| 北方地区 | 北京 | 28000 | 0.75% | 42.88% |
| | 天津 | 629000 | 16.84% | |
| | 塘沽 | 141000 | 3.77% | |
| | 矿区——一般 | 370000 | 9.90% | |
| | 矿区——中国铁路 | 252000 | 6.75% | |
| | 秦皇岛——当地 | 89000 | 2.38% | |
| | 山东 | 93000 | 2.49% | |
| 上海及其分销处 | 上海及吴淞 | 949000 | 25.40% | 33.22% |
| | 汉口及黄石港 | 110000 | 2.94% | |
| | 厦门 | 20000 | 0.54% | |
| | 福州 | 24000 | 0.64% | |
| | 汕头 | 25000 | 0.67% | |
| | 大冶 | 2000 | 0.05% | |
| | 通州 | 8000 | 0.21% | |
| | 江阴 | 16000 | 0.43% | |
| | 苏州 | 16000 | 0.43% | |
| | 无锡 | 15000 | 0.40% | |
| | 常州 | 10000 | 0.27% | |
| | 清江 | 7000 | 0.19% | |
| | 南京 | 7000 | 0.19% | |
| | 芜湖 | 15000 | 0.40% | |
| | 宁波 | 17000 | 0.46% | |
| 香港 | | 64000 | 1.71% | |
| 广州 | | 209000 | 5.59% | |
| 日本、朝鲜 | | 620000 | 16.60% | |

---

[1]　袁通:《开滦矿务总局调查报告》,1934 年 8 月,开滦档案 1—2—173。

续表

| 地区 | 吨数 | 比重 |
|---|---|---|
| 全部总计 | 3736000 | 100.00% |

资料来源:根据丁长清《开滦煤在旧中国市场上的运销初析》之"开滦煤销售情况统计表之五"编,《中国经济史研究》1988 年第 3 期。

## 二、市场竞争时期

第一次世界大战前中国近代煤矿数量有限,市场集中度较高,开滦所面临的竞争主要来自日本。1904 年,抚顺煤矿被日本攫取,此后成为日资煤矿。抚顺煤层之厚无与伦比,最厚达 200 余尺[1],具有极大的储量和生产潜力,因而发展至 20 世纪 20 年代成为中国近代年产量最大的煤矿。自抚顺煤矿发展起来后,在东北市场上,开滦煤逐渐减少了销售量。但是开滦在华北还维持着几乎独占的局面,在上海、广州、香港等地,开滦煤与日本煤及抚顺煤平分秋色,势力互有消长。大约从 20 世纪 20 年代末开始,近代煤矿业的市场格局已有了变化,开滦的竞争对手日益增多,特别是一战前后中国煤矿业受市场刺激而繁荣,国内煤矿不仅数量激增,且形成一批有一定实力的华资煤矿企业。另一方面,开滦作为中英合办煤矿的一些"特权"优势也因日本在华势力膨胀等因素受到影响,开滦煤矿不能再保持从前的"垄断"局面,而是开始面临多方竞争压力。

就竞争对手而言,20 世纪 30 年代,开滦总矿师杜克茹在视察报告曾总结道:

> 我们的主要竞争对手有:
> 1. 在上海市场及长江下游有山东的中兴、华东及博山各矿。
> 2. 在天津市场有位于山西省北部大同府附近的大同晋北矿;位于河北省京汉县郑家庄附近的井陉矿。
> 3. 在汉口及京汉线有位于河南省北部京汉线上的六河沟煤矿。[2]

其中,山东中兴煤矿是国人投资最大的煤矿,大约 1914 年至 1924 年为营业最盛时期,市场也随之迅速拓展。在 1922 年 2 月 25 日刘鸿生致上海开滦矿务局经理函中提到,"中兴煤矿公司正用尽一切方法,向上海、通州、常州、无锡及杭州各厂家与石灰窑、砖瓦窑兜销他们的煤炭。但这些地方的

---

① 谢家荣:第二次《中国矿业纪要》,第 25 页。
② 《杜克茹氏视察开滦煤矿报告》,1936 年 12 月 23 日,开滦档案 1—2—175。

用煤,主要是由开滦供应的,因此开滦煤的销售立刻受到影响,并已有下列各厂改用中兴煤:常州电灯公司,无锡的广勤、业勤、申新纱厂和几家缫丝厂、面粉厂,通州的大生纱厂和砖窑,以及吴淞的大中华纱厂。"①直至30年代,中兴煤矿一直是开滦的主要竞争对手。

河北井陉煤矿原为中德合办煤矿,1919年由中国政府收回自办,德股占1/4,省股占3/4。井陉煤矿规模宏大,虽然稍逊于开滦与中兴煤矿,但在黄河以北,地位也相当重要。20世纪初期,井陉煤已有相当数量运入天津,在保定地区和太原铁路支线各地与开滦煤竞争。

除杜氏在报告中提及的煤矿外,事实上还有其他一些煤矿也与开滦展开竞争。如河北临城煤矿(原为中比合办煤矿,1920年收回自办,属官商合办的华资煤矿),其主要销路为京汉路沿线陇海东段运河流域及北京天津等处②。在铁路运费不高的地方,也能和开滦煤竞争。再如河北柳江煤矿(中国商办煤矿),由刘鸿生为之投资,因而在上海销路渐广。据资料,20世纪20年代,柳江煤销上海每年10万吨左右,此外由海路运出,销至镇江、南京、江阴、青岛、烟台、安东、大连、营口及日本名古屋等处,天津每年可销二三万吨。③

事实上,在20世纪30年代,开滦煤的市场受到来自国内外竞争的双重影响。国内主要是中兴、柳江、长城煤争夺了开滦煤在上海的部分市场,国外则主要是30年代日煤(包括抚顺煤)大量倾销,开滦受其影响,价格低落,销路有些迟滞。《矿业周报》第12号(1928年)曾载,"开滦之煤占南北市场有年,近则为日煤夺去大半"④。虽然不无夸张,但开滦煤的确受到日煤倾销的影响。特别是九一八事变后,日本为打击中国经济,也为夺回因抵制日货而失去的市场,加紧了其倾销政策。除了在价格上不惜折本出售外,还笼络煤商,实行送货上门、赊账销售等手段,以图挤垮国内煤矿业。开滦在这场价格竞销战中也颇受影响,不得不随之降价销售,营业利润受损。1933年,《矿业周报》载,"抚顺块屑向内地极力倾销,价格每吨跌落三两左右,开滦煤因而滞销,计囤积百余万吨之多,总值约700万元"⑤;《上海新闻报》也载,"据开滦煤矿公司某君谈,该公司生产量,日有万五千吨,因受日煤倾销及军事影响,营业不振,仅总场一处,存煤已达百万吨以上,长此以

① 《刘鸿生企业史料》上册,第14页。
② 第二次《中国矿业纪要》,第39页。
③ 《矿业周报》第一集,第21号,中华矿学社1928年,第362页。
④ 《矿业周报》第一集,第188页。
⑤ 《矿业周报》第240号(民国22年5月31日),"开滦近闻六则",第1166页。

往,或将被迫出于减工或停办之途。"①开滦矿局有鉴于此,不得不通告各矿,轮流停工,减产以减少囤积而免赔累②。

国内各矿的发展及日煤持续的竞争,使得开滦煤的市场份额受到很大影响。反映在上海地区,开滦煤在上海市场上所占比重同 20 年代比下降很多,1924 年尚为 47.15%,而 1934 年则下降到 35.55%。

表 2-7　上海销煤情况(1934 年)

| 矿别 | | 输入额(吨) | 所占份额(%) |
|---|---|---|---|
| 国资煤矿 | 大同 | 87910 | 2.76 |
| | 博山 | 367801 | 11.55 |
| | 中兴 | 375588 | 11.79 |
| | 华东 | 88627 | 2.78 |
| | 大通淮南 | 109746 | 3.45 |
| | 临榆 | 82518 | 2.59 |
| | 阳泉 | 108165 | 3.40 |
| | 烈山 | 7285 | 0.23 |
| | 馒头山 | 5251 | 0.16 |
| | 大冶 | 45441 | 1.43 |
| | 其他 | 14300 | 0.45 |
| 共计 | | 1292930 | 40.6 |
| 中外合资 | 开滦 | 1132308 | 35.55 |
| | 井陉 | 2601 | 0.08 |
| | 鲁大 | 166781 | 5.24 |
| | 中英 | 2688 | 0.08 |
| | 中福 | 15750 | 0.49 |
| 共计 | | 1320137 | 41.4 |
| 外煤 | 抚顺 | 176600 | 5.55 |
| | 日本 | 255054 | 8.01 |
| | 安南 | 133857 | 4.20 |
| | 俄国 | — | — |
| 共计 | | 571721 | 18.0 |
| 总计 | | 3184788 | 100.0 |

资料来源:侯德封:第五次《中国矿业纪要》,第 120—121 页。

---

① 转见《矿业周报》,第 238 号(民国 22 年 5 月 14 日),"开滦煤矿受日压迫",第 1129 页。
② 《矿业周报》第 240 号,"开滦近闻六则",第 1166 页。

除了外部市场竞争格局起了变化外,开滦从前的一些优势也不再明显。近代煤炭售价的构成,据当时的总结,大致有八项:(一)矿场出产成本;(二)矿至铁路运费及装卸费;(三)铁路运费;(四)码头费、上栈费、销场上搬运费;(五)税捐;(六)水路运费;(七)经手佣金;(八)商人利益。[①] 煤价当时虽为企业自定价,但价格对煤矿企业而言有时是一种外在因素,因为它取决于既有的价格水平、需求的变化和竞争的激烈程度等方面。在给定煤价的前提下,成本、运销费用和税捐越低,企业的盈利就会越高。就成本论,与同期其他煤矿相比,开滦在近代大部分历史时期成本几乎总是最低的。据第二次《中国矿业纪要》(1926 年)载,"开滦煤矿,为中国各矿中成本最低者之一,据民国五年调查,每吨仅需一元左右……目下中国采煤成本,当以一元五角至二元为最低,四元至五元(如淄川)为最高,而大多数之新式煤矿,其采煤成本,俱在二元五角以下,平均成本,则约三元左右。"[②]当然由于工资和物价上涨的因素,开滦煤矿的采煤成本(绝对成本)在整个近代时期又是逐渐上升的。1928 年,开滦每吨煤成本已涨至 1.756 元,大约转年又增至 2 元左右[③]。1931 年的调查结果为每吨成本 2.2 元[④]。而同期其他各矿情形不一,河北、山西、河南各矿皆在 3 元以下,其余各省则成本较高,约在 5 元上下,全国各大矿平均约在 3 元上下。

**表 2-8 全国各大煤矿吨煤成本**

单位:元

| 省别 | 矿名 | 采煤成本 | 事务费 | 共计 | 调查时期 |
|---|---|---|---|---|---|
| 河北 | 开滦矿务局 | 1.95 | 0.25 | 2.20 | 1931 年春 |
| | 井陉矿务局 | 1.85 | 0.40 | 2.25 | 1931 年 |
| | 怡立煤矿 | | | 2.65 | 1931 年 |
| | 门头沟公司 | | | 2.40 | 1931 年 |
| 河南 | 中原公司 | 2.12 | 1.05 | 3.17 | 1932 年春 |
| | 六河沟煤矿 | 2.60 | | 2.60 | 产煤费 |
| 山东 | 中兴公司 | 2.88 | 0.63 | 3.50 | 1930 年 |
| | 鲁大公司 | | | 3.85 | 1930 年 |

① 《矿业周报》第 214 号,"矿业联合会的说法",中华矿学社民国二十一年(1932 年),第724 页。
② 谢家荣:第二次《中国矿业纪要》,民国十五年(1926 年),第 47 页。
③ 侯德封:第三次《中国矿业纪要》,民国十八年(1929 年),第 1 页。
④ 侯德封:第四次《中国矿业纪要》,民国二十一年(1932 年),第 308 页。

续表

| 省别 | 矿名 | 采煤成本 | 事务费 | 共计 | 调查时期 |
|---|---|---|---|---|---|
| 山西 | 晋北矿务局 | | | 2.60 | 1931 年 |
| | 大同保晋公司 | | | 2.60 | 1931 年 |
| | 平定保晋公司 | | | 2.90 | 1931 年 |
| 热河 | 北票煤矿 | | | 3.50 | 1931 年 |
| 辽宁 | 抚顺煤矿 | | | 2.49（日金） | |
| | 本溪湖煤矿 | | | 5.56 | 1930 年 |
| 江西 | 萍乡煤矿 | | | 6.30 | 1931 年 |
| | 鄱乐煤矿 | | | 6.50 | 1931 年 |
| 浙江 | 长兴煤矿 | | | 5.00 | 1931 年 |

资料来源：侯德封：第四次《中国矿业纪要》，第 60 页，本表系节录。

从上表可以看出，开滦的成本在各大矿中虽然仍是最低的，但与二十年前甚至十年前相比，其与全国平均水平的差距在缩短。事实上，大约自 20 世纪 30 年代以后，开滦的成本优势已不明显。据第五次《中国矿业纪要》，1934 年开滦的吨煤成本为 3.68 元，其中采煤成本为 2.9 元，矿山成本 3.3 元（包括采煤成本在内），总务费及其他 0.38 元。[1] 这时的全国平均情况是，采煤成本平均 2.7 元，最低如山西大同，仅约 1.2—1.3 元；若以总成本计，晋冀豫察每吨约在 5 元以下，最低者 2 元余，长江流域各煤矿每吨成本约 5 至 8 元不等，全国总体平均为 4.7 元。可见此时开滦的采煤成本已略高出全国平均水平，只因其他费用较其他煤矿略低，所以在总成本上还是低于全国平均水平。

随着市场竞争的加剧，一些先前隐蔽的"不利"因素也显露出来。煤质是其中之一。

近代不乏一些煤质优于开滦的煤矿。河北井陉煤矿、河北怡立煤矿、河南六河沟煤矿，发热量都高于开滦煤矿，灰分也比开滦少，在级别上要高于开滦；而与开滦同属"中级烟炭"的山东中兴煤矿，其发热量和灰分标准也在开滦之上。开滦煤矿总矿师杜克茹在 1936 年"视察开滦煤矿报告"中即说，"开滦煤炭的质量是中等的，这是谁都知道的事实。"[2]杜氏并列举两表说明滦煤质量的低劣。

---

[1]　侯德封：第五次《中国矿业纪要》，第 69 页。
[2]　《杜克茹氏视察开滦煤矿报告》，开滦档案 1—2—175。

表 2-9 开滦及其他煤矿每磅一号块所产生的热量（B.T.U）

| 开滦 | 12200 |
|---|---|
| 中兴 | 13300 |
| 华东 | 13700 |
| 博山 | 13000 |
| 大同晋北 | 14600 |
| 井陉 | 13000 |
| 六河沟 | 13000 |

表 2-10 1936 年 11 月滦煤各种品种的热量及其在总产量中所占的比重

| 品 种 | 每磅的热量 | % |
|---|---|---|
| 特一块 | 12400 | 7.2 |
| 一 块 | 12100 | 11.0 |
| 铁路机车块 | 11300 | 3.9 |
| 机车块 | 11000 | 0.8 |
| 二 块 | 9900 | 18.2 |
| 特特末 | 12300 | 10.4 |
| 特 末 | 12000 | 7.5 |
| 一 末 | 11100 | 21.5 |
| 二 末 | 10000 | 19.5 |
| 平均 | 11070 | 100.0 |

然而，虽然开始面临错综复杂的市场环境，但开滦针对不同竞争对象采取不同的竞争办法和措施，因而能在同各矿的竞争中处于不败之地，保持住先前的地位。

第一，提高煤质，并根据市场需求调整产品结构。杜克茹在 1936 年视察报告中曾提及开滦煤质量"中等"，为此开滦在提高质量上不断地努力，放弃了一些生产劣质煤槽及关闭了生产三类煤的马家沟矿，因为采取了这些措施，煤的平均热量，到 1936 年 10 月已由 10750 提高到 11070B.T.U。[1]

第二，与竞争对手达成协议，实施联合，达到垄断市场的目的。这是开滦在近代时期最常用的方法。比如一战期间在东北，开滦通过与日本"满

① 《杜克茹氏视察开滦煤矿报告》。

铁"的协定调解了双方之间的竞争,协定划分了每个矿的营业区。以京奉线上的北直浦为分界线,开滦的煤将不在这个站以外直接出卖,而由满铁作为指定的代理人;抚顺煤的销售则止于新民府,在这个站以西,开滦总局充当抚顺煤矿的代理人,双方同意不在对方销煤范围内进行一切直接销售。①开滦与井陉、临城以及中兴煤矿之间,也曾出现过竞争、联合、再竞争、再联合的局面。如仿照与日本订立的协议合同的办法,开滦在 1922 年 9 月与中兴公司缔结了一个协定。② 再如,1915 年,开滦矿务局与井陉、临城两公司在北京组成的北洋煤业联营处达成协议,由后者负责开滦在北京地区的销售,而在京汉铁路和京张铁路,则根据以前的营业情况,按比例在三者之间加以分配,并且普遍提高了煤价。③ 但这种联合并不稳定,1916 年井陉与临城煤矿之间发生纠纷,联营处及协议皆取消。继而是开滦和临城互相协定,划分市场,并降低煤价,以打击井陉,使井陉在京汉铁路以北的营业大为缩减,只能退到京汉线保定以南各站出售其产品。开滦与日本主要煤矿及满铁间的远东煤业市场协定维持时间较长,长达 17 年④。直到 1932 年,开滦发现,由于中国国内的抵制日货运动和国民政府对煤炭进口税率提高,在上海及长江一带煤业市场上,日本煤的竞争并不如原来所想象的那样激烈,同时日本煤矿主也不愿受协定中规定的煤炭销售比例束缚,于是双方协议宣告结束。开滦和日本煤矿主及日资经营的抚顺煤矿之间由既联合又竞争,转为公开的竞争。

第三,利用自身优势,设法抑制其他煤矿的发展。比如依据秦皇岛港口自营的优势,压制其他煤矿。榆关各矿如河北柳江和长城煤矿,经由秦皇岛转运上海,或由平奉路运出,概须归开滦代运。开滦对其索过道及码头等费每吨成本多至二元,代运至平奉路亦需索三角七分至七角。⑤ 柳江公司有一次运来生铁及钢货共十五吨,共需索码头起卸及堆栈等费用至八十元之多。并且,开滦秦皇岛码头装煤首先尽英船,次日船,最后华船。来秦皇岛装运榆关煤的华船如遇有英日船,须待其装完,才可装运。有时华船尚未装完恰好来英船多艘,便半途被令离开码头,等英船离开再行补装。种种需索

---

① 《1918—1919 年开平总经理年报》,转引自丁长清:《从开滦看旧中国煤矿业中的竞争和垄断》,《近代史研究》1987 年第 2 期。

② 丁长清:《从开滦看旧中国煤矿业中的竞争和垄断》,第 8 页。

③ 《1915—1916 年开平总经理年报》,转引自丁长清:《从开滦看旧中国煤矿业中的竞争和垄断》,《近代史研究》1987 年第 2 期。

④ 丁长清:《从开滦看旧中国煤矿业中的竞争和垄断》,《近代史研究》1987 年第 2 期。

⑤ 《矿业周报》第一集,第 21 号,"河北临榆县柳江长城两煤矿调查报告",中华矿学社民国十七年印行,第 364 页。

延滞,使得榆关各煤矿运销成本增高。有鉴于此,《矿业周报》第23号社论曾言:

> 大同煤田,广二千余方里,煤质在东方为最佳,所谓海军煤也。目前限于居庸关隧道之运输量,不能开发。将来由怀来线附近沙城站起,筑路至斋堂接门斋铁路,经北平通州,再由通州起筑路直达秦皇岛,则大同巨量佳煤,方得出海。……一朝出海,势将与开滦为劲敌者,纵能解决铁道之困难又将如海口何。夫开滦为中外合办,政府派有督办大员,应如何使该矿与他矿共存共荣之处,当有斟酌;想不能使该矿长此独占海口,而阻其他国产之出洋,煤其一宗也。①

### 三、二三十年代的矿权再交涉

1912年开滦联合合同中曾内载,"自本合同签订之日起十年后,滦矿公司应有权利可将开平公司全产,由两造商定公道价值购回"。但实际上,这不过是当时应付舆论、保全"面子"的方法,滦州公司并无实际的收开之意。从1922年开始,外界收开之议屡兴,但在开滦却并无实际行动。1923年当滦矿刚刚面临收开问题时,周学熙的意见是:"在这件事上说得越少越好;同时,开平公司方面也最好尽量少说。"②1925年,那森来中国与滦矿公司商谈,他在致开平公司董事会的信函中写道:

> 滦州公司的意见是,他们无意进行购买,同时也没有力量这样做。压力促使他们进行磋商,因此他们不得不对这件事情采取一些行动……由于目前中国的情况不断变化,我们一致同意,应采取的办法就是拖延。③

实际上,整个20年代滦州公司的"收开"活动就是按照英人的这一条指示来进行的。

至30年代,情势有了新的变化。1931年10月国民党政府颁布了"矿业法规",随即在全国范围内进行一次矿务整顿。对于开滦,不断催促其缴

---

① 《矿业周报》第一集,第23号,"秦皇岛与开滦",第371页。
② 1923年5月19日那森致开平公司秘书函,《矿权史料》,第592页。
③ 1925年6月6日那森致开平公司秘书函,《矿权史料》,第594页。

纳历年积欠的矿区税,以及办理设定矿权、领取矿照等事宜。当时孔祥熙任农矿部部长,于1931年5月15日咨呈行政院,请先宣布滦矿公司违法事实,并取消其矿权,没收其财产,归为国有,然后向开平提出管理权,以便进行收开。[①] 行政院对孔氏的意见颇为重视,先后召开会议,议决处理方案。收开之事又见高潮。

对此,英人采取一贯的拖延策略,迟迟不肯进入实质性交涉。在1933年国民党政府催逼甚急的情况下,开平英方才与滦矿董事部商议对策,并委派当时开滦矿务总局总理那森爱德(那森之侄)与协理顾振前往南京政府实业部办理交涉。这一次办理开平矿权交涉案的是当时实业部部长陈公博。陈一反1931年政府的收开立场,在与开滦谈判不久后,即作表示:只要开滦肯付给100万元"预付矿区税",就可以领到四十年采矿权。[②]

在滦州公司这边,由于在1912年联合合同中有利润"四六开"之规定,而滦州各矿井的产量已远远超出开平各矿,滦矿不满足于继续从开平分沾余润,而要求与之利润平分,正苦无机会。现在开滦同国民党政府实业部之间关于采矿区的交涉正处在紧要关头,滦州公司趁此时机向开平提出了修改联合办理合同,要求产业归两公司共同享有,利润平分,矿区平均所有,将开滦议事部内英人享有的决定投票权取消。对此,开平英人立刻加以拒绝。于是,滦州公司单独行动,与实业部交涉,相机领取矿照,并筹交了预付矿区税款50万元,实业部立即同意向滦州公司颁发采矿执照。[③]

滦州这一单独行动给开平很大威胁。经过顾振和那森爱德私下商议和从中斡旋,开平和滦州两公司达成协议,双方同意修改开滦矿务总局的组织,"使两公司之矿权及一切利益、资产及管理上之责任权悉归平等"。[④]1934年4月,开平、滦州两公司把他们之间的这一协议呈报国民党政府实业部,并由开平公司交纳"预付矿区税"50万元后,陈公博随即批准。[⑤]

1912年开滦联合时,开平虽有采矿权,但仍未获得合法办矿权,因为袁世凯仅发给滦矿矿照,并未发给开平采矿执照。而此次开滦合并,开滦矿局作为统一法人,得到采矿执照,开平英人采矿的合法性问题得到确认。开平

---

① 开滦矿务档,转引自王玺:《中英开平矿权交涉》,第155页。
② 1933年12月7日那森爱德、顾振致滦州公司董事部电,《矿权史料》,第646页。
③ 1934年2月26日滦州公司呈实业部文,1934年3月2日实业部批矿字第八四二五号,《矿权史料》,第663、667页。
④ 1934年4月16日滦州公司与开平公司会呈实业部文,见《矿权史料》,第680页。
⑤ 1934年4月17日开滦矿务总局呈实业部文,1934年4月25日实业部批矿字第八八四一号,《矿权史料》,第682—683页。

公司董事长特纳称,"所有权的问题得以这样解决,实在幸运极了。过去一直潜伏着的一切不定因素,从此可以一扫而光"①。

从前对于陈公博对开滦矿权的处理颇有非议,认为陈一反前案,"只知一时之微利,而忽略永久之矿权"②。但 1934 年开滦合并的背后,还另有一重要的背景,即日本的威胁。1933 年塘沽协定签订后,冀东地区日益陷入日本势力的直接控制之下。1934 年夏,那森代表英国开平公司在同滦矿公司拟订"补充合同"的过程中接到顾振从南京催问的电报后向伦敦报告说:

> 实业部长(陈公博)特别想要取得这个合同,以便尽快地转呈行政院。我想他之所以如此着急,是怕与日本人发生可能的纠纷……我确信你和你的同事们都会体会到,最明智的办法是尽快地使这整个问题签字盖印并公布出去,以便一旦日人试图干涉我们的权利时,我们可以依赖中英两国政府给予我们全力支持。③

可见在当时局势下,如果英人在开滦之身份"非法",便会给日人以可乘之机,这无论对国民党政府还是对英商来说,都是不利的。也正由于此,开平英商对于 1934 年滦州公司单独与实业部交涉一事,采取了退让妥协,答应了滦州公司的要求,签订了"修正联合合同"。但是,持续三十年的收开活动至此也以两矿进一步合并、英人利益的合法化告终。台湾学者王玺对此评论说:

> 庚子拳乱,开平矿产为英商所占,爱新觉罗氏收开于清社将屋之际。北京政府收开于政权将覆之日,国民政府收开于日敌寇边之期。每当中国动手收开,往往时不利我,故国人收开交涉,历三十余年,竭尽中国之人力财力,仍不免于事败垂成,殊甚叹惜!
>
> 虽则开平在英商控制下,于西法输入中国,有其不可磨灭之贡献,但从恢复矿权运动立场观之,开平交涉史,无疑属于一部悲剧。斯齣悲剧,一则代表中国工业启蒙时代一个显例,以示此期中国一般工业所遭遇之同样命运;一则由于矿权没落,打击国人心理,对自办工业丧失信心。故收回开平矿权交涉之失败,于中国近代工业化,影响至巨!④

---

① 1934 年 6 月 21 日特纳致那森爱德函,见《矿权史料》,第 688 页。
② 王玺:《中英开平矿权交涉》,第 155 页。
③ 1934 年 7 月 20 日那森爱德致特纳函,见《矿权史料》,第 861 页。
④ 王玺:《中英开平矿权交涉》,第 162—163 页。

# 第三章 制度变迁

近代时期的开滦煤矿在企业制度上可分为前后两个时期,前期是"官督商办",后期为"中英合办"(商办)。官督商办时期的开平矿务局和滦州官矿有限公司由于采用了西方股份公司制度的形式,从生产技术到管理方式皆仿照西方,同旧式手工作坊等传统生产形态相比,可谓面貌焕然一新,体现出向现代企业制度的演进。然而官督商办体制不能有效解决资金与管理问题,随着官方力量在矿业领域的伸张,也逐渐向"官办"倾斜。1912 年中英"开滦矿务总局"的成立结束了官督商办体制,随之而来的是西方现代企业管理制度的彻底施行,同时结合以包工制度为代表的"在地化"经营。1934 年,随着开平与滦州进一步的合并,企业组织与管理再度发生调整,裁撤"督办"一职,实行中、英两经理负责制,以"矿区主管"代替从前的"总矿师",形成更具"在地化"特征的"中外合办"管理模式。

## 第一节 官 督 商 办

### 一、官督商办在开平矿务局之实践与效果

"官督商办"一词,据美国学者费维恺(Albert Feuerwerker)的考察,文献中最早出现是在 1872 年 12 月 23 日李鸿章给总理衙门的关于建立中国轮船招商局的报告:

> 目下既无官造商船在内,自无庸官商合办,应仍官督商办,由官总其大纲,察其利病,而听该商董等自立条议,悦服众商。①

也就是说,轮船招商局是首家以官督商办原则建立的企业;而官督商办之含义,可约略概括为"官总其大纲、察其利病,商自立条议"。

---

① 见费维恺著,虞和平译,吴乾兑校:《中国早期工业化:盛宣怀(1844—1916)和官督商办企业》,中国社会科学出版社 1990 年版,第 14—15 页。书名原文:*China's Early Industrialization: Sheng Hsuan-huai (1844-1916) and Mandarin Enterprise*, President and Fellows of Harvard College, 1958。

当然,这并不是官督商办的"唯一"定义,在不同文献中,可以看到对官督商办不同的诠释。例如,1907年《北洋滦州官矿有限公司招股章程》第四条载:

> 本公司系官督商办:官任维持保护之责,商任集股经理之事。凡关于营业内容,悉照商规办理,由总协理主持;其特别事件,随时开股东会议,禀请北洋大臣核示办理。①

这一定义对官商权责的划分更为具体明确,并特别写明"其特别事件,随时开股东会议,禀请北洋大臣核示办理",显然是受到开平矿务局丧失事件的影响。可见,官督商办的内涵并无统一规定,而是有相当大的解释自由,可以依情形的不同而有所侧重,对事而定。

而"官督商办"其实并非近代的首创。在中国历史上有将原由官府经营的事业招商人出资承办、由官府严加控制的先例,如明清两代的采木、采铜等。吴承明最早观察到官督商办有其历史传统,名曰"招商制"。② 因此,官督商办从制度上说并非新鲜事物,而是汲取了历史上的一种传统。

但是近代背景下的"招商制"毕竟因为时代的差异,特别是"三千年未有之变局"所带来的因应情势,而有了新的内容形式。从开平矿务局的官督商办实践看,有若干现象并不属于"传统范畴"。

首先,开平矿局采用了西方股份制度,特别是通过发行股票的方式向市场公开募集资金。也因此,有学者认为它是西方股份公司制度在中国的最初实践,是中国现代化过程中与国际惯例接轨的一项重要措施。③

其次,扩大了商权。在《开平矿务招商章程》中规定"所有各厂司事,必须于商股之中选充",又规定"查股分一万两者,准派一人到局司事"。④ 这些显然是给予投资者管理和与闻事务的权利,与传统体制下人事任免接受上级指派有很大区别。当然,这种商权的扩大并不是绝对的无限制的扩大,总办、会办、矿师作为"各厂司事"的上级(见图3-1),其任免权还是保留在官方手中,并且涉及重大决定时的最终决定权也掌握在官方手中,因此商权

---

① 光绪三十四年五月《北洋滦州官矿有限公司招股章程》,《北洋公牍类纂续编》卷十九,宣统二年夏降雪斋版,转见魏子初:《帝国主义与开滦煤矿》,第109页。
② 许涤新等主编:《中国资本主义发展史》第二卷(旧民主主义革命时期的中国资本主义),第12页。
③ 周建波:《西方股份公司制度在中国最初的实践和评价——官督商办企业的再评价》,《北京大学学报》(哲学社会科学版)2001年第5期。
④ 《直隶开平矿务局章程》。

虽然扩大,但并没有超越官权。

再次,"立法"并依"法"管理。传统的招商制下,皇帝、官员的命令即法,而在新的官督商办体制下,《招商章程》①和各种"规条""要略""专条"(详见第二章),是管理企业时应遵从的准则。新的管理体制要求在企业中以"法治"取代"人治"。

以上这些情形都使得开平矿务局的创立具备了一种新的"气象"。

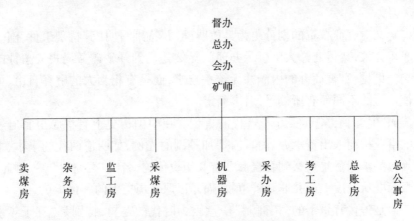

**图 3-1　开平矿务局机构设置图**

资料来源:《开滦煤矿志》第三卷,据开平矿务局相关档案编制,第 8 页。

对于晚清官督商办企业之性质及历史作用,一直都有长期的争论。20世纪六七十年代的大陆学界对洋务运动总体持否定态度,因而属于洋务运动范畴的官督商办也成为否定对象,如普遍认为洋务派官僚的官督商办阻碍了民族资本主义的发展。80 年代以后,随着对洋务运动政治性批判的结束,学者对官督商办的历史作用又有了重新认识,如认为官督商办企业有历史进步性、是传统向现代企业过渡的组织形态。②

笔者认为,评价一种新制度如何,要将其置于所在的历史背景并于其中建立标准。如果一种制度的建立有它既定的目的,那么这一目的就形成一种"自然标准",可以作为评价这种制度成功与否的基本准绳。如果一种制度的设立并未包含某种目标,那么以这种目标去衡量这一制度,则是不切合实际的要求。例如,当代有很多研究从现代企业制度出发,以西方"产权"

---

① 《招商章程》按照《中国近代煤矿史》的观点,是第一个明显具有资本主义性质的招商章程。第 27 页。
② 例如胡勇华:《官督商办企业:由传统向近代企业制度演进的过渡性组织形态》,《江汉论坛》2006 年第 6 期。

"委托—代理"等理论为标准来衡量官督商办企业的"进步"与"落后",虽然也是一种标准,但却超过了对象的"范围"。因为洋务派新式企业对官督商办体制的采用,并不是为了建立一套现代企业制度,而是期冀发挥商人之力而推动洋务事业,以收国家"自强"之效。当然,目标本身也可以成为评价的对象,并采用相应标准,不过则是另外的问题了。

如果从开平矿务局的实际出发,其采用官督商办制度的目的,虽然文献中未见任何明确说明,但从李鸿章开办矿局前后的背景看,扩大资金范围、以民间资本弥补国家财政不足显然是目的之一。如果以此为"标准",那么这一实践并不很成功,因为开平矿务局的"招商"效果并不显著。开平最初拟定招商八十万两,至1882年费用据说已超过150万两①;而据资料,19世纪80年代初期,唐廷枢本人投资有三十万两②,徐润投资十五万两③,经元善《居易初集》记载"招商、开平股分,皆唐、徐诸公因友及友,转辗邀集"④,1883年轮船招商局整顿时查出开平矿务局前后挪用招商局本银及息款80余万两。⑤ 可见开平矿务局虽号称招集商资,但投资者并非真正民间资本,而是一方面来自唐廷枢个人的商业关系圈,另一方面,也是更主要的,来自轮船招商局的挹注。

提高经营效率和水平也是官督商办的目的之一,开平矿务局创立之初强调"照买卖常规""摒除官场习气",并设立一系列法规、条例实行约束。但实际上效果亦不显著。例如,《招商章程》中有"议储材帮办"一条,规定了主持者的遴选原则,"随时体察司事人员中有胜任者会同帮办""如遇预备督办升迁或更调,即由帮办接理以资熟手"⑥。但是从张翼接任一事上反映出的,并不是对这一原则的践行,而是政治上的利害权衡最终压过了企业经营原则。而即便是唐廷枢本人主持下,矿局也还是出现了人浮于事、任人唯亲的情形。⑦

开平矿务局的创建意图,如果引用唐廷枢自己的话,可谓"佐轮舟之飞

---

① 《捷报》1882年3月21日,天津通讯,孙毓棠编《中国近代工业史资料》第一辑,下册,第659页。
② 刘广京:《中英轮船航运竞争(1873—1885)》,见黎志刚编《刘广京论招商局》,社会科学文献出版社2012年版,第80页。
③ 《徐愚斋自叙年谱》,江西人民出版社2012年版,第101页。
④ 经元善:《居易初集》,卷2,第32页。
⑤ 《盛宣怀、徐润等呈李鸿章核算轮船招商局成本情形禀并批、附》,光绪九年十月初二日(1883年11月1日),《轮船招商局——盛宣怀档案资料选辑之八》,第94页。
⑥ 《直隶开平矿务局招商章程》。
⑦ 见第二章第一节内容。

驶,既采煤以代薪刍;充机器之经营,复熔铁以资锻炼"①;官督商办方式之采用亦是最终服务于这一目标。如果以此为标准,那么开平矿务局的成功创办和经营可说基本实现了这一目标——它为本国的航运事业、政府的兵工制造部门皆提供了所需燃料,不致"远购外洋"。但开平矿局的业绩与其说是官督商办制度的成功,毋宁说是对唐廷枢个人任用的成功。因为同样是官督商办制度,其他新式煤矿都不同程度地衰败了,未能实现有效经营(详见附录1—1)。

可见,官督商办在主要目标的实现上作用发挥有限,特别是不能有效地解决资金与管理的问题,因此基本上可说是不成功的。这或可从晚清最后二十年新建煤矿中几乎不复出现"官督商办"字样中可略得旁证(见附录1—1)。

## 二、"官督商办"向官僚体制的整体转化

官督商办另一值得注意的方面是,正如在定义上的"因事而异",官督商办制度的具体实行在不同时期,不同主持者的主持下都互有差别。19 世纪 70 年代官督商办实行初期与 90 年代的情形不同,仅就开平矿务局本身情形看,唐廷枢任内也与张翼不同。台湾学者刘广京最早从轮船招商局历史注意到官督商办存在"商承"和"督办"前后两个形态,涉及官督商办制度性质的改变。②

仍从开平矿务局的情形出发,唐廷枢时期"商办"色彩较为突出。不仅唐廷枢本人在矿局制度的建设上着意于"商权"之扩大,并且李鸿章本人对于官督商办企业中实行"商办"原则也颇为认可。他在轮船招商局创办时即曾提到,"本仿西国公司之意,虽赖官为扶持,一切张弛缓急事宜,皆由商董经营"③;并且认为"生意行档,由其自择,本非官场所能过问"④。由此,开平矿务局创办时,社会上一般舆论也视其主要为商办事业。例如,1878年《申报》认为,开平矿务局"名为官督,实为商办"。⑤

然而到了张翼时期的开平矿务局,"官办"色彩逐渐增强起来。首先,张翼时期"总办"之称已改"督办"。这一改变不仅仅是名称的变化,更牵涉

---

① 唐廷枢:《开平矿务局招股公启》。
② 刘广京:《从轮船招商局早期历史看官督商办的两个形态》,原载张寄谦:《素馨集·纪念邵循正先生学术论文集》,北京大学出版社 1993 年版,收录于《刘广京论招商局》,第 32—56 页。
③ 《光绪朝东华录》第二册,总第 1768 页。
④ 李鸿章:《复沈幼丹制军》,光绪三年十月初一日,《李鸿章全集》信函四,第 151 页。
⑤ 《开平矿务近闻》,《申报》1878 年 3 月 8 日,第 2 版。

到事理权责的变化,因为作为督办,不但是企业的最高主管,并且具有代表政府监督企业的官方特征。再者,张翼本人与官场连接更为紧密,他本人出身醇王府侍役,并非完全的商人,他的接任也与背后的政治势力有极大的关系(详见第二章)。1899 年,张翼又被委为督办直隶全省及热河矿务大臣,后又任督办铁路矿务大臣,官僚身份也更进一步,其治下的开平矿务局也越来越具"官方"色彩。

当然,这种转变并非完全基于唐廷枢与张翼的个人差异。从更远的背景看,官督商办向官方的倾斜其实在轮船招商局整顿期间已露端倪。学者李玉注意到,在 1884 年中法战争之后存在一个转折点:李鸿章在轮船招商局从旗昌洋行收回之后,对招商局的管理进行了重大调整,其核心是强化了"督办"制;从此之后,其他企业相率仿行,从而进入了一个"官督"大于"商办"的时期。[1]

开平矿务局在招商局整顿过后,并未见明显的管理制度方面的变革;而矿局 1885 年后的发展也并未发现有过多的官方意志,如 1889 年之开林西矿、购进运煤船只、广设码头和仓库等,基本上皆围绕商业目的展开。唐廷枢时代所奠定的"商办"基础,即便到了 1900 年依然发挥着一些影响,因为张翼在辩驳矿局是否为官方产业时,明确指出其为华商产业、受政府监督;而 1907 年矿局的又一生命延续——滦州煤矿,其为当时唯一明文确定"官督商办"性质也多少反映着商办传统的继续。虽然如此,1892 年唐廷枢去世之后矿局仍明显的向"官方"倾斜,其突出的表现,除了张翼越来越增强的官僚身份,就是它的发展方向越来越向政府职能部门靠拢,开始承担一系列政府工程,特别如秦皇岛自开商埠的码头建设。另一方面,如同历史上一切新兴力量在蓬勃发展之际所遇到的情形类似,逐渐成为政权延揽的对象和用于强化自身力量的工具,结果被吸纳入原来的体系中。1894 年慈禧寿典之际,矿务局以董事会和股东名义"报效"银三万两[2],这与清代盐商的"报效""捐输""助饷"一脉相承,官督商办之初全新的"商办"气象已然全无,新兴经济力量又退回到依附于官的老路上去。

作为"最后一家"官督商办企业,滦州煤矿于 1907 年在周学熙主持之下成立。从某种意义上,周学熙是开平矿务局的第三任主持者,只是此时矿区由开平转移到了滦州。官督商办之滦州煤矿与开平矿务局相比,在制度上对"官"与"商"都进行了双重强化。在"商"的方面,对"商办"原则之坚持首先从煤矿的名称上反映出来:开平时期尚以"局"称,而滦州则使用"有

---

① 李玉:《晚清政治经济史论》,生活·读书·新知三联书店 2013 年版,第 11—13 页。

② 《北华捷报》1894 年 4 月 6 日,孙毓棠编:《中国近代工业史资料》第一辑,下册,第 662 页。

限公司",仿西方企业制度之意更进一步。再,《招商章程》中继续规定,"凡关于营业内容,悉照商规办理,由总协理主持"(第四条)①;其中对于股东权利的规定较开平时期更为细致和具体:

> 二七　凡年已弱冠之股东:五十股以上有发议权;百股以上有选举权;满五百股者有一议决权;每一股东,至多不得逾二十五议决权;二千股以上有查看细账权。凡五十股、一百股、二千股等数,均以零股为衡,每一整股,即作十股计算。
>
> 二八　凡一千股以上年已及壮之股东,可被选举为董事与查账员;二千股以上曾充董事之股东,可被选为总协理。其查账员,不得以在事人兼任。凡一千股、二千股等数,均以零股为衡。

不过这里还很难得出商权进一步扩大的结论,因为虽然凭借持股数量,股东有了相应的"发议权""选举权""议决权""查看细账权",甚至可被选举为"董事与查账员"和作为企业最高首脑的总、协理(参见图3-2)之权,但与开平矿局《招商章程》中"所有各厂司事,必须于商股之中选充"之规定相比,似乎只是对股东参与权利的明确和细化,而并不见对商权更高的确认。在"官"的方面,从名称上明确了滦州煤矿的"官矿"性质;而最值得注意的一个新变化是,官方以"持股"形式出现:

> 本公司奉北洋大臣杨札准筹拨官款银五十万两,作为官股五万股,以示提倡之意;该股与商股,享受利益,不稍歧异。(第十三条)

这一变化实际上悄然开启了官方参与矿业的制度模式;观察此后之官商合办和中外合办矿业,皆以官方参股为主要形式。而既为公司最大的股东(5万股),依照《招商章程》官方理所当然拥有最大的发言权和各种议决权利,官权凌驾于商权之上实际在法理上已具备了基础。也由此,滦州煤矿之官督商办暗含着官权的进一步增强。

　　以上仅从制度设立上看,而官督商办在滦州煤矿的具体情形还要从现实中观察。可惜的是,滦州公司仅"存在"了三年时间,几乎全部在与开平煤矿的周旋竞争中度过,尚未有明显的利弊经验就被并入了英资主导的"开滦矿务总局"。

---

① 《北洋滦州官矿有限公司招股章程》。

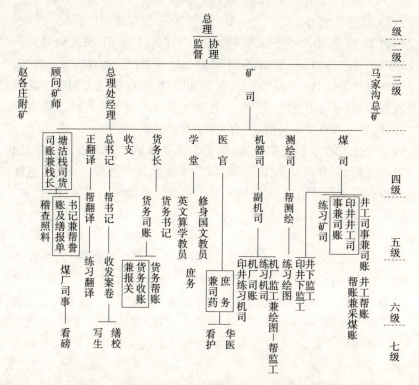

**图 3-2　1912 年 6 月北洋滦州官矿有限公司组织系统**

资料来源:《开滦煤矿志》第三卷,第 11 页。

从更大的范围看,大约自 1885 年之后,矿业领域中的官督商办煤矿除了 1907 年滦州煤矿以外几乎"绝迹",取而代之的是 1887 至 1896 年集中出现的"官办"、1897 年后日益增多的"(中外)合办"以及同期特别是 1906 年后大量的"商办"矿业。这说明,官督商办是基本被"扬弃"的模式。而 1887 至 1896 年集中出现的"官办"矿业,似乎意味着官方力量的挺进;而官方的开始发挥主动与威力也昭示着矿业领域内的国家垄断和控制性经营的意图。果然,在 1898 年墨林致德璀琳函中提及,"他(英国矿商摩根)获悉总理衙门的张荫桓和李鸿章现在赞成成立一个矿务总局"①,这透露出官方的政府经营倾向。

关于国家垄断和政府经营的制度是否合理是一个存在争辩的理论问题。从自由市场经济角度出发,垄断与控制是有害市场发育和有损社会福利的,但是对国家关键性资源实行有效控制也通常受到国家工业化理论的

① 1898 年 7 月 22 日墨林致德璀琳函,《矿权史料》,第 44—45 页。

支持,因为这种控制有它的内在合理性,否则不会有民国以后"官办"的继续存在和 20 世纪 30 年代国家资本主义政策的盛行。但是,政府经营不可避免地带来官僚体制,而官僚体制不可避免地带来行政和管理方面的弊病。这并不是说官僚体制一定导致行政腐败和管理失效,但是体制产生的问题很难通过体制解决;旧有的弊病在官方间接管理的"官督商办"下尚得不到解决,而恢复官方直接管理的"官办"则更难望克服。

19 世纪末郑观应谈及矿政,曾归弊于官僚体制:"如开办后矿苗既旺,官又思欲分肥,多方剥蚀,设法侵渔,以致半途而废者甚多。"[①]然而这样的弊端并没有因清代的结束、民国的创建而革除。1928 年中华矿学社主办的《矿业周报》中文章写道:

> ……至于现存的官办矿业,如湖南省政府所辖之会同,平江各金矿,临武之锡矿,水口山之铅锌矿,湖北官矿局所辖之象鼻山铁矿,京绥铁路所辖之鸡鸣山煤矿,云南省政府所辖之个旧锡矿,直隶所辖之临城煤矿等,其管理矿务之官吏,以办矿为做官。并没有求矿业发展的决心。所用的人员,并不注重技术。幸而有一二局长或监督,比较的有一点矿学知识,也有求矿业发展的决心,可是政府只求目前一时的方便,一有利钱,就提去了,全不想把利钱来作扩大工程,购置材料的应用。因此生产稍,耗费多,如何不亏损? 更如何谈到发展?[②]

这里所总结的"以办矿为做官"与清末如出一辙,活脱脱是"历史重复自身"(History repeats itself)的例证。而这也是典型的制度经济学中常讲到的"路径依赖"与"锁定"现象,是制度失灵的结果。

## 第二节  "中英合办"

### 一、管理系统与机构设置

1912 年,开平、滦州两矿联合经营,成立了"开滦矿务总局"。关于"局"字之义,郑观应曾释义,"按西例:由官设立办国事者谓之'局',由绅商

---

① 郑观应:《盛世危言》,十四卷,开矿下,见《郑观应集》上册,上海人民出版社 1982 年版,第710—713 页。

② 范柏年:《吾国矿业法律,应如何规定,才适合国情?》,《矿业周报》第 3 号,中华矿学社民国十七年五月五日刊行(1928 年),第 49 页。

设立为商贾事者谓之'公司'"。① 由此新联合的矿务局仍有某种"官方"形式,而联合合同上确实也规定,"总局应呈请中国政府派矿务督办一员,随时监察保护经营之事业,并报告于中国政府"②。但实际上,矿局不过保留了其名称,性质已转为商办,官方文件往来皆以英文为正式,总经理和高级员司薪金亦以英镑结算,可见实际为英资主导。

开滦矿务总局成立后,滦州公司原机构取消,在英开平矿务有限公司的基础上形成矿局机构,总部设在天津③,其基本结构如图3-3所示。

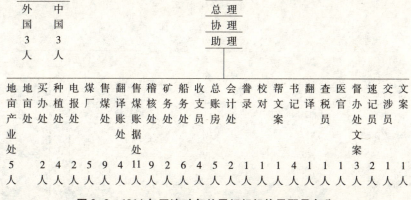

**图3-3 1914年开滦矿务总局组织机构及职员名称**

资料来源:《开滦煤矿志》第三卷,"图1-2-4-7",第14页。

总部设在天津,与此前台湾基隆煤矿督办常驻厦门性质有所不同。天津在近代工商发展迅速,水陆交通发达,又是各国租界的坐落处,集中了一大批中外工商上层人士和政界、军界、知识界要人,信息汇聚,同时距离唐山也不太遥远。坐镇天津,便于迅速获得各种情报和市场行情、遥控经销买卖。这种地理位置的选择是面向市场的选择。

在生产方面,唐山矿区也有一套组织机构(见图3-4)。矿区的负责人称"总矿师",常驻矿区,也是煤矿的实际经营者。开滦第一任总矿师杜克菇对这

---

① 《郑观应集》上册,第612页。刘广京对"局"字有另外解释:"'局'在清代是正常行政系统以外的机构,常由绅士或仅有虚衔的官员主持"。《从轮船招商局早期历史看官督商办的两个形态》,载黎志刚编:《刘广京论招商局》,第32页。

② 《滦矿务局联合办理草合同》,《矿权史料》,第510页。

③ 开滦煤矿首脑机关一直设在天津。起初开平矿务局设在开平镇,唐山矿开凿时即将矿务局迁到乔屯(今唐山),后又在天津设局机关。英国开平矿务有限公司继续在天津。北洋滦州官矿有限公司机关设在天津玉皇阁。开滦二矿联合后总局机关仍设天津。《〈开滦史鉴〉文萃》,第320页。

一角色的定义是:"总矿师不但代表总经理驻矿负责技术监督,也负责行政管理。"①

总矿师的位置相当重要,这不仅因为总矿师承担煤矿的工程设计,而且因为总矿师直接参与煤矿的管理和相关事务,诸如建学校、开办训练所等一系列建议也多是由他们提出来的。

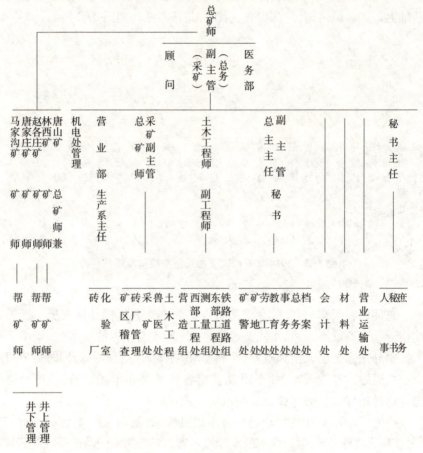

**图3-4　开滦矿区机构图(1932—1942)**

注:1934年6月总矿师改为矿区主管。

资料来源:《开滦煤矿志》第三卷,"图-2-4-13",第18页。

从两矿联合运作的角度,按照开滦联合后的合同,开滦矿务总局业务由两局的总经理代表执行。两公司按合同规定各指派总经理一名,与对方指

_____
①　《杜克茹氏视察开滦煤矿报告》,1936年12月23日,开滦档案1—2—175。

派之总经理依照董事部随时所定方针并在其监督下会同处理总局一切事务。两总经理意见不同时,应请议董部解决。这样从形式上,开滦的机构运作和决策机制如图 3-5 所示:

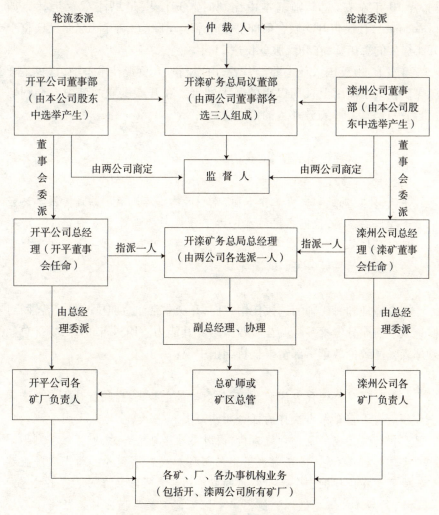

**图 3-5　开滦矿务总局董事会机构运作图**

资料来源:《〈开滦史鉴〉文萃》,第 340 页。

## 二、任用与遴选制度

### (一) 总经理和矿师的任用

开滦自 1912 年联合经营后,总经理共历三届,分别为莫耶·那森

（Major Nathan，又称那森少校）、杨嘉立（Young）和那森爱德（Edward Nathan，那森少校之侄）；总矿师（后改为矿区主管）共历四届，分别为杜克茹、柏兰亭、马克飞和齐尔顿。其中，总经理皆为英国人，各自的任期较为平均，皆 10 年左右；总矿师基本由比利时人充任①，最堪注意者是杜克茹（Docquier），杜氏自开滦联合前即已被开平公司聘为总矿师，继而又任整个开滦煤矿的总矿师，在开滦服务长达 21 年。

事实上，由英国人任主要经营者，由比利时人负责技术事项，这也是开滦煤矿在人事任用上长期以来的一大特点。在开滦供职的英国人裴利耶（最后一任总经理）在致那森的信中说：

关于这些人员的国籍，我的意见是，1. 他们或者是英国人，或者是比利时人，而这完全取决于个人的技术能力、训练和个性。不过，这是事实，即在机械和电力工作方面，比利时的训练比英国的训练更加适合于我们的需要，他们在机械和电力工作方面的训练都专业化了。2. 据目前形势看来，我觉得一个比国工程师更为可取，除非一个英国工程师的贡献显然更胜一筹。3. 毫无疑问，帮煤师必须从比利时招来。②

在总经理和总矿师的选拔任用方面，开滦非常注意职位的可接替性，对候选人事前充分考察并强调在实践中培养其能力。1934 年 6 月 30 日总经理那森爱德致伦敦董事部董事长特纳函中说：

英国总经理代表的职务，不是由矿区主管来担任，就是由帮理来担任。由于需要做出这样的任命至少还是第一次，让马克飞到天津来代我执行任务或许是一件好事情，同时再让诺斯去替他，或者派裴利耶下去掌管矿区，而让诺斯在这里担任帮理。我感觉到他们两人实际上都需要放在比他们迄今已担任过的职位还要负责和独立的地位上受些锻炼，然后才能有把握地说他们当中何人能够最后满意地担任得了总经理或者矿区主管的职务。如你所知，他们多年来一直在这个办公室内充当助手。他们在管理他们的部门时，虽然负过一定的行政责任，但是遇到疑难，他们经常能够向杨嘉立、我个人和马克飞请示，而这三个人中总有两人几乎在这整个时期都是在这里的。我感觉到他们两人都应

① 马克飞和齐尔顿为英国人，但上任时间较晚（20 世纪 30 年代中期以后），见附录 2-1。
② 开滦档案 14—1—11。

该自己出去闯闯,犯点错误,然后才能把应该归总经理和矿区主管担负的极其沉重的责任安全地委任给他们。①

事实上,开滦正是按照这样的思路来做的,从表3-1中可以看出,第三届总经理那森爱德在上任开滦前,曾在开滦先后任秘书、助理、付总经理、代理总经理等职务,在正式任总经理之前已在开滦工作21年之久。第二章附录2-1亦显示出,总矿师柏兰亭在接任他的前任杜克茹前,也曾代理过矿师一职。这样一来,就避免了新任领导人对矿区情形不够熟悉从而可能会影响企业运作的情况。

表3-1　总经理那森爱德历年职务及工资情况简介

| 年　份 | 职　务 | 年薪(英镑) |
|---|---|---|
| 1910—8—1 | 任总经理的秘书 | 250 |
| 1912—3—1 | 采买部助理 | 300 |
| 1913—3—1 | 营业部助理 | 325 |
| 1914—3—1 | 上海经理处付经理 | 400 |
| 1915—4—1 | 天津销售运输部主任 | 500 |
| 1919—9—27 | 付总经理 | 7000(?) |
| 1920—3—1 | | 1000 |
| 1921—11—1 | | 1200 |
| 1922—5—13 | 代理总经理 | 1500 |
| 1923—11—1 | | 2000 |
| 1924—11—1 | | 3000 |
| 1929—6—1 | | 4000 |
| 1934—4—15 | 总经理 | 7000 |
| 1942—1—19 | 日本军管理开滦时任最高顾问 | |
| 1943—2—15 | 解雇(集中潍县) | |
| 1945—9—23 | 乘飞机自潍县回天津 | |
| 1945—10—17 | 辞职回国 | |
| 1946—5—31 | 特别赠薪酬劳费 | 15000 |

资料来源:开滦档案1—4—54(据资料卷1—1—52)。

由此,相对于官督商办体制下管理经营者由政府委派任命的制度,开滦

————————
①　开滦档案14—1—53。

对企业领导人的历练培养及实行适时的新老交替正是其在管理上极为科学之处。开滦自联合后总经理每届的任期平均十年,有相对稳定的经营管理和极为成熟的运营,改变了从前企业经营对"用人得宜"的依赖,而真正实现了"铁打的营盘流水的兵"的制度化运营。

（二）员司的录用和级别设置

关于员司的层级划分,随着时间推移和企业部门增多以及当时代具体情况,开滦煤矿在不同时期划分有不同调整。1926 年 10 月 1 日,开滦矿务总局"关于员司之任用规则"将员司分仅为上级、中级两种。① 而据 1934 年袁通的《开滦矿务总局调查报告》,当时开滦职工大致分为三种,一为直接雇用职工,一为由矿务局与包工合组之公司所雇用之职工,一为包工雇用之职工。② 员司即属于直接雇用职工,直接雇用职工又分为六级,兹列表于下:

表 3-2　开滦煤矿直接雇用职工级别划分情况

| 类别 | 职务描述 | 薪资 | 备注 |
|---|---|---|---|
| 高级员司 | 矿务局之督办、总副经理、各部分之主任及重要职员、工程师及矿内之煤师、副煤师、各医院之正副院长、中学校之校长等 | 月薪皆在一百五十元以上 | 资格大都为大学毕业生,进局服务时,皆须订立合同,合同有效期限,皆为三年 |
| 中级员司 | 各部分之次要职员,如书记、司事、记账员、绘图员、测量员及少数之监工等 | 月薪自十余元始,至一百数十元不等 | 服务时毋庸与矿务局订立合同 |
| 低级员司 | 几全部为仆役,但其中亦有作中级员司之职者,服务期间长久、为人精干者,辄能升为中级员司 | | |
| 特级员司 | 地位介于高级与中级员司之间,当时按规例,中级员司不能升为高级员司,但中级员司服务有年、卓有成绩者,薪资按例增加,间有超过高级员司者,待遇亦与高级员司相若,故特定一特级员司阶级,以示区别 | 间有超过高级员司者 | |
| 里工 | 技术工,如监工各厂工头、化验室助手、灯房管理员、机车夫、井下之放炮手等;普通工,如地面井下之各种工人杂工等 | | 除一小部分外,均按日计资(技术工按月计工资) |

① 《开滦煤矿志》第三卷,第 84 页。
② 袁通:《开滦矿务总局调查报告》第五卷,开滦档案 1—2—173。

续表

| 类别 | 职务描述 | 薪资 | 备注 |
|---|---|---|---|
| 练习生 | 由中央实业部、河北实业厅及津沪两地天主教之神父选派和介绍 | 每月津贴 60 元① | 资格须大学毕业,但不限科别;实习期满,由矿务局发给证书,听其他就,如值矿局正须用人时,亦有留用者 |

资料来源:根据袁通《开滦矿务总局调查报告》第 5 卷第 2 章"职工等级"编,1934 年 8 月,开滦档案 1—2—173。

关于各类员司在录用方面的具体规定,据《开滦煤矿志》的描述,大体如下:

(1)高级员司的录用。实行聘用制,一般三年为一期,期满可续订。

(2)一般员司的录用。采用招考、自荐或高级员司推荐之办法。

(3)医院护理人员的录用。主要来自开滦高级护士职业学校毕业生。

(4)井下监工(技术员)的录用。主要来自开滦林西采矿工务员训练所毕业生。

(5)练习生的录用。练习生的资格须大学毕业,不限科别。由国民政府实业部、河北省实业厅及津、沪两地天主教之神甫介绍。实业部每期定额派往开滦练习生,按规定所派之人须经考试,后因种种不便,改由部令国立各大学设矿冶系遴选学业优良生到开滦实习。河北省实业厅派往开滦的练习生数额不定。开滦的比利时籍员司多为天主教徒,与津、沪天主教神父时有接触,故由神父介绍天津"工商学院"和上海"震旦大学"之毕业生来矿实习。各矿练习生不论由部、厅派或神父介绍,其工作与待遇均一律对待。据 1933 年调查,练习生实习为 20 个月,每日工作 7 小时。具体到采掘、测绘、电气、机械、会计、地面工程等处了解研究熟悉业务,每日写出实习日报,月终作出月报,实习期满,矿务局发给证书,听其他就,或由矿务局留用。②

其中最后一项"练习生的录用"提示的信息甚多。从练习生生源方面可以看出,国家非常鼓励且开滦也乐于接收国立名牌大学的学生到企业中进行实习;而从开滦企业方面,在技术职员的录用上也非常注重人员的实践性,企业愿意留用那些经过长时间实习锻炼的练习生。如果结合前文表 3-2 中的相关内容,可知"练习生"的地位也很重要,虽不属于正式职员,但

① 《开滦矿务总局调查报告》第五卷,第五章"待遇"。
② 《开滦煤矿志》第三卷,第 81—82 页。

总体上属于"直接雇用职工"范围。"练习生"皆为优秀之大学毕业生,人才质量的保证也是开滦经营管理水平较高的原因之一。

1928 年《矿业周报》中关于煤矿人才的报道可与上文相印证,在"矿人鸿雪"一栏中载有下列名录:

> 谢毓忠　字子贞,北洋大学冶金科毕业,现在开滦矿务局马家沟煤矿练习。
>
> 沈樾如　北洋大学毕业,服务开滦矿务局井内十余年,现任马家沟开滦煤矿帮矿师。
>
> ……
>
> 申天力　字佑卿,北洋大学采矿科毕业,前实业部考送开滦矿务局练习,现任马家沟。
>
> 黄珍青　北洋大学毕业,服务马家沟煤矿井下十一年,在任该矿煤师。
>
> 陈汝霖　字雨三,北洋大学采矿科毕业,现在马家沟煤矿练习。
>
> 赵叙伦　北洋大学矿科毕业,服务马家沟开滦煤矿井下多年,现任该矿帮煤师。[1]

井下管理者有中级员司也有初级员司,主要是在管段煤师指令下,从事生产技术以及劳动纪律管理,将正规的操作方法和安全规程向工人讲清说明。如有违背开采规则、范围和紧急安全事项时,要立即报告主管煤师,井下工作天天记录,记工要明晰,按时送交煤师公事房。

随着技术设备的增多,开滦对机械设备管理和设备定期与停产检修等都曾作过明文规定。如对提升设备管理规定:各矿所有直井与斜井及井内各项设备,由特派之水手负责查验,每周不得少于两次,查视结果记入专册,并随时将该册送至有关煤师、井下管理及矿长核阅。每月由主管工程师亲自查验一次,每三个月由井下管理亲自视察一次,其检查结果计入另一专册,送矿长检阅,发现异状及时研究处理。[2]

除了科学严密的技术管理组织,配备好一支高水平的技术管理队伍也是开滦在技术管理方面非常重要的特点。开滦不仅不遗余力地引进优秀技术人才,而且特别重视技术人才的实践性。开滦总矿师杜克茹曾说:

---

① 《矿业周报》第一集,民国十七年(1928 年),第 348—349 页。
② 袁通:《开滦矿务总局调查报告》。

我们打算从离开学校不久,具备有一定的经验,已在开滦工作或来自其他矿厂的年轻技术人员中来招募这些实习生。对于那些准备在开滦各矿实习两年的技术人员将优先录用。他们需要由政府机关推荐,通过竞争考试来保证他们的技术能力及个人的忠诚。

这种办法似乎是明智的,任用刚毕业而无采矿经验的青年人的办法是不足取的,谁都知道采矿工作是艰苦的,青年人不身经磨炼是不能成材的,这种准备时期,将有助于决定他们是否有决心和具备一定的工作能力去担任一个采矿工程师的职务。[1]

可见,对技术人才的先期磨炼和培养,是开滦有意降低因人才经验不足或是心理准备不充分造成的适应与摩擦成本的举措。而这一举措对于开滦保持其矿区生产运营的连续性和稳定性有非常重要的作用。

以上为开滦员司的级别划分和录用情况。

开滦在员司系统上有一个突出的特点,即高级职员中外国人比例很高且整体职员队伍国籍多样。据开滦档案记载,自 1901 年至 1948 年间,计有英国、比利时、法国、日本、俄国、德国、美国、菲律宾、瑞士、挪威、希腊、丹麦、澳大利亚、南非、加拿大、犹太等 18 个国家和地区的 503 名外国人,先后到开滦任职。其中最多的是英国人,计 224 人,占 40%以上;比利时人计 110 人,占 20%以上。[2] 1934 年,在 212 名开滦高级职员中,有 102 名外国人,占 48%。中外人员的管理范围和权限大致是,"英国人掌握人事,经理以及供销部门,比利时人主要负责采煤技术,中国人担任劳务、警备、土地、教育部门的工作以及现场作业。另外,在日本势力所及之处,则采用日本人,使其负责同日本机关的联系交涉"[3]。

## 三、管理阶层薪资和福利待遇

开滦的薪资以两种单位计,英人以英镑计薪,中国人以元计薪。不同职务计薪方式也不同,总经理和总矿师以年薪计,员司薪金以月薪计。

### (一) 总经理及总矿师薪资

开滦对总经理和总矿师的报酬是极为优厚的,特别是总经理,其年薪数额远远超过各级员司。第一届总经理莫耶·那森(亦称那森少校)薪资水

---

① 《杜克茹氏视察开滦煤矿报告》。

② 外籍员司分国籍人数(1901—1949),开滦档案 1—2—54(据资料卷 1—2—48)。

③ 开滦档案 G314—421,转引自丁长清:《开滦煤矿人事管理的历史考察》,《南开经济研究》1986 年第 4 期。

平如表3-3所示。

**表3-3　那森少校入开滦后情况简介**

| 年　份 | 薪资情况 |
|---|---|
| 1903—11—25 | 任开平公司经理,年薪4000英镑 |
| 1906—7—26 | 英国陆军部通知戴维斯先生再与那森订合同,1906—11—20签订完毕,1907—1908每年5000英镑,1909—1910每年6000英镑 |
| 1911—3—6 | 回英国 |
| 1912—7—1 | 续订合同5年,每年7000英镑(任总经理) |
| 1918—7—1 | 续订合同5年,每年8000英镑 |
| 1920—1—29 | 由中国去横滨,经旧金山、纽约回国,每年10000英镑 |
| 1923—11—5 | 辞职回国 |
| 特别增薪 | 1920—5—19因在大战期间对开滦保护有功,奖10000英镑,1923年许可请假回国八个月照支原薪 |

资料来源:开滦档案1—2—54(据资料卷1—1—52),"那森少校入开滦后情况简介"。

从上表可以看到,总经理的年薪大致是依时间而提高的,且总经理每届任内,薪金也是逐渐增长的。1903年那森出任开平总经理时年薪4000英镑,此后几乎每订一次合同,年薪即增长1000英镑。如果对照表3-1其侄那森爱德的履历和薪资情况看,开滦总经理的报酬相对其他职务高得惊人。1920年,那森爱德任代理总经理一职时,年薪仅1000英镑,而同期那森年薪10000英镑,恰整十倍于那森爱德。

1934年那森爱德出任总经理,年薪7000英镑,似乎少于那森在任时之年薪,但实际上那森爱德作为兼任开平公司驻中国代理人每年又津贴3000英镑,[①]因此那森爱德的实际年薪与那森少校退休时持平,皆为1万英镑。

总矿师的年薪也是依时间而提高的,1878年开平矿务局创办之初,唐廷枢曾由英国雇用矿师巴尔,年薪400镑[②]。而到了20世纪30年代,同样的职位,矿区主管马克飞年薪已被拟定为4000英镑[③],增长至十倍。

除固定年薪外,总经理还享受巨额馈赠报酬。那森少校退休回国后,于1927年来华时,开滦又赠予酬劳金3万元。1928年,开滦总局督办袁克定(袁世凯之子)因病辞职,开滦议董部以袁在开滦任职16年"勋劳卓著"赠

---

① 转引自丁长清:《开滦煤矿人事管理的历史考察》,《南开经济研究》1986年第4期。
② 《开滦煤矿志》第二卷,第11页。
③ 1934年4月27日那森爱德致特纳函,转引自丁长清:《开滦煤矿人事管理的历史考察》。

送特别慰劳金 4 万元(银元)。1938 年总经理顾振病逝,开滦议董部给予特别馈赠 7000 英镑。1946 年,开滦对曾任总经理的那森爱德、孙多钰分别赠予特别酬金 15000 英镑和 10000 英镑。[①]

(二) 员司薪金

20 世纪 30 年代,开滦曾绘图表,规定了主要职员的相互地位、他们要占据的职位以及应得的薪金。1936—1937 年高、中、初级职员每月薪金比较如表 3-4 所示。

表 3-4　各级职员月薪金比较表(1936—1937)

单位:元

| 高级职员 | | 高中级职员 | | 中级职员 | | 初级职员 | |
|---|---|---|---|---|---|---|---|
| 名义 | 实际 | 名义 | 实际 | 名义 | 实际 | 名义 | 实际 |
| 454.11 | 88.52 | 173.45 | 33.81 | 44.99 | 8.77 | 20.52 | 4.0 |

说明:名义薪金单位为元;实际薪金为每月面粉袋数。
资料来源:根据丁长清《开滦煤矿人事管理的历史考察》之"职员薪金比较表"编,原表工资单位为每月面粉袋数,这里按 1 袋面粉 = 5.13 元折合成名义薪金数。1 袋面粉 = 5.13 元系参考郭士浩主编《旧中国开滦煤矿工人状况》中"1904—1948 年开滦矿区全体工人平均月名义工资和实际工资"表中"1936/37 年每袋面粉价格",第 73 页。

从上表中可见,高级、高中级、中级、初级职员之间的薪金级差相当大,高级与高中级职员薪金相对较高,这一方面与他们为承担起所负的工作而受到的较高的教育训练有关系,另一方面也与高级职员中相当一部分来自外国有关。

事实上,中英籍员司薪金差距很大。对此杜克茹曾举两条解释说:

　　……因为外籍人员在工业知识及技术能力上一般比中国人强,这并不是对中国技术人员的智慧及能力有所贬斥。外国人比中国人优越是由于西方、中欧及美国人是在一种已有 150 年以上的工业企业迅速发展的文明环境里生长和培养起来的,而中国最近才开始工业化,他们缺乏这种增益智慧的背景。

　　考虑相对的薪金问题时,对生活条件也应当有个概念,外国人可以遇到一些不能克服的困难,而这些,中国人是没有的,他们远离故乡,子女的教育费用很大,同家庭成员不能一起生活,生活费用比在本国高,他放

————————
① 《开滦煤矿志》第三卷,第 96 页。

弃了在本国可能找到职业的机会,而且不得不储蓄点钱以便一旦离开中国不再回来而在本国又很少有找到工作的机会的时候藉以维持生活。①

如果将员司的薪金与经理的薪金做纵向的比较,可以看到其间巨大的差别。1934 年,总经理那森爱德年薪 7000 英镑(3000 英镑津贴尚不计入),如果按 1 英镑折合国币 16 元(1932 年)算②,总经理的平均每月报酬计约 9333 元。在与表 3-4 中薪金最高的高级员司作对比,可知差距在 20 倍以上。

1934 年袁通《开滦矿务总局调查报告》中也提到:"高级员司之薪金,确较其他之同项商业机关为优,最高者月薪达数千元,最低者为一百五十元""其他各级员司之薪金,与他矿相若,最高有至二百元者最低有十余元者,譬如外工查工处之多数司事,月薪不过十八元而已"。③ 1936 年杜克茹"视察开滦煤矿报告"中亦证,"我们(外籍)职员的薪资一般说来是高的,比起中福、中兴、井陉等任何一家中国煤矿的职员来都高一些"。④

(三) 员司福利待遇

开滦煤矿职员的福利待遇,可分住宅、用煤、就医、假期、旅费等项。

在住宅方面:高级员司享有免费住宅(电灯自来水均在内)之权利,如无住宅,则替以住宅津贴;中级员司缴纳极低廉之房租,连电灯、清洁费等在内,三间者每月租金共 3.25 元,五间者 5.75 元;低级员司住宅大都仅有眷属者居住,月纳租金 2 元(电灯清洁费等在内)⑤

在用煤方面:高级员司享有免费煤之权利,免费煤每年规定为 50 吨;中级员司享受贱价煤之权利,规定冬季每月 2 吨,夏季每月 1 吨,每年共 18 吨;低级员司亦有领取贱价煤之权利,规定冬季每月 1 吨,夏季每月 0.5 吨,每年共 9 吨。⑥

在给假方面,开滦与高级员司立有合约,每届三年,更换新约,在此期间,给假 6 个月,借以回国休养。⑦

此外,根据职位级别高低还享有带薪假期及带薪外出深造等,如《矿业周报》曾载:

---

① 《杜克茹氏视察开滦煤矿报告》。
② 比价来自《开平中原两公司二十年度之盈余比较》,《矿业周报》第 219 号(1932 年 12 月 21 日),第 809 页。
③ 《开滦矿务总局调查报告》第五卷,第五章,"待遇"。
④ 《杜克茹氏视察开滦煤矿报告》。
⑤ 《开滦矿务总局调查报告》第五卷,第五章,"待遇"。
⑥ 《开滦矿务总局调查报告》第五卷,第五章,"待遇"。
⑦ 《开滦矿师回国》,《矿业周报》第 215 号(1932 年 11 月 21 日),第 740 页。

开滦总局因见专门医学人才缺乏,遂于去冬派唐山医院院长贾世清(香港英国大学博士),往英国研究内外各科医学,顷已返任,现又派委林西医院院长王雪赓(湖南湘雅大学博士),往德国专门究研耳鼻眼各科,闻除发给每月原薪四百元外,在德每月费用,不得超过一千元,计往返九阅月,准定十二月一日放洋云。①

在待遇方面,开滦极为重视对职员特别是高、中级职员的福利和优待,这也是激励和吸引高级行政管理人才的措施。开滦正是用这种办法来招聘并维持一个水平比较高的稳定的职员队伍。在1937年3月18日斐利耶致特纳的信中说:

开滦虽然切望本财政年度不作非绝对必要的开支,但是用60000元为职员修建20座住宅却是必不可少,并对开滦是最有利的……我想你知道我们有一些时候曾实际上夺去中国其他各矿最优秀的人员,这些人员曾因我们的声誉和他们的前途自愿来到我们这里。我们虽然能用这种方法把他们招来,但如果长久不能使他们携带家眷,我们就不可能留住他们。②

## 四、劳动用工制度

### (一) 用工制度

近代各大煤矿,虽然在组织机构和管理系统上制度互有差别,但在用工制度上大同小异,基本都可分为里工制与外工制两种。里工制,系由煤矿公司直接雇用工人,由煤矿直辖的制度,里工所分配的工种,一般都是机工、木工和厂工等有一定技术的工种。外工制,即通常所说的包工制,系由包工头代为招募工人、工人属包工头管理、工资亦由包工头给予的制度,一般井内和井外工人属于外工。大体来说,近代各煤矿皆两种制度并存,开滦也不例外。

在1934年"开滦矿务总局调查报告"中,除上述两种制度外,又提到一种"合组公司制",系由矿务局与包工合组之公司雇用职工。并且提到,"矿局与包工合组之公司,首创于赵各庄矿厂,为期尚不及三年,现唐家庄亦有

① 《开滦派员赴欧研究医学》,《矿业周报》第215号,第740页。
② 1937年3月18日斐利耶致特纳函,开滦档案14—1—56。转引自丁长清《开滦煤矿人事管理的历史考察》,第25页。

此种组织,其中职员,由矿局及包工双方各派数人充之,工人之地位,与普通外工同。"①可见这种用工制度比较接近于包工制。

包工制在开滦的历史很长远。1879 年开平矿务局《办事专条十一则》中第六条规定:

> 煤窑内工人分里工外工,里工为矿方所雇之散工,以备修路、看门、拉马、推通;外工为各硐采煤之包工。里外工均归采煤法选用。里工计日给工;外工按煤算帐,所做各工所出之煤,每日一小结,每十四日一期结,开列清册,由考工房支发。②

可见,开滦煤矿从原先开平矿务局时期已实行包工制度。杜克茹 1936 年的视察报告中也提到:"包工制在开滦大约已有 50 年的历史,这是一种在中国最普遍使用的制度。"③

包工制在开滦煤矿长期经营时间里是一项非常重要的工人制度,这一点仅从包工人数占工人总数的比重即可见一斑(见表3-5)。

表 3-5　1912—1941 年开滦矿区里外工情况

| 年度 | 里工 | | 外工 | |
|---|---|---|---|---|
| | 人数 | 比重 | 人数 | 比重 |
| 1912 | 2101 | 20.4% | 8207 | 79.6% |
| 1913 | 1528 | 11.8% | 11394 | 88.2% |
| 1914 | 1991 | 14.6% | 11600 | 85.4% |
| 1915 | 2148 | 16.2% | 11118 | 83.8% |
| 1916 | 2109 | 17.7% | 9792 | 82.3% |
| 1917 | 2425 | 19.6% | 9922 | 80.4% |
| 1918 | 2556 | 17.7% | 11871 | 82.3% |
| 1919 | 3354 | 19.7% | 13659 | 80.3% |
| 1920 | 4069 | 21.3% | 14993 | 78.7% |
| 1921 | 4347 | 22.6% | 14857 | 77.4% |
| 1922 | 4242 | 21.4% | 15543 | 78.6% |

① 《开滦矿务总局调查报告》第五卷,第二章,"职工等级"。
② 《开平矿务创办章程案据汇编》。
③ 《杜克茹氏视察开滦煤矿报告》。

续表

| 年度 | 里工 | | 外工 | |
| --- | --- | --- | --- | --- |
| | 人数 | 比重 | 人数 | 比重 |
| 1923 | 4842 | 21.7% | 17494 | 78.3% |
| 1924 | 5163 | 22.1% | 18214 | 77.9% |
| 1925 | 4993 | 21.3% | 18405 | 78.7% |
| 1926 | 4615 | 21.6% | 16711 | 78.4% |
| 1927 | 5173 | 20.4% | 20238 | 79.6% |
| 1928 | 5242 | 21.7% | 18875 | 78.3% |
| 1929 | 5113 | 19.5% | 21159 | 80.5% |
| 1930 | 5205 | 17.7% | 24257 | 82.3% |
| 1931 | 5156 | 17.2% | 24899 | 82.8% |
| 1932 | 5894 | 20.1% | 23401 | 79.9% |
| 1933 | 7178 | 24.7% | 21837 | 75.3% |
| 1934 | 12071 | 36.4% | 21112 | 63.6% |
| 1935 | 9605 | 35.8% | 17259 | 64.2% |
| 1936 | 8509 | 26.8% | 23238 | 73.2% |
| 1937 | 8147 | 23.7% | 26189 | 76.3% |
| 1938 | 8564 | 22.7% | 29087 | 77.3% |
| 1939 | 8631 | 22.0% | 30676 | 78.0% |
| 1940 | 8909 | 21.4% | 32626 | 78.6% |
| 1941 | 9190 | 20.9% | 34847 | 79.1% |

资料来源：根据《开滦煤矿志》第三卷"表4-2-1-5"编制，第139—140页。

包工制的优劣，立场不同，结论也会不同。从劳工立场出发，包工制因包工头以重利盘剥工人并且在包工制下工人超强度作业，甚至经常受工头鞭打，因此被视为一种原始和落后的制度。舆论一般也视包工制的衰退为社会的进步。如1932年《矿业周报》对开滦煤矿工潮的报道中，提到"经理秋尔顿（英人）用愚弄手段，阳为里工，阴行包工制，剥削苦工"[1]，可见社会对包工制持否定的态度。而从资方考虑，包工制不啻一种成本较低、效率较高的管理制度。对资方来说，在力图把包工的利润控制在一定范围的同时，尽量保持包工头对工人的控制，是非常理想的方式。包工头的管制，比矿方

———————————

[1] 《开滦煤矿工潮》，《矿业周报》第217号（1932年12月7日），第778页。

直接管理矿工要更有效率。1933—1934年开滦总经理回顾开滦的历史时即说,"驾驭工人是承担一项特殊的管理任务,如果不是专家,至少也要对这种工作有天资,并且过去在这方面还要有些经验。自从我们矿开始生产以来,我们事实上是依赖包工去做这项工作"①。

当然,资方在包工制问题上也比较矛盾。1934年《开滦矿务总局调查报告》中提到:"包工制在国内各矿,沿用已久,其于厂方、于管理上,自较省事,惟处于厂方与工人之间鲜有接触机会,发生隔膜,引起误会,而流弊丛生,又为其余事矣,开滦有鉴于此,思取消包工制,但沿袭已深,积重难返,若骤取消之于旦夕之间,则必掀起波潮无疑……"②其实,上文提到的"合组制"就是对包工制的一种改良方式。也由此可见,无论如何,包工制终究还是一种趋于被淘汰的用工制度。

(二) 工人工资和待遇

开滦矿方对里工实行计时工资,对包工头是以计件的方式支付工程价款的。而包工头在发给工人工资时,一般并不采取计件的方法,而是采取计日给工钱的方法。

与开滦员司相比,开滦工人的工资则极为微薄。据1929年5月1日开滦五矿工人与矿方的订约条件,各部工人最低工资如表3-6所示。

表3-6　开滦煤矿各工种工人工资(1929)

| | | | |
|---|---|---|---|
| 外工 | 井下 | 杂工并打扫道者 | 新手0.4元,过一年后0.45元 |
| | | 看风门,看道嘴,并挂车练者 | 0.4元 |
| | | 井口推车者 | 新手0.45元,过一年后0.5元 |
| | | 马夫 | 0.5元 |
| | | 拉马者 | 0.5元 |
| | | 摸烟者,看礁者,看家具房者 | 0.45元 |
| | 井上 | 各项小工 | 0.38元 |
| | | 看门者,看澡塘者,更夫等 | 0.45元 |
| | | 马夫并车夫 | 0.45元 |
| | | 修铁道者 | 0.43元 |
| | | 看灯房者 | 0.4元 |
| | | 浇车油,并烧油者 | 0.43元 |
| | | 搬道者 | 0.45元 |

① 1933—1934年开滦总经理年报,转引自丁长清:《开滦煤矿人事管理的历史考察》,第20页。
② 《开滦矿务总局调查报告》第五卷,第三章,"工制"。

续表

| | | | | | | |
|---|---|---|---|---|---|---|
| 里工 | 井下 | 瓦匠 | 0.55 元 | | | |
| | | 木匠 | 0.55 元 | | | |
| | | 钻匠 | 0.55 元 | | | |
| | | 打铁匠,机匠,井下水手 | 0.55 元 | | | |
| | | 打石工 | 0.55 元 | | | |
| | | 把钩 | 0.55 元 | | | |
| | | 开风车,开电泵,开绞车,并开电机者 | 0.5 元 | | | |
| | | 开秤车者,搬闸者,开水力起重机者 | 0.5 元 | | | |
| | 井上 | 普通火夫 | 0.4 元 | | | |
| | | 大锅炉火夫 | 0.5 元 | | | |
| | | 开风车,开电泵,开绞车,开电机,并开筛者等 | 0.45 元 | | | |
| | | 挂钩 | 0.5 元 | | | |
| | | 瓦匠 | 0.5 元 | | | |
| | | 把钩 | 0.52 元 | | | |
| | | 机器匠 | 帮手 0.6 元 | a 老手 0.75 元 | b 老手 0.85 元 | c 老手 1 元 |
| | | 镟匠 | 帮手 0.6 元 | a 老手 0.75 元 | b 老手 0.85 元 | c 老手 1 元 |
| | | 铇匠 | 帮手 0.6 元 | a 老手 0.75 元 | b 老手 0.85 元 | c 老手 1 元 |
| | | 打磨匠 | 帮手 0.6 元 | a 老手 0.75 元 | b 老手 0.85 元 | c 老手 1 元 |
| | | 补炉匠 | 帮手 0.6 元 | a 老手 0.75 元 | b 老手 0.85 元 | c 老手 1 元 |
| | | 打铁匠 | 帮手 0.6 元 | a 老手 0.75 元 | b 老手 0.85 元 | c 老手 1 元 |
| | | 水手 | 帮手 0.6 元 | a 老手 0.75 元 | b 老手 0.85 元 | c 老手 1 元 |
| | | 生铁匠,电匠 | 帮手 0.6 元 | a 老手 0.75 元 | b 老手 0.85 元 | c 老手 1 元 |
| | | 木匠 | 帮手 0.55 元 | a 老手 0.65 元 | b 老手 0.75 元 | c 老手 0.9 元 |
| | | 木样匠 | 帮手 0.55 元 | a 老手 0.65 元 | b 老手 0.75 元 | c 老手 0.9 元 |
| | | 油匠 | 帮手 0.55 元 | a 老手 0.65 元 | b 老手 0.75 元 | c 老手 0.9 元 |

资料来源:根据《矿业周报》第 218 号"开滦矿工生活之各方面"编制,民国 21 年 12 月 14 日印行,第803 页。

上表为 1929 年情形,而至 1931 年 6 月,工资每人每日又增 8 分。[1] 事实上,从 1920 年至 1932 年,一方面由于工人运动的兴起,一方面考虑到物价上涨的因素,矿方曾六次增加工资,因此工人工资有所提高。[2]

然而与公司高级职员相比,这一增长极为有限。表 3-7 为 1904—1948年开滦矿区全体工人平均月名义工资和实际工资表,从中可见名义工资虽有所提高,但如以每袋面粉价格衡量,实际工资基本没有增长趋势,事实上,工人得到的工资一直仅是糊口工资。

① 《开滦矿工生活之各方面》,《矿业周报》第 218 号(1932 年 12 月 14 日),第 803 页。
② 郭士浩主编:《旧中国开滦煤矿工人状况》,人民出版社 1985 年版,第 58 页。

表 3-7　1904—1948 年开滦矿区全体工人平均月名义工资和实际工资

| 年份 | 月名义工资总计<br>（单位:元） | 实际工资 | | |
|---|---|---|---|---|
| | | 每袋面粉价格 | 名义工资折合<br>面粉袋数 | 指数 1925—<br>1926 年 = 100 |
| 1904—1905 | 8.01 | 1.63 | 4.91 | 124.30 |
| 1913—1914 | 8.33 | 2.54 | 3.28 | 83.04 |
| 1921—1922 | 10.15 | 3.21 | 3.16 | 80.00 |
| 1923—1924 | 13.03 | 3.15 | 4.14 | 104.81 |
| 1924—1925 | 14.30 | 3.75 | 3.81 | 96.46 |
| 1925—1926 | 14.55 | 3.68 | 3.95 | 100.00 |
| 1935—1936 | 18.87 | 4.99 | 3.78 | 95.70 |
| 1936—1937 | 19.20 | 5.13 | 3.74 | 94.68 |
| 1937—1938 | 17.08 | 5.24 | 3.26 | 82.53 |
| 1938—1939 | 22.55 | 5.48 | 4.10 | 104.05 |
| 1939—1940 | 38.08 | 12.02 | 3.17 | 80.25 |
| 1940—1941 | 55.83 | 15.70 | 3.56 | 90.13 |
| 1942 | 96.62 | 26.40 | 3.66 | 92.66 |
| 1943 | 357.50 | 130.00 | 2.75 | 69.92 |
| 1945 | 93240.00 | 42000.00 | 2.22 | 56.20 |
| 1946 | 177650.00 | 19000.00 | 9.35 | 236.71 |
| 1947 | 3474800.00 | 680000.00 | 5.11 | 129.37 |
| 1948 | 601.47 | 123.00 | 4.89 | 123.80 |

资料来源:郭士浩主编:《旧中国开滦煤矿工人状况》,第 73 页。

　　开滦工人待遇,包括住宅、新年假日、免费医药、贱价煤、教育、教养院、澡塘、卫生设备等项。① 但工人待遇较之员司,要逊色很多,而且里工与外工待遇又有较大差别。如果说员司特别是中高级员司的待遇是企业主动给予的一种优厚条件,那么工人的各种待遇则基本上是 20 世纪 20 年代以来工人运动所推动的结果。特别对于外工制下工人来说,各种待遇事实上是"工人权利"的实现。

　　1931 年 6 月,开滦与工会签订一项劳资协议,规定除增加工资外,外工可享受下列权利:1. 发给年终花红(过去只有里工有花红);2. 准许参加储

---

　　① 《开滦矿务总局调查报告》第五卷,第五章,"待遇"。

蓄及慰劳金;3.确定将来改组包工制度。①

据20世纪30年代初的资料,开滦矿方对工人的待遇已逐渐改善。在分红方面,里工每年做工在320天者,给一月工资;在280天者给一月工资之3/4;在240天者,给一月工资之1/2;在180天以下者则无。外工规定井上每年给12元,井下每年给15元;每年作工在320班者给全数,在280班者给3/4,在240班者给1/2,在180班者给1/4,不满180班者则无。② 在给煤方面,里工皆有煤票,春夏两季每月给煤一吨,秋冬两季每月给一吨半,由领煤工人给煤票洋一元六角。③

煤矿工作特别是井下采煤是一项危险性很强的工作。开滦煤矿平均每月受伤工人约有四五百人之多④。矿方对于受伤工人在重伤期内照发工资,但对患病者则不照发。

综上所述,开滦煤矿的工人管理制度最开始以包工制为主,虽然包工制是一种较原始落后的制度,但对开滦资方来说,又是一种有效的管理制度,因此长时间内一直采用。在工人运动的影响下,工人争取到一系列权利,待遇也逐渐得到改善,但与开滦员司待遇相比仍不啻天壤之别。

## 第三节　30年代的制度"更新"

1934年,随着开平与滦州进一步的合并,企业组织与管理再度发生调整,裁撤"督办"一职,实行中、英两经理负责制,以"矿区主管"代替从前的"总矿师",形成更具"在地化"特征的"中外合办"管理模式。

### 一、组织与机构的调整

20世纪20年代到30年代,企业机构逐渐庞大。开滦总局各处办公人员原总共87人(见图3-3),而至30年代,已达400—500人的规模⑤。企业机构也形成多系统、多层次。不仅开滦总局下设部,部下设处,在唐山矿区和各地经理处(包括各地码头)又有分部门分层次的管理机构。

1934年开滦合并后,裁撤了"督办"这一虚职,明确了总经理责任制,同

---

① 《杜克茹氏视察开滦煤矿报告》。
② 1931年制定,见《开滦矿工生活之各方面》,《矿业周报》第218号(1932年12月14日),第九集(1933年),第806页。
③ 《开滦矿工生活之各方面》,《矿业周报》第218号,第806页。
④ 《开滦矿工生活之各方面》,《矿业周报》第218号,第806页。
⑤ 《开滦矿务总局调查报告》。

时最重要一项变化是设开滦两总经理（英方、中方）；在矿区方面也进行了组织系统上的改组，撤销"总矿师"一职，改设为"矿区主管"，其下设总矿师（即生产技术副主管）和总务副主管。[①] 关于改组的原因，杜克茹在 1936 年的报告中提及：

> 近年来，由于受到中国的，特别是矿区的，政治及社会情况的影响，总矿师需以大部分时间来处理非纯技术性的问题，又由于这些问题反映到了员工的精神面貌上来，以致影响了纪律、效率及产量等方面，所以它们同技术问题是密切地关连着的。
>
> 另一个重要因素是，过去总理的位置现在已由在原则上权力相等的两个中外总经理所负担。
>
> 在这种情况下，人们可以很容易地理解到，对于负责矿区管理工作的代理人的职务作进一步的明确划分从而多少减轻他的负担将是一个合理的步骤，因为这样可以使他能以全部精力来从事于协调各部门之间的组织关系及研究政治和社会问题。因此，两年以来，矿区的事务就由矿区主管负责管理，并由总工程师及总务主管作他的助手。[②]

1937 年，经开滦总经理那森爱德批准，在高级员司与中级员司中间设一新员司——高中级员司，并规定其资格为国立或经最高教育行政机关立案或承认之国内外大学独立学院、专门学校毕业者；中级员司能力特长，且服务十年以上者可为高中级员司；高中级员司成绩优异者，可升为高级员司。[③] 这一新规定显然是对从前"中级员司不能升为高级员司"规定的改革，也是对前述"特级员司"的一种"身份合法化"。

从以上各类员司的级别设置和调整看，基本有两个特点，一是分级上大致经历了从少至多的变化趋势，这也是适应企业发展和管理需要的结果；二是层级划分日益与薪资联系紧密，薪资的差别与职务级别的划分日益对应起来。关于薪资等级，在后文还有详细说明。

至此，新中国成立前开滦已形成一套庞大的科层管理系统。这套系统基本分为两部分：一是总局本部系统，不直接管理生产，而是以经销为龙头运作，全面统筹企业的经营活动（见图 3-6）；二是矿区管理系统，以生产为

① 《开滦煤矿志》第三卷，第 14 页。
② 《杜克茹氏视察开滦煤矿报告》。
③ 《开滦煤矿志》第三卷，第 85 页。

中心,自成一套机构设置(见图 3-7)。

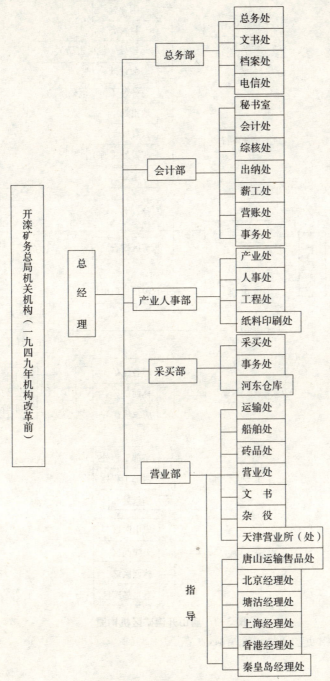

**图 3-6　开滦矿务总局机构图**

资料来源:《开滦史鉴》文萃,上册,第 343 页。

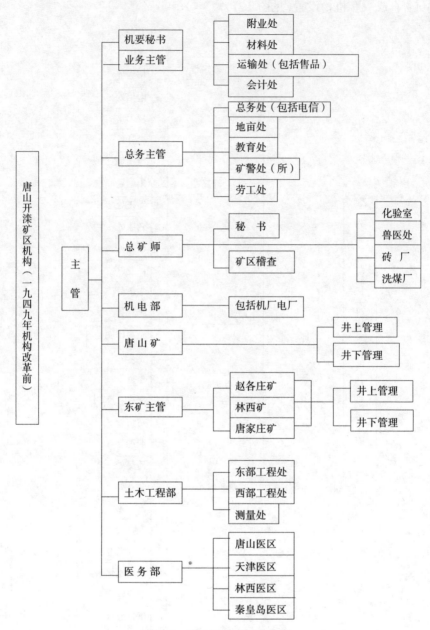

**图 3-7　唐山开滦矿区机构图**

资料来源:《开滦史鉴》文萃,上册,第 345 页。

## 二、"企业办社会"

现代企业制度在大型企业中,不仅体现为一整套复杂的组织系统和运行机制,也包括一系列福利安排。"企业办社会"在人们一般认识中是社会主义的专利,然而像企业办学、医疗救助、体育健身、娱乐活动这些被认为是国有大型企业典型特征的福利安排,在20世纪二三十年代的开滦已经出现,并且是企业制度中的重要组成部分。为员工提供病休工资、养老年金、安全的劳动条件、体育设施、住房供给等是当时世界范围内流行的企业"福利资本主义(welfare capitalism)"或"福利工作(welfare work)",这种福利安排意在追求其经营活动的稳定性。

(一) 教育

开滦煤矿在教育方面按性质大致可分为两部分,一是为企业自身培养技术人员的职业教育,一是属于福利性质的普通教育。

开滦煤矿自一开始便注意为自己培养专业人才。早在1881年,开平矿务局创办人唐廷枢,为改变矿务局全部使用外国工程技术人员的状况,创办了一个专门训练采矿和煤质化验人员的学校,并从美国俄亥俄州聘请了一名叫巴托斯的担任教师,以培养中国自己的工程技术人员。

1906年,开平矿务有限公司与铁路局协商,在其"铁路学堂"内专为开平矿务有限公司增设采矿学科,并委托学堂代招新生,办学经费由开平矿务有限公司予以资助。

1910年,北洋滦州官矿有限公司开办一所"测绘学堂",后改名为"矿务学堂"。教学课程以国文、英文、算学、绘图为主要内容。定期下井实习,学制三年。学费、膳费由公司拨给,学生不缴纳任何费用,一律免费。毕业后由马家沟总矿分配到各矿试用。由于开办以上工程技术学校,北洋滦州官矿有限公司在煤矿工程技术管理上,做到不完全依靠外国人,而使用了大部分中国工程技术人员。

开滦合并后,涉及开矿采煤的专业技术人员一般都由知名学校的专科毕业生充任,但现场采矿仍需要具有实践经验的工务员。在1921年,赵各庄总矿师曾向总局建议在赵各庄开办"采矿训练所",培养工务员,虽得到开滦总经理批准,但因经费问题而又拖延下来。至1936年,这一建议被重提而付诸实施。从1937年至1946年,开滦矿务总局工务员训练所,共开办了六期采矿班,两期机械班,一期电机班,合计毕业工务员学员269名。[1]

---

[1] 《开滦煤矿志》第四卷,第45页。

在普通教育方面,开滦起步较早,这也是随着越来越多的职工携家眷来矿区、子女上学问题越来越迫切需要解决的结果。

1919 年,在马家沟矿区域内创办了"私立开滦马家沟职工子弟初级小学校",当时入学学生 20 名,教师 2 名,这是开滦矿办的第一所初小。继马家沟矿成立初级小学后,1923 年,开滦又在赵各庄矿和林西矿各成立了一所初级小学。1924 年,马家沟矿开办了高级小学,这是开滦设立高级小学之始。至 1925 年,开滦五个矿皆设立了职工子弟小学,入学儿童共计 1546 名。截至 1934 年,开滦矿务总局在唐山矿区及秦皇岛、塘沽两码头共开办小学 18 所(有一所为代管),学生达 3456 名,教师 144 名。当时招生统计,开滦职工子女入学者占 76%,开滦职工近亲入学者占 18%,非开滦职工子女入学者占 6%。①

开滦在中学的设立方面,较小学要迟缓。1927 年 10 月,开滦在马家沟矿南门外创办了第一所初级中学,这所学校属于试办性质,教学课程按国民政府教育部之规定开课,主要是为本企业培养人才。1928 年,开滦唐山矿区代理总矿师柏兰亭(英国人)向天津开滦总局总经理提出在各矿建立中学的建议:为使开滦职工子女由小学便宜升中学,在已有的马家沟中学基础上,再在林西与赵各庄中间及唐山各建一所中学,在唐山或马家沟再建一所女子中学,扩建马家沟中学,并提出需经费 21 万元。此建议于 5 月 18 日由滦州矿务有限公司董事部批复同意,但因当时军阀混战,时局不定,遂暂行缓办。1928 年 7 月,开滦与启新洋灰公司协商,将启新创办的淑德女子中学及附属女子小学由开滦接办。开滦接办淑德女中后,马家沟中学之女生全部转到该校,马家沟中学成为男生中学。此后,马家沟中学、淑德女中两校规模逐渐扩大。至 1934 年两中学学生 338 人,教职员 26 人。以上这两所学校皆为初中班,到 1944 年,马家沟中学增设了高中班,至此才成为开滦第一所完全中学。

新中国成立前,开滦各中小学在校长下设教务科(股)主任、训育科(股)主任、体育科(股)主任、事务科(股)主任,由校长领导各负其责。开滦各中小学旧的各种规章制度健全,管理比较有序。

(二) 医院

早在 1879 年,开平矿务局开始开凿矿井之际,其《开办规条》规定,本局医院(此时还未形成正式医院)为矿内窑工所设,以防不虞,本局员工家

---

① 《开滦煤矿志》第四卷,第 7 页。

属、矿内窑工、匠人等,患有疾病者,皆可免费就医。①

1912 年开平、滦州联合后的开滦矿务总局,对医疗制度重新作了规定。本局职工及家属到医院诊治,均须由开滦各部、处主任签发诊疗单,凭单看病;因病需休息者,须有医生签发的病假证明书,通知所在部处;因公受伤者,须有医生签发的工伤证明,据此可领取工资;患病的外工,由包工头填写请求诊治书,方可到医院治疗;高级员司无须经过上述手续,可随时入院治疗。②

开滦联合后,原在唐山的开平煤矿的中华医院改为"开滦医院",后改为"开滦总医院",该院内设立了开滦医务工作总管理机构——"医务部"。开滦煤矿、京奉铁路局两家共同出资聘用英籍外科医学博士康特为医务部医官、总医官(其工薪每月 1000 英镑,开滦付 3/5,京奉路付 2/5)。③

开滦自设立医务部以后,医务工作统由该机构管理,每年向矿务总局总经理写出报告,报告本年度医务工作情况,并提出下年度工作意见包括需要的经费,每月根据各医院、诊疗所的预算经审核汇总上报总经理,主要内容有工资、药品费、材料费、修理费、住院病人膳食费,以及不同时期的器械费、医院改扩建费等,总经理批准后下拨各医院所。对外界看病收费款,均用于购置药品、医疗器械。在开滦总财务账中,医务费属"惠工"项。

可以说,开滦的各种福利及惠工事业既是企业制度与企业文化的组成部分,也与 20 世纪工人运动的推动分不开。特别是 20 年代后,工潮频繁,工人经常就待遇问题与矿方谈判,矿方为求企业正常运营,也会做出一些让步。如 1932 年秦皇岛装卸工人派代表与矿方谈判,中经实业厅调解,矿局最后"原则上允许增加经费,诸如工人子弟学校,及增设医院铺位等件,均允逐渐改良"④。

二三十年代,矿方与地方当局组成"惠工事业促进社",提倡工人教育,创办工人俱乐部,工人戏剧社,工人识字班等。⑤ 特别是工人戏剧社曾进行公演,工人大众出现于艺术的舞台,不仅活跃了工人本身生活,也在社会上产生积极影响。

从以上可以看出,开滦不仅从事各种生产,还举办学校、俱乐部、医院、

---

① 《开平矿务章程案据汇编》。
② 《旧开滦的医疗状况》,《开滦史鉴》文萃,第 997 页。
③ 《旧开滦的医疗状况》,《开滦史鉴》文萃,第 989、992 页。
④ 《开滦煤矿工潮》,《矿业周报》第 217 号(1932 年 12 月 7 日),第 778 页。
⑤ 《开滦矿工生活之各方面》,《矿业周报》第 218 号(1932 年 12 月 14 日),第 805 页。

教养院等事业,承担了一定社会功能。在开滦营业总收入分配中,有"用来满足共同需要的部分及为丧失劳动能力的人等设立的基金(福利支出、业务部开支)"一项,其在营业总收入中的比重是逐渐上升的,1926—1927 年为 1.7%,1936—1937 年为 3.6%,1940—1941 年为 4.1%①。

---

① 见丁长清:《从开滦看中国近代企业经济活动和中外经济关系》,"表 11 营业总收入的分配",《中国经济史研究》1997 年第 1 期。

# 第四章  技 术 进 步

就人类利用自然资源的技术方式而言，18世纪煤的大规模开采和使用具有革命性。它不仅是工业革命的标志之一，并且按照英国史学家里格利的说法，社会经济由此从"有机经济"（organic-based economy）而转向"矿物经济"（mineral-based economy）①，即人类生产可以不再受自然条件的约束而能持续增长，社会因此跨入到了现代能源供给和消费的体系时代。在这一过程中，蒸汽动力机的使用是关键性的一步。1705年的英国，简单的蒸汽发动机已被用于抽吸煤矿的坑道积水，显示着工业化的先兆。② 大半个世纪之后的1774—1782年，英国人瓦特（James Watt）在纽可门蒸汽机的基础上试制成功适用于各个工业部门的新的蒸汽机，也由此引起西方第一次工业革命。③ 煤的使用在中国出现得较早，因而采煤技术也相应发展得较早，明清时期采煤也比较普遍。但采煤业在漫长的历史过程中技术上没有产生重大突破，也终究没有成长为像西方那样对社会经济产生革命性影响的产业部门。近代新式煤矿带来了新的技术，从而改变了采煤的技术面貌，也因此使得采煤业脱离了传统的手工业部门而发展成为近代工业。

## 第一节  技术的传入

### 一、传统采煤技术及主要限制

传统的采煤技术，经历了宋、元、明三个朝代（约700年）的发展，到了明清之际，已经积累了不少经验，但已有的文献中并不见关于采煤法的专门论著，可资参考者，主要为明代宋应星之《天工开物》和明清之际孙廷铨之《颜山杂记》。宋应星《天工开物》中曾写道：

---

① Wrigley, E.A., *Continuity, chance and change: the character of the industrial revolution in England*, Cambridge: Cambridge University Press, 1988.

② Wrigley, E.A., *Continuity, chance and change: the character of the industrial revolution in England*, Cambridge: Cambridge University Press, 1988.

③ 《中国近代煤矿史》，第199—120页。

　　凡取煤经历久者,从土面能辨有无之色,然后掘挖。深至五丈许,方始得煤。初见煤端时,毒气灼人。有将巨竹凿取中节,尖锐其末,插入炭中,其毒烟从竹中透上,人从其下施镢拾取者。或一井而下,炭纵横广有,则随其左右阔取,其上支板,以防崩压耳。

　　凡煤炭取空而后,以土填实其井。经二三十年后,其下煤复生长,取之不尽。①

　　从这则文字可以看出,至少就宋应星所见,煤尚未到深采的地步,开采似乎只限于头层煤,且沿煤层走向之范围也很有限,不过是"随其左右阔取"。这里所涉及的技术一为用竹筒排气,一为支板防护,采掘工具为"镢"②,可见是明显的手工业范畴。很有意思的是,其中谈到用土将采空井填实后,"煤复生长,取之不尽",可见当时人对煤的认识尚不确切,经验也积累有限,这也反映出煤在人们日常生活中尚远未占主要地位。

　　《天工开物》成书于崇祯十年(1637 年),大约与其同时的孙廷铨(1616—1674)之《颜山杂记》,所记载的其时其地的采煤技术,要比《天工开物》丰富和详尽很多:

　　凡脉炭者,视其山石,数石则行,青石、砂石则否,察其土有黑苗,测其石之层数,避其沁水之潦,因上以知下,因近以知远,往而获之,为良工。

　　凡攻炭者,必有井干焉,虽深百尺而不挠,已得炭,然后旁行其隧,视其炭之行,高者倍人,薄者及身,又薄及肩,又薄及尻,凿者跂,运者驰,凿者坐,运者偻,凿者蝏卧,运者鳖行,视其井之干,欲其确尔而坚也,否,则削,入其隧,欲其燥以平也,否,则研。

　　凡井得炭而支行,其行隧也如上山,左者登,右必降,左者降,右必登,降者下土戚,登者上土戚,循山旁行,而不得平,一足高,一足下,谓之反土戚,脉正行而忽结,磻石阻其前,非曲凿旁达,不可以通,谓之盘铟,脉乍大乍细,窦窦螺螺,若或得之而骤竭,谓之鸡窝,二者皆井病也。

　　凡行隧者,前其手,必灯而后入,井则夜也,灯则日也,冬气既藏,灯则炎长,夏气强阳,灯则闭光,是故凿井必两,行隧必双,令气交通,以达

---

① (明)宋应星:《天工开物》中卷,燔石。
② 镢,即大锄。

其阳,攻坚致远,功不可量,以为气井之谓也。①

这里,第一段文字描述了找煤方法,其中所讲经验都更为具体详细。第二、三段文字讲述了井筒开凿要求、开拓部署、井下采运方法等,其中"井干"即井筒,其深度为"百尺而不挠",唯"百尺"为约数,不能判断到底有多深,但以十尺为一丈计算,与前述宋应星之"深至五丈许"相比,应是深了很多;从"旁行其隧"至"行隧也如上山",可见得沿煤层走向之横向开掘范围较"随其左右阔取"也是拓展很多了。第四段文字是讲通风和照明,虽然未提及有任何"毒气",但讲到"凿井必两,行隧必双,令气交通",实质上即为通风技术。总之《颜山杂记》中对采煤之描述,其中反映出的经验水平和技术含量都要比《天工开物》中所述高很多。

《颜山杂记》作者孙廷铨家乡在山东益都,所记载的情况为其家乡见闻,据其所述,当地孝乡手工业较为发达,而手工业发达的原因在于"山多田少而生齿日益繁……故其民力力焉,凿山煮石、履水蹈火,数犯难而不息……烧琉璃者多日灾,掘山炭者遭压溺,造石盘者有暗疾,炒丹铅者畏内重",总之,"孝乡之多艺也以其民贫也,其无弃货也以其土瘠也"。② 当地人既赖手工业以为生存,必专于此道,因而孙廷铨所载约略可视为明末清初时代采煤技术所达到的最高水平。

开滦地区如何呢? 唐廷枢在《察勘开平煤铁矿务并呈条陈情形节略》中,对传统手工煤窑描述如下:

> 查土人所开煤桶,均系民业,或祖传,或自租。其桶均系日字样,宽四五尺,长六七尺,深十丈至十六丈不等。及见矸子,即斜开而入煤槽。矸子者,即煤面之火坭也。无论煤之高低厚薄,见煤即锄,由面至底。每进三四尺,用木桩撑持,以防土陷。锄至有水之处,又须戽水,不知锄愈深,〔水〕愈涌,非止路远,而且泥泞,遂至锄煤戽水均有不堪之苦,势必弃之……③

这里,"煤筒"即煤井,呈长方形,中间有木架隔开,所以"系日字样"。从井筒深度看,"深十丈至十六丈"与前述之"深百尺而不挠"相较,虽未必

---

① (明)孙铨廷:《颜山杂记》卷四,物产,益都孙氏,清康熙四年(1665年)。

② (明)孙铨廷:《颜山杂记》卷四,物产。

③ 唐廷枢:《察勘开平煤铁矿务并呈条陈情形节略》,《开平矿务创办章程案据汇编》,第1—4页。

更深,但更为确切和可靠,由此大致可视为传统手工开采条件下之极限深度。"每进三四尺,用木桩撑持,以防土陷",这是最基本的井巷支护措施。最后,随着开采深度增加,涌水愈多,除水成为深采的主要限制。

传统技术之瓶颈在哪里?是提升,排水,还是通风?应该说不同地区因各自地形条件的不同,而互有差异。美国学者彭慕兰认为,中国煤矿业面临的最大技术问题,特别是在西北,与他们在英格兰的同行面临的问题有根本不同,中国煤矿中水的问题要少得多,相反干燥以至自燃成为经常性的问题,这一特点使得蒸汽革命的发生更为渺茫。① 其实,从《颜山杂记》中之"避其沁水之潦",到上文中之"锄煤戽水均有不堪之苦",都可见得除水问题在中国采煤业中自始存在;从近代各煤矿开采的实际经验看,水的问题也是普遍存在,如山东峄县中兴煤矿矿区旧日煤井星罗棋布,井内积水甚多②,湖北大冶富源煤矿在民国二年改用新法开采时,首先购置的即锅炉和抽水机。③ 开滦地区情形更是如此,李鸿章"直境开办矿务折"中提到,"勘得滦州所属距开平西南十八里之唐山,山南旧煤穴甚多,土人开井百余口,只取浮面之煤,因无法取水而止。……"④可见,一个煤井的采掘深度往往受到排水技术的限制,排水是否能解决是采煤向纵深发展的关键的一环。

当然,传统采煤还存在其他种种技术限制,唐廷枢在"察勘开平煤铁矿务并呈条陈情形节略"中述及传统采煤法时还提到:

> 或有采至中途,忽遇煤槽侧闪,无从跟寻,因而弃之;或有撑持不坚,致土倾陷;或因路不通风,点灯不着;或因工人不慎于火,以致失虞;种种艰难,无非不得其法。⑤

可见,没有科学的勘察方法,没有坚固的支护,没有良好的通风,没有安全防范措施,都会限制采煤的顺利进行和发展。相对西方的新式开采方法,传统采煤落后之原因,正如唐廷枢之总结,无非"不得其法"。也正因为"不得其法",传统技术下的采煤只能限于较浅的煤层,头层煤采完,采煤业便无从发展而自行衰落,这也是传统煤窑只能限于手工业范畴而不能长期兴

---

① [美]彭慕兰著,史建云译:《大分流》,江苏人民出版社2003年版,第60页。
② 《中国近代煤矿史》,第201页。
③ 高世经:《富源煤矿情形》,《矿业周报》第一集,第157页。
④ 《直境开办矿务折》,光绪七年四月二十三日(1881年5月20日),《李鸿章全集》奏议九,第340页。
⑤ 唐廷枢:《察勘开平煤铁矿务并呈条陈情形节略》。

盛进而壮大为一项产业的重要原因。而这一切的改变,则要等待西方近代煤矿技术的引进。

## 二、西方采煤技术的引入

西方新法采煤与传统技术最本质的不同为机器的采用。因有机器的采用,开采范围扩大,所面临的技术问题也大大拓展,因此形成一套复杂的程序和方法。这套程序和方法大致是:首先实地勘察,对井田范围、建设项目、资金费用、运销经营等进行全面筹划;在初步选择的建井处打钻,探清煤炭存储情况,确定井位井深;然后,利用人工打眼,炸药爆破,机器提升排水,开凿两个井筒,井壁石砌或砖砌;井筒打到预定之底后,开巷相连通风,再开平巷,横路上再开岔路,随之采掘;在建设矿井的同时,相应地建设地面天桥、锅炉房、运输线路、机器修理厂及仓库、办公房等。可见,西方技术的引进并非简单购置几样机器可以完成。

据《开滦煤矿志》记述,1879 年 2 月(清光绪五年),由开平矿务局雇用的英籍矿师白内特(R. R. Burnett)主持,在距开平 20 华里乔屯西即今唐山矿,使用炸药放炮、汽绞车提矸之西法开凿 1 号井,3 月开凿 2 号井,两井相距 100 尺(30.5 米),1 号井为提升井,2 号井为排水、通风井。在距地表 200 尺(61 米)、300 尺(91.5 米)和 500 尺(152.5 米)处,分别开凿三条平巷,各巷均与两井贯通,上巷通风,中、下巷为运输道巷。地面建有锅炉房、绞车房、煤楼、库房等,用锅炉蒸汽带动矿井提升、排水、通风机器运转。[1] 可见与上述程序方法基本吻合。

新式采煤技术的引入还涉及铁路在中国的引进。唐廷枢一开始筹建开平煤矿时即把修筑铁路放在重要位置,拟用 40 万两白银修筑一条"百里铁路"。[2] 但当时因有上海吴淞铁路事件(英商 1876 年自建,通车后发生火车轧死人事故,引起朝野激烈反对,1877 年清政府付清赎款而令拆除),铁路兴建之议未予采纳。1880 年筹划开挖运煤河时,因胥各庄至唐山一段地势逐渐升高,不能开河,由此决定在这一段修筑"硬路",以水陆兼运的方法解决煤的运输问题。[3] 铁路长 15 里,由煤厂到丰润县胥各庄,此即"唐胥铁路"的由来;运河长 70 里,由胥各庄到芦台,同时加浚芦台到天津的原有河

---

① 《开滦煤矿志》第二卷,第 87 页。

② 唐廷枢:《禀开采开平煤铁并兴办铁路》,光绪三年八月初三日,《中国近代工业史资料》第一辑,下册,第 627 页。

③ 唐廷枢:《禀开平煤矿情形恳乞奏请援照台湾之例减轻出口税由》,光绪七年二月三十日。《开平矿务创办章程案据汇编》,第 57—60 页。

道。铁路和运河都在 1880 年开工,翌年竣工。唐胥铁路建成后,因距离唐山西北的清皇陵不远,清廷大员怕火车头"震动山陵",不准用机车牵引,只能由骡马拖运。① 后来,矿局总工程师金达(C.W. Kinder)改装成一台火车头牵引车辆,名曰"火箭号","行驶了几个星期,没有引起烦言。但不久便被命令停驶;停了几个星期。过些日子,又可以开行了,以后便一直在使用,直到从英国运来了两个车头。"②其间,火车头的试用引起清廷大臣接连弹劾,经反复疏通,并于 1882 年 6 月载一批官员乘坐,每小时行程 20 英里(32 公里),牵引力百余吨,证实可靠,才准许使用。③

## 第二节　两次工业革命成果的传播

### 一、近代主要采煤技术及在开滦的应用

新式采煤法最显著的特征就是在排水、通风与提升三个环节上使用机器。

旧式手工煤窑排水的方法,主要是肩挑、手戽、水龙吸、牛皮包提④。在开平矿务局创办前,唐山一带小煤窑即采用人工将井下水用桶挑至竖井下储水池,再用辘轳、水桶提至地面⑤,这也是工业革命前采煤通常的做法。开平矿务局创办后,即从英国购置一台以蒸汽为动力的往复式水泵,又称"大维式抽水机",安装在唐山矿。⑥ 近代使用抽水机,一般也是把井下各处的水设法集中到井底水仓,再用抽水机排至地面。这些抽水机最初都是以蒸汽为动力的气泵。随着 19 世纪末电的发明和推广使用,电力成为西方工业中的主要能源。到 20 世纪 20 年代左右,煤矿用电在中国普及开来,陆续出现电力推动的电泵。在这一技术更新中,开滦属于先行者,1906 年,唐山、林西两矿即建立发电厂,开始用以电为动力的比利时造离心式"苏尔则"泵,此后老式蒸汽泵被逐步淘汰。⑦ 抽水设备往往是新式煤矿建矿费用

---

① 《开滦煤矿志》第二卷,第 415 页。
② 《英国领事商务报告》1882 年,开平煤矿记,《中国近代工业史资料》第一辑,下册,第 650 页。
③ 《开滦煤矿志》第二卷,第 415—416 页。
④ 水龙是竹制抽水唧筒,又叫竹龙,长 2—3 米,在南方煤窑中多用之;牛皮包提水在北方煤窑多用之。《中国近代煤矿史》,第 199 页。
⑤ 《开滦煤矿志》第二卷,第 201 页。
⑥ 《开滦煤矿志》第二卷,第 202 页。
⑦ 《开滦煤矿志》第二卷,第 203 页。

中很大一笔开支。1906年,在筹划开办"滦矿"期间,外国矿师摩拉作出了一份开矿各项费用预算,在合计15个项目的清单中,抽水机器一项"约需银50万元"①,占总预算179万元的近30%,是各项中数额最高的。

通风也是采煤发展的重要环节,如果矿井风量不足,影响井下作业,就会限制生产发展。旧式手工煤窑全靠自然通风,自然通风风量较小,对于瓦斯含量大的矿井来说,便会严重限制采煤。19世纪70年代,中国开始从西方引进通风技术,采用机械通风。通风设备最初也是使用蒸汽为动力,到20世纪20年代左右,逐渐改用电力。一般来说,矿井瓦斯含量越大,所需通风设备就越多。抚顺煤矿由于瓦斯含量特别大,所需风量多,故采用大型扇风机,其通风能力居近代煤矿之冠。② 但瓦斯涌出量很少的矿井,如北京门头沟煤矿、安徽淮南煤矿、河南六河沟台寨井,仍然用自然通风。开滦地区煤矿含有瓦斯,1884年开平第五坑曾发生瓦斯爆炸③,因而亦存在通风问题。开平矿务局初建时,即从英国订购了以蒸汽为动力的扇风机,1882年安装在唐山矿;1910年马家沟矿安装了德国造开普尔电动扇风机,这是开滦使用电力驱动扇风机的开始。至1930年,全矿区共有扇风机10台,其中运行5台,备用5台。④

除水、通风得到很好解决后,采煤自然可向纵深发展,而随着煤井变深,采煤量增大,便需要有相应的提升设备。新式煤矿使用绞车作为提升机,绞车又叫高车,或卷扬机。1780年,英国诺伯兰威灵顿煤矿首次使用蒸汽绞车提煤。⑤ 19世纪80年代,西方蒸汽绞车被引入中国,大约20年后,电动绞车也被引入中国。从中我们也可看出,后发展国家在技术进步方面是有"后发优势"的,从英国首次使用蒸汽绞车提煤到中国引进绞车用了一百年的时间,而从电动绞车在西方问世到引入中国煤矿使用,其间只经历了一二十年。这种技术跟进将原本自发产生和形成的进程大大缩短,节省了工业化的时间。开平唐山矿1881年即安装了150马力的蒸汽绞车,日提煤能力500吨;⑥1891年改装500马力的蒸汽绞车;1908年,林西矿安装了1000马力的蒸汽绞车,这种绞车是英国1906年出产的最新产品,在当时中国近代

---

① 《开滦煤矿志》第二卷,第66页。
② 《中国近代煤矿史》,第197页。
③ 《捷报》1884年6月27日,北华捷报通讯员:"开平纪行"。见《中国近代工业史资料》第一辑,下册,第652页。
④ 《开滦煤矿志》第二卷,第188页。
⑤ 《(美国)煤史》,美国麦克劳—希尔出版公司1980年版,转引自《中国近代煤矿史》,第190页。
⑥ 《中国近代煤矿史》,第190页。

煤矿使用的蒸汽绞车中居冠。电动绞车在开滦的应用始于 1920 年,这一年赵各庄矿四号井安装了 75 马力的电绞车,日提煤能力 800 至 1000 吨①,与 1881 年安装的 150 马力蒸汽绞车相比,电动绞车在效率方面的优势便显示出来。此后蒸汽绞车虽然还在使用,但电绞车的使用和对汽绞车的替代是不可改变的趋势。至 1934 年后,主提升设备换用 863.6—2205 千瓦(1157—2955 马力)大型电绞车提升。② 提升能力与矿井产煤数量直接相关,开滦煤矿在近代煤矿中是除抚顺煤矿外产煤量最高的,这与开滦提升设备的先进是分不开的,多数近代煤矿的提升设备,是二三百马力左右的蒸汽绞车,这同开滦煤矿相比可算是小巫见大巫,无怪开滦始终能雄踞近代煤矿业,也可见技术装备在企业竞争力与实力中的重要性。

从上述排水、通风、提升技术环节也可见,正如工业革命的发生一样,采煤技术的进步总是互相带动,配套进行的,一环的变革引发其他环节相应的变革,这样互相交织,引发了整体技术的改变,从而从根本上改变了采煤业的性质。

解决了排水、通风和提升问题,矿井便可以向纵深方向拓展。

据 1890 年《益闻录》记载,唐山煤井"井深 160 余丈",这比起唐廷枢当日察勘开平旧式土煤窑之"深十丈至十六丈不等",已是天壤之别。表 4-1 显示了开滦及近代其他煤矿的井筒形状、大小、深度和支护方法。

表 4-1　各煤矿井筒状况

| 煤矿名称 | 井筒形状 | 井筒大小 | 井筒深度 | 井架材料及高度 | 井壁材料 | 建井时间 |
|---|---|---|---|---|---|---|
| 开平唐山矿 | | | | | | |
| 　一号立井 | 圆形 | 直径 14 尺 | 1200 尺 | 铁质 70 尺 | 石料 | 1878—1881 |
| 　二号立井 | 圆形 | 直径 14 尺 | 546 尺 | 铁质 30 尺 | 石料 | 1878—1881 |
| 　三号立井 | 圆形 | 直径 16 尺 | 1400 尺 | 铁质 85 尺 | 石料 | 1878— |
| 开平林西矿立井 | 圆形 | 直径 14 尺 | 600 尺 | | 石料 | 1889—1892 |
| 滦州煤矿 | | | | | | |
| 　马家沟南井 | 圆形 | 直径 18 尺 | 685 尺 | 铁质 30 米 | 石料 | 1908—1910 |
| 　马家沟北井 | 圆形 | 直径 12 尺 | 450 尺 | 木质 | 石料 | 1908—1910 |
| 　赵各庄一号井 | 圆形 | 直径 13 尺 | 600 尺 | | 石料 | 1908— |
| 　赵各庄二号井 | 圆形 | 直径 12 尺 | 300 尺 | | 石料 | 1908— |
| 　赵各庄三号井 | 圆形 | 直径 12 尺 | 300 尺 | | 石料 | 1908— |

---

① 《中国近代煤矿史》,第 191 页。
② 《开滦煤矿志》第二卷,第 154 页,括号中马力的换算,以 1 千瓦＝1.34 马力计。

| 煤矿名称 | 井筒形状 | 井筒大小 | 井筒深度 | 井架材料及高度 | 井壁材料 | 建井时间 |
|---|---|---|---|---|---|---|
| 萍乡煤矿<br>　直井（八角井）<br>　横井（总平巷） | 圆形<br>拱形 | 直径 4.15 米<br>高 3.5 米<br>宽 4.5 米 | 160 米<br>长 2600 米 | | 砖 | 1898—<br>1898—1907 |
| 井陉煤矿南井 | 圆形 | 直径 4.5 米 | 184 米 | 木井架 | 石料 | 1902— |
| 门头沟煤矿<br>　东、西立井 | 圆形 | 直径 16 尺 | 600 尺 | 木质 42 尺 | 砖 | 1908— |
| 中兴煤矿<br>　北大井<br>　东大井 | 圆形<br>圆形 | 直径 4.9 米<br>直径 4 米 | 290 米<br>190 米 | 铁质 28 米<br>铁质 25 米 | 青石<br>青石 | 1922 年建成<br>1934 年建成 |

资料来源:(1)《中国十大矿厂调查记》,开滦篇,第 31—32、55 页;(2)《开滦煤矿各矿建矿时间及各井投产时间资料汇编》;(3)顾琅:《中国十大矿厂调查记》,萍乡篇,第 16—17 页;(4)井陉煤矿,《矿冶》第六卷,第 19 期,第 180 页;(5)门头沟煤矿,董纶:《平绥铁路沿线煤矿报告》;(6)《津浦铁路沿线煤矿调查报告》,第 13—15 页;(7)《山东矿业报告(第五次)》,第 233 页。

需要提及的是,旧式井筒多呈长方形,而新式煤矿井筒以圆形居多,少数为方形和多角形。圆形井筒,井壁支护受力状态好,耐久,井筒断面有效利用率大,故大型矿井多采用之。[1] 而井壁支护方面,旧式煤窑相对浅小,因而不用支护或用少量木料支护;新式方法开采的矿井,因要求一定的服务年限,于是以坚固、耐用、便于施工为特征的砖、石支护便日益增多。从表 4-1 可以看到,开平矿务局自建矿伊始便在矿井开拓技术上居先,与其他新式煤矿对照,即便晚出之井陉、中兴,也望尘莫及。

新法采煤的结果固然体现在煤井深度之加深,而随着开采范围的扩大,已不能沿用旧式那种凿井见煤后即沿煤层走向或倾斜方向挖掘煤洞(即巷道)取煤的方法,采煤方法逐渐变得复杂起来。由于巷道布置的不同,回采工艺的差别,因而便形成了各种各样的采煤方法。依原理不同,大致分为残柱法、砂填法、走向长壁法和露天开采法。

近代煤矿应用最早、最广的是残柱式采煤法(简称残柱法)[2]。残柱法应用于厚煤层,有时又称高落式采煤法。这种采煤方法具体的做法是:沿煤

---

[1] 《中国近代煤矿史》,第 173 页。

[2] 《中国近代煤矿史》,第 178 页。

层走向开一条大巷和若干条顺槽①,沿煤层倾斜开上(下)山②,于是在采煤区域内,形成棋盘形之坑道,坑道之间留二三十米见方的煤柱,采时,先将煤柱用纵横两巷道分成四个小煤柱,再次将此小煤柱分为更小的煤柱,拆取最小煤柱时,一般先采煤层下部,再将支柱移出,待煤层上部自行塌落后,以铁制长柄扒钩将煤扒出,装筐外运,若煤质坚硬,不易自行塌落,则用炸药崩下。

关于高落式采煤法,新中国成立后老煤矿工作者有一段非常形象的描述:

> 采煤场在厚煤层中,头上的"顶板"是煤,两侧的"墙壁"是煤,脚下的"底板"不是煤就是岩石。人在里面工作,正是"四块石头夹着一块肉",哪里崩下来都不是玩的,更不用说昂着头挖掘高处的煤了。所以采煤场只能开辟两公尺高,还得随时架头顶棚、垒垛子,把"顶板"牢牢支持住。怎能对付得了六公尺甚至几十公尺那样厚的煤层呢?所谓"高落式",干脆不用材料支持"顶板",挖两条十字交叉的小巷坑道就算采煤场:把"十字路口"掘成个圆形空场子,人就闪在旁边,往场子上边的煤层钻些小孔,装上火药,按上导火线,点着,顺巷道跑开,把顶煤炸落下来。然后又站到煤堆上,往顶煤里钻孔,装药……炸落一层又一层,等到十字路口的落煤堆成小山,头顶的煤洞也成了一座穹形屋顶的"大舞台"了。③

这段引文描述的是鹤岗的情形,而各地区因地形条件、煤层煤质特点、支护方法等不同而应用起来互有差别,如开滦煤矿在厚煤层中用残柱法采煤,自有一套巷道布置,称为厚煤层切块陷落法④,但基本原理是一样的。

地下煤层开采到一定程度,支护问题便日益显露出来。在煤质坚硬条件下,顶底坚实,可以不用或少用支护,但如遇煤质松软或地层容易陷落的情形,则必须采取支护手段,否则采空区塌陷,势必影响正常采煤。最开始的做法是使用撑木,所以不论是中国还是国外,撑木费是采煤支出中非常重要的一项。但以木料支撑有其自身缺陷,一是材料的可得性,倘使木料容易

---

① 顺槽,即依矿床走向线或平行矿床走向线开巷者。《矿业周报》第一集,"矿地术语(一)",中华矿学社1928年,第144页。

② 上(下)山,即向上(下)开斜巷者。《矿业周报》第一集,第157页。

③ 华山:《战胜死亡的煤矿工人》,载王林等《煤矿工业的重大改进》,燃料工业出版社1951年版,第72页。

④ 《中国近代煤矿史》,第179页。

为矿区取得,固然成本减轻,利于开采事业进行,但若矿区地不产木,或距森林过远,则这项费用必然增大,不利发展;再是撑木时间历久,容易腐烂,支护效力必随之降低,而更换撑木又需成本。此外,遗弃于采空区的煤可能自燃,致使矿井发生火灾。基于上述种种原因,便有砂填法的兴起。

砂填法起源于美洲,后传入欧洲英、德等国。① 其原理是:将砂砾(泥能溶解于水,故不适用)由八寸径之铁管,从井口通至采空区,然后用水力将砂砾注入采空区,水泻入水道,用抽水机抽去,砂砾则贮满于采空区,久而被顶石下压,成为人为砂岩,如此填充后,可达一劳永逸之支护效果,采煤可渐次进行。② 1912 年,抚顺煤矿把德国奥柏尔西勒先(Obersilesien)煤矿的洒砂充填法(Sand flosing)引用过来,首先在杨柏堡坑试用,取得良好效果。③

对于国外这种新近兴起的方法,民国时期中华矿学社主办的《矿业周报》曾有即时报道,"自砂填法兴,欧美各国仿行,用木节省,成本减轻。抚顺煤矿用之,亦具成效。"同时总结道,"采煤应用砂填法之利益有三:一以保持地面之陷落,一以防止瓦斯之爆发,一以减少煤量之遗弃,而尤于厚煤层之采掘,为最经济。"④

砂填法虽是对残柱法的一种进步,但并不适用于所有矿区。砂填法在德国比较流行,也是因为砂砾作为填充材料的易得性。而在中国,填充材料一般只能用泥砂,泥砂不敷应用,则需用其他材料,成本未必低廉,因此推行不易。

走向长壁法是新中国成立后中国煤矿中广泛推行的采煤方法,在当时被认为是较为先进的方法。这种方法在 20 世纪 30 年代中兴煤矿中首先开始应用。⑤ 实际上,在 20 年代的河北磁县怡立煤矿,在仅 3 尺厚的薄煤层"一座层",已使用一种叫做"变形长壁法"的方法采煤。⑥ 总的来说,长壁法的方法是,在主要直井及风井之下,留大煤柱作为支撑,然后由此向四方开设横道,再由横道向两旁采煤,煤采完后即任其倾塌,煤房之间不留煤柱,主要横道则须架土石或木柱以支撑,为运输通风之用,此为前进长壁法。另有后退长壁法,方法是先开横道到矿区之界,然后开始着手挖煤,煤尽即任其倾塌而另挖他处,逐步向中间煤柱方面退行。⑦ 以上两种方法,各有利

---

① 《中国近代煤矿史》,第 181 页。
② 参见《矿业周报》第一集,"砂填法",第 323 页。
③ 《中国近代煤矿史》,第 181 页。
④ 《矿业周报》第一集,"煤矿支柱与砂填法",第 319 页。
⑤ 《中国近代煤矿史》,第 183 页。
⑥ 《河北省磁县怡立煤矿调查报告》,《矿业周报》第一集,第 231 页。
⑦ 谢家荣:《煤》,第六章第三节"采掘",商务印书馆民国十八年(1929 年)版。

弊,后退法在挖煤已尽部分,没有维持坑道必要,由此工程较为稳便,但在创建之初,必须敷设的横道很多,又一时不能出煤,过于延搁,所以采用较少。

露天采煤法,适用于煤层距地面较近、岩石较少之地区。在英美地区,这种方法比较流行,其原理非常简单,即使用爆破等技术将表土剥离,然后进行开采。在近代中国只有抚顺煤矿一些矿区采用此种方法。

上述几种采煤法中,残柱法或高落式采煤法在手工采煤条件下,几乎适用于各种倾角、各种厚度的煤层,也是中国近代新式煤矿中应用较为普遍的方法。开滦煤矿在近代大部分时期内,一直以这种方法为基础。据《开滦煤矿志(1878—1988)》的介绍,1878—1948年,在长达70年的时间里,开滦各矿一律采用平推、切块、陷落三种短壁落垛采煤法。[1] 其中,平推采煤法用于倾斜度在25°以下缓倾斜、倾斜的薄煤层;切块采煤法用于倾斜、缓倾斜中厚煤层;陷落采煤法用于倾斜度在50°左右急倾斜中厚煤层和厚煤层。这三种采煤方式,主要依靠手镐、人工装煤、人工拉筐、人工推车,极少用放炮落煤,回采率(即采煤率)30%—40%左右[2]。

残柱法采煤虽然比较实用而且在近代普遍应用,但有很明显的局限性。一方面,在这种采煤方法下,所谓"吃一口,扔一块"[3],因此回采率较低,资源损失率较高。另一方面,工人工作条件艰苦、作业安全性不高,采煤场中危险事故时有发生。据资料载,开滦"差不多平均每月受伤工人约有四五百之多,而生病者更是时有所闻,在矿区附近,短足断手者亦不难看见。"[4]

以上内容为采煤方法。但采煤至此,还不算完成。煤经采出以后,还需经"选煤"的环节。旧式手工煤窑全用手工选煤,手工选煤不仅是为了捡出矸石,还为了把煤按大小块分级外运销售。选煤在产量和销售量不大的情况下,应用手工已足够了。但随着产量和销售量的增加,特别是焦炭用量的增加,煤的洗选便日益重要,手工方式已不能满足需要,因此选煤也走向机械化。1912年开平、滦州联营后,改进了筛选设备,到1913年各矿完全采用了戈式筛,并在筛机出料口安设拣矸调带(通称跑板),设有"拣矸工"从块煤中拣除矸石。[5] 1917年在赵各庄矿3号井安装了一台每小时处理150吨原煤的大型截口式振动筛机,筛煤效率提高,块煤产量增加。1919年,林

---

① 《开滦煤矿志》第二卷,第303页。
② 《开滦煤矿志》第二卷,第304页。
③ 华山:《战胜死亡的煤矿工人》。
④ 《开滦矿工生活之各方面》,《矿业周报》第218号(1932年12月14日),第九集,第805—806页。
⑤ 《开滦煤矿志》第三卷,第512页。

西矿、唐山矿、马家沟矿也开始安设截口筛机。到 1922 年矿区共有截口筛 12 台,戈式筛 5 台,筛选能力大大超过了当时的原煤生产能力。选好后的煤,划分为不同的煤炭种类,运往市场出售,至此生产环节得以完成。

## 二、技术的"在地化"

1890 年,即开平矿务局创办的 15 年后,《益闻录》中载:

> 唐山向有煤矿一所,井口在街前。井深 160 余丈。井上设有火轮机器,烟筒用砖垒成,高八、九丈。大小锅炉十余口,均有此一筒出烟,昼夜不停。行人来往,煤斤出入升降甚便。井底有极大吸水机器两个。又有入风之机器风筒。井内上下分四层。头层计深 60 余丈,内有东西大街,约二里许;又分无数小巷,并分出煤之槽洞若干。再下二层、三层,均深 50 余丈,皆由盘而下,大街、小巷、槽洞亦如头层。再下四层,计深三四十丈。……四层内大街、小巷、槽洞、亦与上同。井内大街、小巷,均用砖块悬棚而起,与城门洞相似。至出煤之槽洞,上有木板托好,下有木柱顶妥,坚固之极。无煤之空洞,具用土石塞满。井内有马车六七辆,骡马七八十匹,或运土石,或运煤炭,昼夜换班,无时或息。①

这则引文详尽记载了以新法建矿采煤后的情形。我们可见其设施的完善。井上设有提升设备,使用蒸汽动力,井下有排水机("吸水机器")和风扇("入风之机器风筒");"又分无数小巷,并分出煤之槽洞若干……"则是典型的残柱法采煤;"上有木板托好,下有木柱顶妥""无煤之空洞,具用土石塞满",反映了其完备的井巷支护;"马车六七辆,骡马七八十匹",则显露了其充裕的资本实力。无怪该文最后称赞道:"按此井深而坚牢,出煤之多(年产 25.9 万吨),速而省工,诚中国第一佳矿也。"1890 年,以新式开采法采煤之煤矿尚不多,而开平唐山矿,以此宏伟规模,别开生面,可谓独领风骚,技术上之占先自不待言。

时光延至 1928 年,中华矿学社主办之《矿业周报》对开滦有如下之报道:

> 记者特亲赴开滦矿区实地调查,见其规模宏大,出产之丰富,不胜利权外溢之感……至于该矿出产情形,每日有马四五百匹,在洞内往来,运

---

① 《益闻录》,光绪十六年八月初七日,《中国近代工业史资料》第一辑,下册,第 652 页。

输矿线,约十余里,煤经采下后,当于洞内分别优劣,用铁车与升降机运出洞外,再将好煤分为块末,末煤分为一号与二号,然后装置火车运往各处销售,而矿内不知有何秘密,英国人禁止参观,殊深怅恨,该公司除矿区外,复于唐山各处占地异常广阔,于此足见帝国主义之势力矣……①

至20世纪20年代,全国以新法开采之煤矿创办已不下几十余家,"火轮机器"、高耸之烟囱等,已不复为稀罕之景观,而当时记者临开滦实地时,仍慨叹其"规模宏大""出产丰富",言语间流露震撼、欣羡之意,可见其雄风不减。顺便指出的是,近代各煤矿中,在电力运输机车普及前,使用畜力比较常见。此时有马"四五百匹"、运输矿线"十余里",可见较上文1890年之"骡马七八十匹"规模更为庞大。

开滦煤矿的技术实力在近代一直是居领先地位的。表4-2是开滦各矿各种技术设备与近代其他各新式煤矿及国外煤矿的比较。从中可以看出,开滦煤矿的技术设备不但在近代中国各矿中是一流的,即便与同时代的国外煤矿相比也并不逊色。

表4-2　开滦、中兴与德国阿伟白煤矿机器设备比较表

| 矿名 | | 抽水 | | 通风 | | 提升 | |
|---|---|---|---|---|---|---|---|
| | | 排水机 | 排水量 | 通风机 | 风量 | 绞车 | 日提煤能力 |
| 河北开滦煤矿 | 唐山矿 | 大维式抽水机 | 3.55 吨(每分钟) | 新旧抽出式电扇二台,旧者350马力电机带动;新者375马力电机带动 | 3600米³/分钟 | 500马力汽绞车(1号井)500马力汽绞车(3号井)65马力汽绞车(2号井;1936年换1175马力电绞车) | 开平矿务局唐山矿投产后,安装蒸汽绞车1台,功率110.25千瓦,日提煤500吨(《开滦煤矿志》,第154页) |
| | 林西矿 | | | | | 1000马力汽绞车 | |
| | 赵各庄矿 | | | | | 1340马力电绞车 | |

---

① 《矿业周报》第一集,第366页。

续表

| 矿名 | | 抽水 | | 通风 | | 提升 | |
|---|---|---|---|---|---|---|---|
| | | 排水机 | 排水量 | 通风机 | 风量 | 绞车 | 日提煤能力 |
| 山东中兴煤矿 | 南大井 | 480千瓦电力水泵 | 6吨(每分钟) | 60千瓦抽出式风机2台,小功率风机若干台,均用电力带动 | | | 1200吨 |
| | 北大井 | 460千瓦电力水泵,160千瓦电力水泵 | 5吨(每分钟),1.5吨(每分钟) | | | | 2000吨 |
| 德国阿伟白煤矿 | 旧井 | 数量:5(平时开3副) | 4.9—6.5吨(每分钟) | 自然通风,旧井有风扇一具 | | | 每小时绞煤160吨 |
| | 新井 | | | | | | 每小时绞煤150吨 |

资料来源:(1)开滦煤矿,"通风"见袁通《开滦矿务总局调查报告》(1934年)。(2)山东中兴煤矿,"抽水"、"通风"转引自《中国近代煤矿史》,"表3-8-4 1936年前部分矿井排水机械设备简况"、"表3-8-3 1936年前部分矿井通风机简况",第201、198页;"提升"见《矿业周报》第一集(1928年),第76—78页。(3)德国阿伟白煤矿,见《矿业周报》第一集,"德国阿伟白煤矿与砂填法",第322页。

技术设备的先进直接保证了在生产能力上开滦具有绝对的优势。从表4-3可以看出,即便是开滦日产量最小的矿井,其产额都要比其他煤矿最盛时的产额高出很多。同样,与国外的煤矿相比,开滦的生产能力也毫不逊色。

表4-3 近代各煤矿日均产煤额

| 矿 名 | | 日均产额 | 年份 |
|---|---|---|---|
| 河北开滦煤矿 | 唐山矿 | 2510吨 | 1923年 |
| | 林西矿 | 3378吨 | |
| | 赵各庄矿 | 5598吨 | |
| | 马家沟矿 | 2634吨 | |
| 河北磁县怡立煤矿 | 15号井 | 1000吨(出煤最旺时) | 1924年 |
| 山东中兴煤矿 | 南大井 | 1200吨 | 约1925年 |
| 浙江长兴煤矿 | | 约600吨(最盛期) | 约1923年 |
| 江西萍矿 | | 约800吨 | 约1927年 |
| 德国阿伟白煤矿 | | 3000吨 | 约1927年 |

资料来源:(1)开滦煤矿,据第二次《中国矿业纪要》(民国15年);(2)怡立煤矿,据《矿业周报》第14号(民国17年);(3)中兴煤矿,据《矿业周报》第5号(民国17年);(4)长兴煤矿,据《矿业周报》第7号(民国17年);(5)萍矿,据《矿业周报》第12号(民国17年);(6)德国阿伟白煤矿,据《矿业周报》第20号(民国17年)。

　　但也应注意到，技术进步或说技术现代化之在开滦，并不是总体和全方位的。1928 年考察开滦煤矿之记者，无缘入矿参观，但如果他入矿参观，便会看到，虽然在外面是高高耸立的井架，井下采掘出来的煤炭被绞车源源提升到地面上，发电厂、洗煤厂以及排水和通风等环节所使用的也都是当时优良的先进机器设备。但是，在井下凿岩和采煤，工人是使用手锤、手镐、大筐等手工工具从事沉重的体力劳动。第二次世界大战前，西方国家已经普遍采用了像割煤机、电溜子（电动传送带）和电动机车这样一些机械设备，而在开滦，开拓和采煤的情景却和 19 世纪末叶差不多，工人依然是抡起手锤打眼，使用手镐刨煤。工作面上出了煤，靠工人在巷道里用大筐拉到顺槽里，推着小车运出去；在大巷里，主要靠骡子把煤斗车拉到下井口，再由人工推进罐笼。晚至 30 年代，在主要巷道内仍"一般使用骡运"。①

　　事实上，采掘工作面上机械化程度较低，是中国近代采煤业在整体技术上的一个特点，它也体现了西方技术引进后的"在地化"特征。在近代，全世界产煤量最高的国家为美国②，人均采煤效率最高的也是美国，其效率之所以高是因为其机械化水平较高。而这种采煤效率又因机械化的继续发展而呈提高的趋势。据当时人记载，1919 年，美国平均每工采煤 3.84 吨，1926 年，每工采煤增至 4.5 吨，其中的缘故主要是采用了割煤机和机械装煤两项技术。③ 相较之下，中国近代煤矿的平均每工采煤效率为 0.65 吨④，开滦煤矿大致 1912—1913 年度为 1.09 吨，1936—1937 年度为 1.26 吨，⑤虽远高于平均水平，但较美国则实为逊色，并且提高缓慢，甚至 1937 年后还有不足 1 吨的情况⑥。可见如以人均采煤量为标准进行衡量，开滦之技术进步速度并不快。

　　这一情形产生的原因其实很简单，企业最终的目的是盈利，如果机器的使用成本高于人力，则技术进步便没有生根的土壤。在这一点上，英人自己的一段话是最有说服力的：

---

① 《杜克茹氏视察开滦煤矿报告》。
② 19 世纪末以前是英国，1830 年，英国开采了世界煤炭的 70%。见［美］曼塞·G.布莱克福德著，锁箭译：《西方现代企业兴起》，经济管理出版社 2001 年版，第 43 页。美国后来居上，1928 年《矿业周报》载"1927 年度美国为产煤最多之国"。《矿业周报》第一集，第 164 页。
③ 《机械装煤》，《矿业周报》第一集，第 305 页。
④ 《机械装煤》，《矿业周报》第一集，第 305 页。
⑤ 见郭士浩主编：《旧中国开滦煤矿工人状况》，第 46 页。
⑥ 1942/43 年度为 0.87 吨，1947 年为 0.79 吨，《旧中国开滦煤矿工人状况》，第 46 页。

无论何项工业莫不以减少雇工为目的,而减工之宗旨实在于减轻成本。今在工价低贱之国,从经济方面而论,实无利用省工机器之必要。况且中国内战连年不息,百万人民皆将饿死,工商业凋残,处此情形,试问以利用来自国外之省工机器为有利,或仍以雇用大批[中国]工人为较有利乎?①

事实上,早在洋务运动时期,受命在徐州筹办利国驿煤铁矿的胡恩燮(1824—1892)在《煤说》中一针见血地指出,"凡事必求因地制宜,泰西兴作全恃机器者,人少工贵,故以机器代人工。我国工众值廉,即以人力敌机器"。② 这里又产生另外一个问题,外资企业在技术进步中的作用如何? 技术优势与外国资本之间有无必然联系?

如果观察表4-2列出的近代各新式煤矿的技术装备,不难看出,开滦煤矿的技术装备虽然是一流的,但国人自办的新式煤矿特别是大型煤矿与开滦相比也并不具有绝对的技术劣势。在各种新式机器的引用上,国内资本所办煤矿表现可能更为积极。比如,近代首先应用割煤机采煤的是中兴煤矿,而第一个购买割煤机的是保晋公司阳泉煤矿③。再如,西方煤矿大约于20世纪初大量使用电机车来取代骡马进行井下运输,而大致同时,萍乡煤矿也用上了电机车,1907年即在总平巷使用架线式电机车④(开滦煤矿在井下大巷使用电机车则始于1929年⑤),同年安装的洗选设备据说不仅开平煤矿当时没有,就是在亚洲也不多见⑥,足见萍乡技术跟进之主动。由此可以看出,只要条件允许,国内资本所办煤矿在技术引进上都是不遗余力的。

---

① 《开滦矿务总局待遇职工状况》,1930年,转引自《旧中国开滦煤矿工人状况》,第46页。
② (清)胡光国辑:《白下愚园集》卷八,清光绪二十一年(1895年),"煤说",第17页。
③ 《中国近代煤矿史》,第186页。
④ 《中国近代煤矿史》,第195页。
⑤ 《开滦煤矿志》第二卷,第174页。
⑥ 《中国近代煤矿史》,第208页。

# 第五章  环境约束与外溢性影响

时代环境、国家法律、政府政策等都从外部对企业形成影响。外部环境对开滦形成的影响复杂而多变。凭借早期英国在华影响力和企业与军界政界关系的积极疏通，开滦在税捐、铁路运费方面特别是军阀混战时期受外在不利因素影响相对较小。20 世纪 30 年代国民政府的矿业法律和税负规定、各大铁路运费的下降、华资煤矿实力的增长以及日本在华势力扩张等，都成为开滦具体决策和各种制度调整的新的影响因子。

经济学中有"外部性"概念，指代经济个体在追求利益过程中对他人和社会造成的影响，多形容一种负效应（如环境污染）。但企业的外部性可以有多重维度并且在某种历史条件下效应为正。开滦煤矿的开发带动了相关产业和相关地区的发展，为天津、上海等城市的工业发展提供着能源支持，并直接促成了唐山和秦皇岛两个近代城市的产生；矿权丧失的经验教训又关联到一系列国家制度建设，如矿业法规的颁布和修订、国家政策的形成；近代一些重要的工商实业人物如周学熙、刘鸿生等也都首先从开滦获得重要的事业基础和商业经验。

## 第一节  政治与社会环境

### 一、内乱的影响

和平与稳定的政治环境是经济发展的前提，而近代中国却内战频仍，社会治安不靖。从庚子国乱到辛亥革命，再到军阀混战、南京政府建立，再到日本侵华、抗战爆发，开滦矿务局自开平矿务局时期便亲身经历着近代各种政权更迭与军事纷争。近代这种特殊的政治环境对于整个煤矿业，都有很大的影响。近代矿业人士便有评论说：

> 查各矿成本之高，由于技术者十之二三，由于政治者十之七八，如管理费中之警卫。（中兴每年 14 万元贾汪烈山各 3 万余元）捐税，车皮，（六河沟自备车皮每吨摊修理费一元，中兴租用北宁车皮，每吨约摊租金一元左右）及运煤黑费，（每吨五角至一元）等项，所耗甚巨，设

政治修明，此项费用大可减省，故欲求国煤成本之减轻，非先从改良政治入手，不为功也。①

总体说来，近代特殊的社会政治环境对煤矿业的影响大致包括：

第一，直接造成经济损失。军事纷扰之时，运输阻滞，军事征调，驻兵给养，临时重征，种种事项，为数甚巨。1928 年据《矿业周报》载，"今春直鲁军在此之时，把持车皮，煤商不花运动费，绝对不能拨车，甚至一煤车有因沿途纳养路捐、押车费、军事税等捐，增加花费至八九十元之巨者，迨奉军撤退，竟将车皮一并带走……"②通观近代全国各大煤矿，几乎无一不曾受过军事战争的影响。例如山东中兴煤矿，因煤质甚佳、交通便利，营业曾颇为发达，而 1925 年江浙战起，1926 年又有直鲁军阀混战，因而损失甚巨，1925、1926年两年损失共计 112 万余元（见表 5-1），盈余分别仅占前一年（1924 年）盈余数的 35% 和 0.2%。而对于资本实力稍逊的煤矿来说，这种影响则更巨，且会延续很长时间，如河北磁县怡立煤矿，在 1924—1925 年间，营业颇为顺利，年产达 20 余万吨，1927 年因土匪横行，厂房焚毁，机器损坏，年产仅 8万吨，损失达 70 余万元，此后直至 1929 年，仍不能恢复旧观③。

表 5-1　山东中兴煤矿 1922—1926 年损益列表

单位：元

| 年别 | 总收入 | 总支付 | 盈余 | 军事损失 |
|---|---|---|---|---|
| 1922 年 | 9439523. 72 | 6654755. 25 | 2784768. 47 | |
| 1923 年 | 10392385. 24 | 6759101. 60 | 3633284. 64 | |
| 1924 年 | 8745092. 20 | 6617333. 91 | 2127758. 29 | |
| 1925 年 | 7438174. 96 | 6694936. 90 | 744138. 06 | 482222. 74 |
| 1926 年 | 8662980. 94 | 8657800. 13 | 5180. 81 | 645381. 91 |

资料来源：《矿业周报》第一集（1928 年），谭焕达：《调查山东中兴煤矿报告》，第 74 页。

第二，对市面造成影响，增加不稳定因素，影响市场繁荣。如 1924 年，据资料载，"八月至十月，南北俱有战事，市面恐慌，金融逼迫，煤市日见衰落"④。

第三，因为国家不能给予足够的保护，为防止损失，全国各煤矿都或多

---

① 《采用国煤之部令》，《矿业周报》第 214 号（1932 年 11 月 14 日），第 727 页。

② 《北平煤业最近情形》，《矿业周报》第一集，第 328 页。

③ 侯德封：第三次《中国矿业纪要》，第 25、27 页。

④ 谢家荣：第二次《中国矿业纪要》，第 82 页。

或少地备有矿警组织,同时铁路沿线偷窃现象严重,而铁路局又不能有效防护,矿商每每自雇人手,购买客票,沿途押运,这些都增加了煤矿运营成本。例如中兴煤矿公司,"四面皆山,最易藏匪,近年时局不靖,又值停工,匪风尤炽。幸矿内各重要处,筑有城垣。且备有护矿队,可以稍安,护矿大队有600余人,分为5小队,每月开支7000余元。军械有马步手枪578支,迫击炮4门,机关枪4挺,均系该矿自置。"①

第四,社会视办矿为利薮,包括政府及地方势力在内,每欲对煤矿企业巧取豪夺,对企业形成不利的发展环境。近代学者范柏年曾一针见血地指出,"政府只求目前一时的方便,一有利钱,就提去了"②。如山西保晋公司,创办之初,虽经呈准豁免井口等税,销场赖以推广,但至民国十三年(1924年)免税期满,照章缴纳,成本遂加重,军兴以后,地方捐借之款,年需10余万元,营业微利,悉被剥削。③

处于这样的大的时代背景中,开滦煤矿的经营也受到影响。如1926年,卖煤额因战事影响,大为减少,较1924年减少约33%④,直至1925年才恢复原状。再如1933年前后北宁路沿线"煤匪蠡起,在沿路各大站常川驻守,每遇开滦煤车到达,即三五成群,持械蜂拥上车,将车门打开,卸去大半……闻开滦每月损失约在数十万元"⑤。

开滦也曾受到过军阀势力的勒索,如1928年《矿业周报》报道,山东军阀张宗昌"向开滦煤矿公司通告,该公司运送煤炭之车,每列车应纳通行税1350元,每辆纳45元。此项收入,张宗昌每日可得军费二万元,开滦煤矿公司似已应允一万云。"⑥

1921年4月开滦矿区也曾成立矿区保安队,保安队属天津特别警察厅管辖,所需费用由开滦负担。⑦ 1921年保安队创办费花费37000元,每年春秋两季服装费约15900元,保安队队员由开滦每月按人发饷,此外,逢年过节开滦还向地方警察局等单位送礼并捐助煤斤,此项费用每年约需23000元。1935年保安队改组为开滦矿业警察,改编后每月经费为14925.50元

① 谭焕达:《调查山东中兴煤矿报告》,《矿业周报》第5号(1928年6月9日),第74—84页。
② 范柏年:《吾国矿业法律,应如何规定,才适合国情》,《矿业周报》第一集,第44页。
③ 杨仁显:《山西保晋矿务股份有限公司概略》,《矿业周报》第10号(1928年8月7日),第152页。
④ 谢家荣:第二次《中国矿业纪要》,第31页。
⑤ 《开滦煤矿近闻十则》,《矿业周报》第236号(1933年4月28日),第1105页。
⑥ 《张宗昌勒索煤税》,《矿业周报》第12号(1928年8月21日),第207页。军阀张宗昌1925—1926年曾占据山东、河北一带。
⑦ 《开滦煤矿志》第五卷,第177页。

（未计服装费）。① 可见也是一笔不小的开支。

但总体言之，各种战乱和社会治安不靖对开滦生产经营的影响，比其他煤矿要轻。这既与开滦自备运输设备有关，也与开滦享受一些特权及英人势力的保护有关。

开滦煤炭海运占相当大之比例，拥有秦皇岛码头，在天津、上海、汕头等处又自设码头，可以相对不受铁路运输系统瘫痪的干扰；即便在铁路运输方面，由于自备机车甚多，往来便利，1928 年运出额 78% 为其自运②，因此当其他煤矿受运输所困时，开滦的运销相对受阻较小。开滦由于一半系英人产业，每遇纷乱，常有英国政府出面保护其财产与生命安全，享受其他华矿所没有的"特权"。如 1928 年，直鲁军阀混战，波及唐山地区，"英兵千名，急由威海卫派往"③，并且"英军在天津与唐山间，组织列车，以供输送"。

开滦煤矿总经理自己的总结是开滦受近代中国社会环境混乱干扰相对较少的最好证明：

> 1927/28 会计年度结束了。同时，包括 8 年间的一章也结束了。在这一时期中，中国曾因内战而四分五裂……但是回顾既往，我们虽然一直处于混乱环境中，而我们所达到的繁荣程度一般说来仍甚显著，我认为这是值得庆幸的，可以毫不夸张地说，与关内其他大企业相比，以我们所遭受的损失为最少。④

## 二、税　　捐

企业之税负负担直接体现出其经营环境的优劣。煤炭售价构成中，税金是其中重要一项，税负越轻，则企业利润就越多。

近代对煤矿业的赋税征收总的来说是较重的。首先从法律规定上，政府一向有重征的传统。近代之前传统社会下的中国政府对于采矿抽税并无一贯的规定，偶有规定，其目的也并不是为鼓励矿业，而主要为增加税收，因此政府抽税，"值十抽二，甚至值十抽四"⑤。近代以后，1898 年的《矿务铁

---

① 《开滦煤矿志》第五卷，第 178 页。
② 侯德封：第三次《中国矿业纪要》，第 1 页。
③ 《英兵开往唐山之原因》，《矿业周报》第 7 号（1928 年 7 月 17 日），第 115 页。
④ 《1927/28 年度总经理年报》，转引自王玉茹《开滦煤矿的经营效益分析（1903/04—1936/37）》，《中国经济史研究》1993 年第 4 期。
⑤ 引自《矿业周报》第 3 号，范柏年《吾国矿业法律应如何规定才适合国情?》，第 44 页。

路公司章程》规定开矿以纯利的二成五（即 25%）报效国家；①1902 年在矿路章程的修正和补充中，明定煤产税为 5%，矿产纯税以 25% 报效国家；②1914 年《矿业条例》开始减轻矿区、矿产两税，煤矿矿区税每年每亩纳银元3 角，矿产税按出产地市价的 15‰ 上缴③。

1931 年国民党政府实业部颁布的《矿业法》关于矿税规定如下：

第九十一条　矿税分左列二种，由矿业权者分别缴纳：

一、矿区税。

二、矿产税。

国营矿业权出租时，前项矿税由承租人缴纳之。

第九十二条　矿区税为地面租税以外之税。其税率如左：

一、探矿区每公亩按年纳国币一分。矿砂在河底者每河道长十公尺按年纳国币一分。

二、采矿区每公亩或河道每长十公尺，自开办起五年内按年纳国币二分。自第六年起按年纳国币五分。

采矿权者因矿工罢工或其他不可抗力致不能工作，继续在二个月以上时，得请求免纳不能工作期间之矿区税。

第九十三条　矿产税按照矿产物价格，纳百分之二至百分之十。

前项之矿产物价格，以出产地附近市场之平均市价为标准。由实业部财政部按照省主管官署报告会同核定之。

第九十四条　矿区税每年分二期，于一月七月缴纳。矿产税依照实际产额，约计市价，按月缴纳。

前项按月缴纳之矿产税额，于核定平均市价后，逐年清结，年终缴纳之。④

以上为税负在法律上所规定。但实际征税情况却与法律规定相差很大，一则实际征收时不按照定章执行，且伴有各种名目的苛捐杂税；一则在对待华矿与外资矿上实行双重标准。

《矿业周报》第 214 号（1932 年）曾载"查矿业法规定矿产税纳 2%，而

---

① 《中国近代煤矿史》，第 234 页。

② 《中国近代煤矿史》，第 234 页。

③ 《中国近代煤矿史》，第 239 页。此皆"第一类矿质"（按：《条例》将矿质分为三类，煤炭类等属第一类矿质）。

④ 《矿业法规》，实业部刊行，1931 年 10 月，转引自《开滦煤矿矿权史料》，第 620 页。

财部征收 5%"①,且"有一地方设一征收机关者,有一矿设一征收机关者"②,可见征税相当混乱。除法定的矿区税、矿产税外,实际上还有土地税、关税、厘金以及地方势力各种名目的报效。表5-2 是河北磁县怡立煤矿公司每年须承担的各项税捐名目及其数额,其中除矿区、矿产两税外,另有 10 种税捐,仅这 10 种税捐每年总计 11688 元。

表 5-2　河北磁县怡立煤矿公司税捐名目及数额

| 税捐名目 | 数目(元) |
|---|---|
| 矿区税 | 3786 |
| 矿产税 | 每吨三角(自民国 18 年 9 月实行) |
| 县党部捐 | 1200 |
| 职业学校捐 | 3000 |
| 中学捐 | 1000 |
| 小学捐 | 500 |
| 孤儿院捐 | 50 |
| 保卫团 | 4800 |
| 留养局 | 108 |
| 路政捐 | 720 |
| 木行牙捐 | 180 |
| 油行牙捐 | 130 |

资料来源:第三次《中国矿业纪要》,第 28 页。

　　然而外资煤矿在税率及上述名目的税捐上是不受这些规定约束的。据资料载,开滦每吨煤只纳洋一角五分,而国煤则由二角五分至四角五分不等,且外加苛捐杂税③。华资煤矿与外资煤矿待遇之不等,可见一斑。无怪乎开滦煤矿总经理英人杨嘉立说,"由于联合办理合同中列有关于纳税的特别规定,才使我们成为惟一能免于遭受无限制的剥削的。一旦这项文件的条款变成具文,而由中央政府或任何地方政府对我们任意课税,那么我们的境遇就不会比中国的另一些煤矿更好些。实际上,本年内那些煤矿公司都关门了。"④

----

① 《采用国煤之部令》,《矿业周报》第 214 号(1932 年 11 月 14 日),第 727 页。
② 谌湛溪:《训政时期之矿业》,《矿业周报》第 4 号(1928 年 5 月 26 日),第 58 页。
③ 《矿业周报》,第 737 页。
④ 《1927/1928 年度开滦矿务总局总理年报》,转引自熊性美《论英国资本对开滦煤矿经营的控制——开滦矿权丧失的原因分析之一》,《开滦煤矿矿权史料》,第 858 页。

实际上,开平矿务局在被英人占据后,清政府不予承认,双方在僵持拉锯若干年月里,英商所担税负甚少。1912 年开滦联合后,一方面按联合合同,纳税并不按中国矿章缴纳,另一方面为与地方政府处理好关系以便顺利经营,也缴纳一些以报效银为形式的税捐。在 1933 年以前,向直隶省政府报效银数额见表 5-3,数额最多时占营业纯利润的 4.4%,最少时只占0.4%。可见,与国内资本所办各矿相比,开滦的税负实在很轻。

表 5-3 向直隶省政府报效金额及占营业纯利润百分比

单位:元

| | 1912—1913 | 1915—1916 | 1918—1919 | 1921—1922 | 1924—1925 | 1927—1928 | 1930—1931 |
|---|---|---|---|---|---|---|---|
| 实数 | 11125 | 124591 | 369323 | 246059 | 130340 | 483785 | 78211 |
| % | 0.4 | 2.4 | 4.4 | 3.4 | 2.3 | 3.9 | 1.0 |

资料来源:丁长清,《从开滦看中国近代企业经济活动和中外经济关系》,"表 12 营业纯利润的分配",《中国经济史研究》1997 年第 1 期。

## 三、路 矿 关 系

近代的煤矿业与铁路运输关系甚为紧密,交通运输是否顺畅甚至关系到各煤矿的生死存亡,从上文各处也可看到,每遇军兴造成铁路运输阻滞及车皮缺乏,各煤矿总会受到非常严重的影响,煤矿依赖铁路程度之深可见一斑,也由此铁路被誉为近代煤矿的灵魂。1935 年前,中国年产在 20 万吨以上的近代煤矿共有 36 家,其中有 34 家位于铁路附近。[①] 1932 年中国产煤量为 2637.6 万吨,而煤炭铁路运输量达到 2141.4 万吨,占煤炭总运输量的 81.19%。[②]

虽然开滦煤矿在运输方面海运占很大比例,但相当一部分煤也要通过铁路运输,北宁路即主要负担开滦煤的运输。

在近代,铁路属国营,各大煤矿皆与铁路局签订合同,依互惠方式,由铁路给予煤矿低廉的运煤价格,煤矿则供应给铁路一定数量的铁路用煤。

1923 年 5 月 19 日开滦矿务总局与京奉铁路管理局签订合同,其中规定,铁路保证以低廉价格将开滦煤和其他材料从矿厂运至秦皇岛、塘沽、天津以及铁路其他各站,开滦则以低价供应铁路用煤和焦炭,并负担铁路车辆在煤厂和开滦所用的铁路支线上的修理费用。类似这样的合同基本上每隔

① 《中国近代煤矿史》,第 256 页。
② 《中国近代煤矿史》,第 257 页。

几年签订一次,以协调路矿关系。

但近代中国铁路运费多不相同,不但不同铁路相差悬殊,就是同一铁路对各矿也有不同待遇。加之规章制度亦不统一,有专价、特价和折价等,非常复杂。大致而言,正太铁路运费最为高昂,正太线主要负担山西保晋的煤炭外运。表5-4为山西保晋、山东中兴与开滦煤矿三者在运费及税捐上之比较。从表中可看到,保晋煤矿其运费高于成本,且在运费和税捐上的负担远远超过中兴和开滦。同时值得注意的是,中兴煤矿在运费和税捐上的负担小于开滦煤矿。实际上,中兴煤矿的经营亦因有强大的政治靠山而享受到诸种优待。北洋政府时期,先后任过公司董事、监事的大股东26人中,大官僚、大军阀就有15人,如任过总统的徐世昌、黎元洪,任过部长的朱启钤、周自齐、赵尔巽,还有著名的军阀张作霖、倪嗣冲、张勋。① 由此中兴煤矿得到津浦铁路廉价运煤、低煤税的特权等等。北洋政府倒台后,中兴又得到南、北财团的支持,1928年的董事会中有江浙财团的掌权人物(钱新之、周作民、叶葵初等),由此中兴公司继续享有津浦路廉价运煤特权。②

表 5-4　保晋、中兴、开滦运费税捐负担比较(1915—1922)

| 矿名 | 每吨产煤成本(元) | 每吨公里运费(元) | 运至主要销地每吨运费 | | 每吨税捐 | |
|---|---|---|---|---|---|---|
| | | | 运费(元) | 占成本% | 税捐(元) | 占成本% |
| 阳曲保晋公司 | 2.021 | 0.02500 | 3.206 | 159 | 1.7310 | 86 |
| 枣庄中兴公司 | 2.025 | 0.00501 | 1.258 | 62 | 0.2000 | 10 |
| 唐山开滦公司 | 1.500 | 0.00812 | 1.180 | 79 | 0.2675 | 18 |

资料来源:《中国近代经济史统计资料选辑》,表43"保晋、中兴、开滦运费税捐负担比较",科学出版
　　　　社1955年版,第167页。
说明:"每吨产煤成本"系指产地成本,不包括运费及全部税捐。

近代的铁路运费在总体上趋于低廉。1926年第二次《中国矿业纪要》中述及煤矿成本时写道,"我国成本(指采煤成本)虽低,而因全国铁路,尚未普遍,自矿山运至市场,转运极为困难,即在铁路已通之地,而运费又复奇昂,(如正太路)加以囤积照料以及杂项开支,所费往往在成本一倍至二倍以上……"③可见运费在20年代尚是制约国内煤矿业发展的一大问题。而

---

① 《中国近代煤矿史》,第144页。
② 《中国近代煤矿史》,第144页。
③ 谢家荣:第二次《中国矿业纪要》,第50页。

至 30 年代,第四次《中国矿业纪要》即载,"今试察运输及矿场两方情形,运费固不为高,成本亦可称低廉……"①,可见运费在 30 年代已不算高昂。

虽然与铁路局签有协议,但至少在 30 年代,开滦在运费上并不占优势。1932 年,以每吨每公里计,开平为 0.01513 元,中兴 0.005 元,井陉 0.00685 元,六河沟 0.00825 元,②可见比其他煤矿都要贵。

但开滦每每能抓住适当时机,为自己扭转不利境地。1935 年开滦矿局与南京铁道部订立贷款合同,由开滦设法筹款 500 万元,供完成粤汉铁路工程之用。开滦利用这项贷款合同作为条件,使铁道部命令北宁铁路对开滦的煤斤运输提供便利,并降低运费率,结果使开滦煤每吨运费由 1927—1934 年的 1.57 元下降至 1935 年签订新合同以后的 1.25 元③,从而大大加强了开滦煤在北方市场上的竞争地位。

## 第二节　法律与政策环境

### 一、法律制度

近代时期的中国矿业法律,从实施的角度,最重要的有三部,其一是清末的《矿务暂行章程》,其二是民国三年的《矿业条例》(近代人简称"民三矿例"),其三是 1920 年国民政府颁布的《矿业法》。从清末的《矿务暂行章程》到"民三矿例",再到《矿业法》,是一个矿业法律法规逐渐完善和细化的过程,同时也是根据当时代情形不断调整以适应社会需要的过程。应该说,在法律制度建设这一国家近代化过程中必要且非常重要的一环上,近代政府是不断向前进步的。并且,在法律的制定上并非一味抄袭国外,而是充分注意到适应本国社会发展需要。比如,在矿权规定上,不允许外国资本比例超过半数,这样的规定对于外国资本的渗透起到一定节制作用,同时对本国民族资本起到了一定的保护作用。

然而另一方面在法律法规等制度建设的过程中,制度本身的缺陷、制度由于社会秩序的混乱而带来的执行的不力,都使得近代各煤矿受法律法规的实际约束有限。对于开滦煤矿来说,这种约束则更小。

开滦煤矿在 1912 年实施联合后,按联合合同规定,"此总局应照中国通

---

① 侯德封:第四次《中国矿业纪要》,第 78 页。

② 《日煤在华之倾销状况》,《矿业周报》第 214 号(1932 年 11 月 14 日),第 721 页。

③ 《1935—1936 年度开滦矿务局总经理年报》,转引自熊性美《论英国资本对开滦煤矿经营的控制——开滦矿权丧失的原因分析之一》,见《开滦煤矿矿权史料》,第 864 页。

行中外合办矿章办理",依据这一规定,开滦不受中国矿业法律的约束。所谓"中国通行中外合办矿章"其实是近代初期条约体系下的产物,其中"通行"一词,意思非常含混,合同副则第二条又说:"所言中国通行中外合办矿章包含有已经各国公认之意"①,仍是没有严格界定。由此,开滦便处于相对的法律真空中,一方面享受着条约时代保留下来的"特权",另一方面又可以据此规避施加于国内其他煤矿的政府各项规定。

近代业矿者特别是华资各矿每每呼吁政府,消除差别待遇,如谌湛溪(农矿部行政纲领起草委员会委员)在1928年关于矿业的意见书中写道"应先废除各矿特权,如铁路特殊运费等,使各煤矿受国家平等之待遇。"②再如,1932年国内煤矿业受日煤倾销影响后,业内人士力图"救济国煤",实业部向各省建设厅颁发部令中也说,"……再拟吁求政府、对于国人煤矿须与外资国内经营煤矿税则相等、使之国煤成本减轻、增加生产、以此救济、实出两全……乞转咨财政部、对于中外矿商、一律平等税率"。③

当然,开滦这种制度上的"真空"状况终于在1934年得到某种程度的改变。1930年《矿业法》颁布,国民政府随即进行了一次"矿务整顿",催促开滦补缴历年积欠矿税、按新颁法律登记注册和领取矿照。随着1934年开平与滦州的合并,开滦在形式上遵从中国《矿业法》各项规定,按照中国的法律制度经营。

## 二、国　家　政　策

清政府时期,新式工矿企业特别是大型工矿企业,是在国家力量的主导下以官办、官督商办或官商合办形式创办的,实质上系不同程度的国家经营。既为国家经营,在政策上必然有所扶持。从开平矿务局和北洋滦州官矿时期,开滦煤矿即享有超出当时法令规定的特权。如开平总办唐廷枢提出援照台湾、湖北之例,请求减税"以恤华商而敌洋煤",很快得到朝廷批准。再如北洋滦矿初建时,清廷特许矿区面积为330方里,比当时《矿务章程》规定的30方里的限制超出10倍;在课征报效方面,厘税两项援照开平,并免缴矿照费。以上种种,皆体现了国家扶持发展的至意。

从清末到北洋政府时期,国家经营方式处于瓦解和中断状态,很多官办、督办或合办企业纷纷转为商办或为地方政府所有,开滦即转为中英商

---

① 转见魏子初:《帝国主义与开滦煤矿》,导言,第8页。
② 谌湛溪:《训政时期之矿业》,《矿业周报》第4号(1928年5月26日),第60页。
③ 《采用国煤之部令》,《矿业周报》第214号,第726页。

办。一战爆发后，国内煤矿业有了迅速发展。此时国家经营思想又重新回潮，集中体现为国家资本主义。国家资本主义的兴起有其历史背景：正值民族资本主义繁荣活跃之时，正需国家的扶持与保护，才能与外国资本相抗衡继续图发展，且经历过一战，国人对西方自由式资本主义失望已极，全国上下都在谋求探索新的发展道路。孙中山《建国方略》中即倡导铁煤铜油因关系国家工业兴衰、建设基础、国防保护与币制需要，应由政府经营。① 当时的中华矿学社曾列举三点，陈述运用国家资本开发矿业之理由：首先，凡浩大事业，据财政学道理，应由国家经营，已成商矿，其退出之外股，人民无力补充，自当乞援于国家资本，且与各国废约、矿权收回后，各矿区理应为国家所有；第二，时值裁兵之时，运用国家资本，可以安置数十万所裁之兵，使其消纳于开垦辟矿之途；第三，又时值反日运动高涨之时，如能运用国家资本大规模开发江浙皖赣一带之煤，借水路运输之便，减轻成本，可以达到抵制日煤之功效。② 中华矿学社的主张显然偏重时局所系，而法理基础略显不足。倒是一个月后社常务干事范柏年、黄伯邃、王德森在一篇"复农矿部长书中"中所述理由不乏深刻见解。他们从中国矿业实际情况出发，认为我国较大矿产，多为一般有政治势力之特殊阶级所有，唯有将一切矿业归政府经营，才能外以杜帝国主义者之侵略，内以绝特殊势力之把持。同时他们也注意到，欧美发达国家，"以国力发展私人资本，乃形成先进之畸形的社会。劳资之间，冲突不已。如发展国家资本，则此弊无由而生"。对于民营矿业，他们也深刻地指出，"以前民营矿业，凡无政治上之特殊势力者，矿权不易取得，既后，又或因资力不足，或因强梁相护，复易丧失，即幸得开采，又因私人财力有限，设备不完，以至成本巨而产额微，更或困于交通之阻滞，厘税之繁苛，土劣之阻挠，停工辍业者，比比皆是。此外尚有因侵占矿区，租用地面，致兴诉讼，连年不解者。凡此诸端，皆为民办矿业之弊，若由政府经营，皆可清除"。③

从以上意见可以看出，矿业界对矿业由国家经营呼声很高。事实上，在20世纪20年代至30年代，受一战后世界形势的影响，西方自由主义失去了原有市场，社会思潮倾向对自由资本主义持否定态度，当时谌湛溪（近代著名矿学家）在《矿业周报》创刊号中曾发表文章说，"欲振实业于产业私有制度下，是与大道背驰也，是奋强弩之末也"。④ 可见当时共识所向。这种

① 参见《矿业周报》，第51页。

② 《矿业周报》第11号，"本社向五次全会的请愿"，第169页。

③ 《矿业周报》第16号（1928年9月21日），"本社对于制定矿法之意见"，第260页。

④ 《矿业周报》第1号（1928年4月21日），谌湛溪"创设国业委员会说帖"，第7页。

国家资本主义的思潮也折射到对待开滦煤矿的问题上。"以滦收开"在 20 年代末被重提，也非事属偶然。近代时人杨鲁在《开滦矿历史及收归国有问题》中，便主张"先将滦矿收归国有后，在相当时期，政府自当进行收回开平，以完成全矿国有之目的"。[①] 上海市特别商民协会也电请国民政府"迅令滦州煤矿公司，将以前订约情形，详细呈报，并令嗣后不得再行续订，如资力不足，尽可添集国民股本，以免箝制而图发展"[②]。在各方敦促下，1927 年"筹备收回开平矿产事务处"成立，然而"收开"不论在开平还是在滦矿都并不情愿，英人采取一贯的拖延策略，滦矿则仍然想在英人卵翼下"坐地分肥"，也并不积极主动。筹备处从成立至 1934 年结束，7 年之间仅开过 7 次会，并无实质性举措。1934 年，"收开"不但未成，英人在开滦之权益反而以开滦合并形式进一步得到确认。

从开平矿务局到开滦煤矿总局，国家政策的倾斜方向并不朝着对其有利的方向进行，国家资本主义思潮流行时更是如此。然而，任何政策的有效推行必然最终取决于现实力量的对比，事实上，国家资本主义虽然成为当时国策，但也只能是在强有力国家力量之下才能有效实施。

## 第三节　开滦煤矿与经济近代化

### 一、铁 路 建 设

铁路，被誉为近代煤矿的灵魂，近代煤矿和铁路几乎是同步发展的。

唐廷枢在筹办开平矿务局时，一开始就非常强调铁路运煤对煤矿发展的重要性，指出"是欲使开平之煤大行，以夺洋煤之利，及体恤职局（轮船招商局）轮船多得回头傤脚十余万两，苟非由铁路运煤，诚恐终难振作也。"[③]后来又指出，"若有铁路运煤，便可多开一井"[④]，可见对煤矿与铁路的相互作用关系认识颇为清晰。在唐廷枢的建议和李鸿章的支持下，开平矿务局时期修建了唐胥铁路，这是中国近代史上第一条标准轨距的铁路，唐胥铁路的修建，为我国铁路事业的发展奠定了基石。

唐胥铁路即京奉铁路（后称北宁路，今京山线）的前身。1886 年开平矿

---

① 《开滦煤矿矿权史料》，第 123 页。
② 《矿业周报》第 11 号（1928 年 8 月 14 日），"商民协会电请发展国煤"，第 181 页。
③ 唐廷枢：《察勘开平煤铁矿务并呈条陈情形节略》。
④ 唐廷枢：《请开采开平煤铁并兴办铁路禀》。见中国科学院近代史研究所史料编辑室、中央档案馆明清档案部编辑组：《洋务运动》（七），上海人民出版社 1961 年版，第 123 页。

务局呈请李鸿章批准,成立了"开平铁路公司",由伍廷芳、吴炽昌分任总办和会办,修筑了胥各庄至蓟河边阎庄的 65 里铁路。① 不久,由海军衙门奏请清廷批准,接造阎庄至大沽的铁路,仍交由开平铁路公司一手经理。接着续修津沽铁路,这时开平铁路公司改组为中国铁路公司,开平矿务局因为有该公司的股份,而取得了运煤的优厚待遇。1888 年 8 月,唐山至天津间铁路完工通车。1890 年,中国铁路公司又将铁路自唐山向东展修到古冶。转年,李鸿章在山海关设立北洋铁路局,将铁路向山海关延伸。1894 年,天津至山海关的津榆铁路全线通车,时称畿辅铁路,2 年后竣工,成为华北伸向沿海内地的一条干线,后又逐步形成京奉(后北宁)铁路。② 开滦的铁路运销主要依靠这条铁路线。随着芦汉、京张等铁路干线的修筑,华北地区铁路的发展一直居全国领先地位。到 1912 年,全国铁路总长 9100 多公里,其中华北地区约有 3600 公里,占里程的 40%。③ 可见,开平煤矿的开发,不仅在能源方面,而且在发展铁路交通方面都有筚路开山之功。

　　开滦矿务总局时期,对铁路的建设依旧起着促进作用。唐山至秦皇岛之间铁路原来为单轨,1923 年改建成为双轨。这在国内是比较早的一条双轨铁路,这条双轨铁路的建设与开滦煤矿也是有密切关系的。

　　1919 年,开滦煤矿的年产量已达到 400 万吨以上,由于产量增加,向各地销煤的发运量随之增大,这样原来的单轨线路就不足以承担运输开滦煤的任务了。加之 20 年代初期直奉军阀混战,铁路时断时续,使开滦销煤发运相当紧张。为此,开滦曾多次向中国当局有关官厅进行疏通,敦促铁路局修建唐山矿区至秦皇岛间双轨铁路。1920 年开滦矿务总局总经理那森在营业总论中说:

　　　　现在对于运输之事,惟有力促铁路局在各矿与秦皇岛间建筑双轨并添置足用车辆以应本局需用。鄙人劝导各官厅设法建筑双轨以及添置机关车(机车)及运输煤车辆,此事颇行得手,殊属可嘉。添置车辆一层,想至本记历年度之年终可以实行,惟双轨一层,恐 1922 年前不能办竣。④

　　在开滦的劝促下,京奉铁路局于 1919 年 12 月向北京政府交通部提出

---

① 《海军衙门请准建津沽铁路折》,光绪十三年二月二十二日,见宓汝成编:《中国近代铁路史资料(1863—1911)》,第一册,中华书局 1963 年版,第 130—132 页。
② 《开滦煤矿志》第二卷,第 416—417 页。
③ 参见黎仁凯:《开平矿务局与华北社会经济的发展》,《中国经济史研究》1993 年第 4 期。
④ 参见《开滦史鉴文萃》,第 538 页。

了修筑唐(山)榆(山海关)铁路双轨的申请。1922 年 4 月 22 日,京奉铁路局为铺设该区双轨,经交通部同意,向中英公司议供英金 50 万镑、天津通用银元 200 万元。同年 6 月"双轨工程"开工,1923 年完成。由此,开滦运煤至秦皇岛的效率和车辆周转率获得空前提高。①

铁路的意义首先在于它解决了煤炭外运问题,大大降低了煤炭从产地到销场的运输费用,反过来又刺激了煤矿的发展。1897 年津通铁路等线相继通车后,《国闻报》曾载,开平煤"近来销路日见其盛,湖北铁厂每月需用焦炭一千余吨之多,悉仰给于唐山煤局,京津铁路告成,芦汉又值开办,但就唐山、林西两厂每日所出之煤,几有应接不暇之势"②。

铁路在运输方面的便利和优势体现出来后,又刺激了沿铁路线煤矿的开发。据统计,1935 年前,中国年产在 20 万吨以上的近代煤矿共有 36 家,其中有 34 家位于铁路附近。③ 沿主要担负开滦煤运输的北宁路(即京奉铁路)附近,1914 和 1915 年先后开办了柳江煤矿公司和长城煤矿公司,皆为中国自办煤矿。

铁路的兴建还刺激了沿线一带商品贸易的发展,1887 年《申报》评价说,"凡遇有铁路地方,生意格外兴旺"④。据开平铁路通车营业一年间的统计,客货运总收入为 54895 两(包括铁路余地地租进款及利息等杂项收入),其中运煤收入 33266 两,占总收入的 60%强,客运和其他货运收入各占近 20%。⑤ 津沽铁路通车后,经济效益日渐明显,不仅"商人运货最便",而且"可收取洋商运货之资,借充养铁路之费用"。⑥

可见,由于开滦煤矿的开发,刺激了华北地区的铁路建设,华北铁路事业的开展,又连带刺激了其他煤矿的开发和相关地区的商业发展。

## 二、"规模报酬递增"

在当代演化经济学中有一条著名的"报酬递增"⑦规律,即一项新的技

① 参见《开滦史鉴文萃》,第 539 页。
② 《国闻报》1897 年 11 月 10 日,转见黎仁凯:《开平矿务局与华北社会经济的发展》,第 68 页。
③ 《中国近代煤矿史》,第 256 页。
④ 《申报》1887 年 5 月 26 日,第 2 版。
⑤ 客运收入 10158 两,占 18.51%;其他货运收入 10520 两,占 19.16%。见《中国近代铁路史资料》第一册,第 128—129 页。
⑥ 《海军衙门请准建津沽铁路折》,光绪十三年二月二十二日,见《中国近代铁路史资料》第一册,第 131 页。
⑦ [美]米歇尔·沃尔德罗普著,陈玲译:《复杂:诞生于秩序与混沌边缘的科学》,三联书店 1997 年版。

术可以为附着在这项技术上的产品和服务开辟空间,从而使总体上产生一种报酬递增效果。比如,随着汽车的出现,铺设完好的道路、加油站、快餐厅、汽车旅店、交通法院、交通警察和交通指示灯也纷纷出现了。

开滦煤矿的开发,正是"报酬递增规律"很好的体现。为了解决煤炭外运,就会筑造铁路,因筑造铁路,就相应产生建材的供给、机车的修理和制造等一系列需求。由此,开矿筑路,带动了建筑材料、机车车辆制造、机械加工、零部件制造等相关产业行业的发展。

1881年,开平矿务局在胥各庄建立铁路修理厂,后发展成为唐山机车车辆厂。1893年,又创办了唐山细棉土厂,即后来的启新水泥厂。1912年开滦联合后,在煤矿生产的带动下,工业又有进一步发展。为了增强销煤的适应性,1914年建立了林西洗煤厂,后经两次扩建,成为世界上第一大洗煤厂。① 1917年开始扩建林西发电厂,后来形成了开滦总发电厂。1919年又在林西建立了新机器厂和铸造厂,后来发展成为开滦总机厂并形成机械制修系统。

可见,开滦煤矿的开办,直接引发了机器修理和制造行业、水泥行业、发电行业等新兴产业部门。在这些新兴产业中,作为近代水泥工业滥觞的启新洋灰公司具有典型性。

1886年,唐廷枢在矿局附近创设了"唐山细棉土厂",当时是开平矿务局的一个派生企业。唐山细棉土厂即后来的启新洋灰公司,1900年英商攫取开平产业时,细棉土厂也随之落入外人之手。1906年,周学熙奉命交涉收回了细棉土厂,改名为启新洋灰公司。启新洋灰公司在近代史上具有骄人的业绩。它"不仅是中国境内最大的,而且也是最好的水泥工厂"②,"一度供应全国铁路、港湾和公私建筑所需的水泥,奄有独占市场之势"③。1919年,启新水泥在全国水泥总销量中所占比重为92.02%④,市场份额之高令人瞠目。启新生产的"龙马负太极图"(俗称马牌)水泥在国内外市场上享有很高的信誉,1904年荣获我国水泥行业的第一块国际奖牌——美国圣鲁意赛会头等奖;1905年荣获意大利赛会优等奖;1911年获中国农商部

---

① 《开滦史鉴文萃》,第651页。
② 汪敬虞编:《中国近代工业史资料》第二辑(1895—1914)下册,中华书局1962年版,第1078页。
③ 郝庆元:《直隶工艺总局发展概略》,《近代史资料》总56号,中国社会科学出版社,第187页。
④ 南开大学经济研究所、南开大学经济学系:《启新洋灰公司史料》,三联书店1963年版,第157页。

奏奖南洋劝业会头等商勋奖；1915 年获巴拿马赛会头等奖章。近代时期用"马牌"水泥修建了南京中山陵、上海中汇银行、青岛码头等大型建筑。[①]

启新的辉煌与开滦煤矿有直接的关系。制造水泥的原料比较简单，除少量黏土、石膏等外，主要是石料，在成本中比重最大的是燃料费用和运输费用。1907 年，滦州公司创办时，与启新公司订有互惠合同，规定滦矿售给启新的煤炭价格不得超过市价的 7/10，启新售给滦矿的水泥也应少收 30%的利润[②]，从此启新与开滦结下了长期的互惠关系。此后，启新用煤一直依靠开滦，开滦矿区铺有直接通往启新公司的铁路线，大大便利了用煤。在 1932 年"王松波君参观唐厂概述及意见"中说：

> 工厂（指启新洋灰公司）位置之适当可称无比，其所享特别之利益有三：(1) 因毗连开滦矿区，可得多量及廉价之燃煤。(2) 因位于北宁路之中心地带，运输极称便利。(3) 因棉石粘土之采掘即在厂之左右，且质量均称丰富。……[③]

可见，其所享特别利益中，其中两项都与开滦煤矿有关系：第一有利条件即是临近开滦，第二有利条件是临近北宁铁路，而北宁铁路的铺设最早又是源起于开平煤矿的建立。

正是借助这些有利条件，启新长期获得大量廉价的燃料和享受铁路运输的便利，从而保证了启新水泥公司的竞争优势。从这个意义上说，中国近代水泥行业的诞生也是开滦成就的。

由于有着充足的燃料供给，开滦煤矿附近的一些其他产业如陶瓷业、纺织业等也纷纷被带动起来。

陶瓷业是唐山一带的传统产业。开平矿务局开办，修建矿井需用强度良好的缸砖，由陶成局[④]包制。陶成局在生产水缸、盆碗的基础上，兼制缸砖，后又为大沽造船厂生产缸砖和耐火砖，资本不断增长，生产规模逐步壮大，1920 年改组为新明瓷厂，革新改良，追求技术进步。[⑤] 1938 年改用电

① 卢希林：《唐山启新水泥厂巡礼》，见贺永平、任荣会主编：《唐山百年记事（1900—2000）》，第一卷，中国文史出版社 2002 年版，第 180—181 页。
② 娄友昆：《启新洋灰公司历史概述》，《河北文史资料》1990 年第 2 期。
③ 启新公司档案，见《启新洋灰公司史料》，第 132 页。
④ 陶成局，当地陶瓷作坊，创自明代，秦姓家族独资、世袭继办。参见秦志新：《唐山秦氏陶瓷世家》，载《唐山百年记事》，第一卷，第 205 页。
⑤ 参见赵鸿声：《新明瓷厂》，见《唐山百年记事》第一卷，第 212—213 页。

力,生产发展,产量骤增,使唐山陶瓷蜚声全国,"北方景德镇"的称号由此开始。陶成局又另分出"德盛窑业",与著名民族工业永利碱厂的侯德榜建立关系,同永利、久大、津京电厂和铁路局均建立了长期供应耐火砖、耐酸砖、机车异型耐火砖的供货合同,所生产的"德盛牌"耐火砖名扬华北、上海及南京等地。① 启新洋灰公司也曾涉足陶瓷行业,1914 年试产陶瓷,1921年开始制造各种瓷器电瓷及小缸砖,后与启新公司脱钩成为"启新瓷厂",1927 年开始生产彩色铺地砖和内墙瓷砖,成为国内第一家生产瓷砖并承办出口业务的工厂。②

1919 年由周学熙、李希明等人发起筹办的华新纺织有限公司唐山工厂的建立,使当时北方直隶省(今河北省)有了第一个近代大型纺织厂,同时也是我国北方最大纺织企业之一。华新纺织厂与开滦煤矿联系甚为紧密,袁通 1934 年调查报告中说,"矿区内均有铁路相连,自筑支线 60 公里……除与铁路、华新纺织厂、启新洋灰公司通有专线外,余皆沿北宁线干支相连"③,可见华新在用煤方面是与铁路、启新并列的大户,也体现出华新对开滦的依赖。

综上所述,围绕开滦煤矿的开发,诸如水泥、机械制造和维修、建材、发电等一些新兴行业产生,同时一些传统行业也受到带动并朝着近代方向迈进。"一花引来万花开",开滦煤矿的开发产生了一系列的辐射性影响。

### 三、与近代工业城市关系

开滦煤矿的开采,直接成就了唐山、秦皇岛两座城市,并间接推动了天津、上海两个近代城市的发展。

唐山是纯粹因开平煤矿的建立而形成的城市。

明初,由于大量移民和推行民屯、军屯,唐山一带的农业有了明显发展,成为北方有名的粮棉产区。随着农业的发展,手工业也得到了刺激和发展,冶铁业、采煤业、制陶业发展很快。但在 19 世纪 70 年代以前,唐山地区的经济活动中心并不在唐山市现在所在的位置。开平矿务局等近代工业企业的出现,使唐山地区经济活动的中心向唐山矿所在地乔家镇一带转移。也由此,原本是一个荒漠小村的乔屯,成为唐山市的发祥地。

1878 年开平矿务局在乔屯村凿井采煤后,不久这里改称乔屯镇,因乔

---

① 秦志新:《唐山秦氏陶瓷世家》。
② 王树信等:《昆德父子与启新瓷厂》,见《唐山百年记事》,第一卷,第 215—216 页。
③ 袁通:《开滦矿务总局调查报告》(1934 年),开滦档案,1—2—157。

屯北有唐山,遂名唐山镇。唐山建镇后,实际是由一村逐渐扩展滦县、丰润、遵化三县的一些村庄而来,所以唐山这座城市并没有完整的城郭和城门,而是一直以开平矿务局等一些近代企业为中心点逐步向外扩展,在近代工业的影响和刺激下,才成为重镇中的后起之秀。

自开平矿务局设立后,唐山一带的社会面貌发生了极大变化。开矿使附近乡民得到实惠,当时人记载,"该处亦向来瘠苦,现在民间皆有欣欣向荣之意,未闻盗贼窃发"①。徐润在自叙年谱中提到,唐山"做工之人日夜三班,连司长、机器匠、杂工、砖窑、灰窑、缸窑、石山,不下一万五千人,外加铁路、铁厂工人不计",林西矿"司事工人较唐山十分二三,约二千余人"②。

唐山地区工业体系的形成和壮大与开滦煤矿有着直接的关系。由近代采煤业发端、近代铁路推动,进而相继带动水泥、机车车辆、陶瓷、建材、机械制造业的兴起,最终形成了唐山以开滦、启新、机车车辆厂、华新纺织厂四大厂矿为龙头的骨干企业,并逐步发展成为以煤炭工业为龙头,包括电力、水泥、交通运输、纺织、耐火材料、铸造机械等行业的工业体系。由此,唐山成为我国近代北方重要的工业城市。据 20 世纪 30 年代的资料:"实业用煤以唐山为多,年需 20 万吨……启新洋灰公司年用 13 万吨,砖瓦窑 2 万吨,陶瓷业 1 万吨,粮食加工业 1 万吨,其他酿酒、纺织、铁业需 2 万吨……"③

由此可见,唐山以煤炭为龙头,兼具水泥、陶瓷、机车车辆、电力、砖瓦、纺织、食品等轻重工业,是我国北方的重要工业城市,开滦等近代企业的壮大使唐山成为中国北方工业基地。

采煤业的发展,也改变了唐山的社会结构。由于煤矿在马家沟、赵各庄、林西、唐家庄一带不断开凿,使这些原为农村的地区逐渐演变为以煤矿为中心的互为一体的工矿区。开平煤矿创办初期仅有 250 名工人,到 1900 年增至 9000 余人,到 20 世纪二三十年代发展到四五万名工人,培育出一支无产阶级产业大军。随着一座城市的逐步成熟,城市内聚力加大,人口增幅比城市出现前明显扩大。从 1878 年唐山建矿到 1948 年的 70 年间,唐山市的城市人口急剧膨胀。1877 年仅百多户,人口不足 2000 人。到 1948 年,唐山市总人口已达 17 万人,由一片乡村发展成为北方著名的工业基地。

秦皇岛市是在秦皇岛港的促进下发展起来的港口城市,而开滦煤矿在秦皇岛城市的形成和发展中也起到了十分重要的作用。

① 张培仁:《静娱亭笔记》,"论开矿之益",见《洋务运动》第一册,第 475 页。
② 《徐愚斋自叙年谱》,江西人民出版社 2012 年版,第 94—95 页。
③ 袁通:《开滦矿务总局调查报告》。

　　秦皇岛是清末自开的通商口岸,在开辟为商埠以前,原是方圆不足一公里的小渔村,"人烟稀少,商店无几,寂寞荒僻,少有外人重视"①。1894年甲午战争后,开平煤产量已大增,急需外运,当时塘沽海口淤深水浅,巨轮难以靠岸,且冬天有3个月的封冻期,装卸多受掣肘。于是,开平矿务局努力寻找自然条件优越的新港口,位于渤海湾北岸的秦皇岛,"水势极深,经冬不冻,底为泥沙,并无岩礁。湾内可容巨舰百余,载重万吨以上之船亦易入口",②正是开平煤炭出口的理想口岸。1898年,清政府批准由开平矿务局代建秦皇岛港,并且划出沿海20余里地段为开平矿务局及各项官用,区划内的所有地亩均归矿务局处理。③ 自此,开平矿局在秦皇岛设立了经理处,天津海关也在此设立分关。

　　开平矿务局为建筑港口码头、道路等工程,调遣数千名工人进入秦皇岛,使该岛人口骤增,变得热闹起来。20世纪初,秦皇岛已有常住户三四百家,修建了开平昌道等马路。1904年,大码头3、4、5号泊位建成,清政府对秦皇岛港实行税收优惠政策,吸引了许多商人来岛定居创业。

　　秦皇岛港又是输送华工出国的港口之一,流动人口较多,大大促进了商业和服务业的发展。据该港1903—1904年年报记载,当时商业货栈和火油栈已建立,栈内堆满了从上海等地运来的货物。一些栈行与商行也相继建立。海关附近建立了邮局和警察局;南山一带建起了饭店、医院、华工招募站、俱乐部、球场和牛奶房等,具备了港口城市的雏形。

　　为方便运输,1916年京奉铁路改线,车站由汤河迁至秦皇岛,外国人也相继在此建立烟草公司、石油公司和洋行,更加速了它的发展。当时秦皇岛有各类商店244家,土客杂居已达数千户。④

　　此后,随着港口的建设和发展,发电厂、山海关造桥厂、耀华玻璃厂等企业的相继建立,秦皇岛逐渐成为拥有7个泊位,大小两座码头的港口城市。

　　秦皇岛港口的发展连带刺激了与港口相连的北戴河海滨,使之成为中国著名的避暑区。由于风景秀丽,气候宜人,建筑业也随之兴起,在北戴河拥有别墅是开滦高级员司的待遇之一。港口贸易与商业、服务业、旅游业并行,使得秦皇岛逐步发展成为近代新兴的一座海滨城市。

---

①　鲍尔温致马康尼非的信,开滦秦皇岛经理处英文档案G—316,转引自黎仁凯:《开平矿务局与华北社会经济的发展》,《中国经济史研究》1993年第4期。

②　河北省矿务整理委员会:《收复秦王岛口岸计划书》,民国十九年(1930年),见魏子初《帝国主义与开滦煤矿》,第221页。

③　《帝国主义与开滦煤矿》,第224页。

④　程敏侯等纂修:《临榆县志》卷5,山水,民国十八年(1929年)。

天津和上海是间接受惠于开滦煤矿的城市。

天津原先是一个商埠城市,经过多年的发展在新中国成立前已成为华北最大的通商口岸。天津的发展在某种程度上也因开滦煤矿的开发而获得勃勃生机。

由于在秦皇岛码头兴建以前,开平煤是从天津出口的,因此极大促进了天津的货物流通。1882年开平煤炭输出量为8185吨,此后逐年增加,1894年增至14万吨,12年间增长近18倍。当时,凡驶至天津进行贸易的轮船,"大抵都满载本地的煤而去","有几艘帆船载赴牛庄,也有些汽船各载煤数百吨赴上海销售"①。1885年,天津在全国外贸中占的比重为3.3%,1913年上升到6%。其原因之一就是开平煤从天津出口到北起安东、大连,南至广州、香港等广大国内市场,以及日本、朝鲜、菲律宾、新加坡、泰国等国外市场。虽然后来开滦煤海运出口部分主要转移到秦皇岛,但天津的塘沽海口码头仍然承担着运往山东各地的贸易,且经过铁路运输的煤大多需要在天津转售。

由于有充足而廉价的燃料供应,且水陆交通甚为方便,因此形成了天津较好的投资环境,吸引了一批外商来此投资。并且开平矿务局拥有天津河东、河西码头一些地亩,后来开滦矿务总局也设在天津。开滦积累的资金大量向天津流注,使得天津的工商业又有了长足发展。

上海是近代工业经济最为发达的城市。工业经济的发达,必然离不开充足的能源供给。在石油未大量开采和使用之前,煤炭是工业的"面包"。如果观察近代各城市用煤数量,其工业经济发达程度正是与之相佐证的。上海经济的发达也是和煤炭的消费成正比的。据第四次《中国矿业纪要》,1930年,上海销煤245.9万吨,②在全国城市中的排名居首,其次为武阳夏③(130万吨),再次为天津(120万吨)。

上海每年的销煤中在20世纪20年代,曾经几乎近一半靠开滦供给,至30年代,比重有所下降,但仍占1/3强。从某种意义上,上海经济繁荣的背后,与开滦煤源源不断的供给是分不开的。

开平煤矿在上海修建的煤码头对上海港的兴旺也起到了积极的影响。现在上海港至今还保留着开平码头的称号,街道叫开平街,马路按开平一路、二路等排号划分,可见当年的巨大影响。④

---

① 《关册》1884年,天津,见《中国近代工业史资料》第一辑,下册,第655页。

② 侯德封:第四次《中国矿业纪要》,第90页。

③ 汉口。

④ 刘长锁:《唐山近代工业的发展对唐山社会变迁的影响》,地质出版社2005年版,第153页。

## 四、与近代民族实业家

　　周学熙是中国近代最负盛名的实业家之一，而他的事业是从在开平矿务局服务期间起步的。大约在张翼接掌矿局之后不久，周学熙在局中充任会办，后来亲身经历了1900年前后矿务局的丧失。在1902至1907年袁世凯收回开平的一系列活动中，周学熙被委以重任。周学熙不仅向袁世凯建议了筹建滦州煤矿以图"实力抵制"，并且"先声夺人"，在滦矿成立之前，成功回收了启新洋灰厂。

　　滦矿开办之初，即遭英商强烈抵制。英人一方面扬言"滦矿煤矿不旺"、试图影响人们投资信心①，一方面以"唐山十里之内，不准他人开采"表示抗议，并提请外交交涉。周学熙据理力争，认为所定矿界，西界边线在唐山十里以外，东界距离林西矿六里以外，而林西添开煤井之时并无"十里"之案；且矿产与地亩系属两事，《移交约》内"虽有半壁店、马家沟、无水庄、赵各庄等地名，系指开平局曾在该处买有民地数段而言，并非有批准开矿之案。此不过民间耕种完粮之地亩，一律管业而已，与开矿无涉。"②对于地界之争，周学熙认为确有把握，"无论是何地主，非经禀奉地方官批准，转请商部执照，不得开采矿产。此即开平至今在华人之手，亦应如此办理。何况开平原买地界外地亩，至今并未移交清楚，亦未呈明地方官过割立案。是其地亩管业之权，尚为中国官所不承认，遑言开矿耶！"③

　　就这样，在周学熙的锐意坚持下，滦矿开办成功，并对英商占据的开平形成有效威胁。虽然在其后长达三年的与开平的市场竞争中，滦矿损失颇巨，并且在1912年滦矿放弃"收开"而选择托庇于英人羽翼之下，但在这一过程中，积累了"商战"的实际经验，为今后创办一系列实业奠定了基础。

　　周学熙的实业思想和实践开拓大约也在滦矿创办期间形成。启新洋灰厂在周学熙的悉心经营下，成为中国水泥行业中的开拓者和领先者。之后在北洋政府时期，周学熙一直致力于新兴事业的开创中。1912年开矿与滦矿合组成中英开滦矿务局后，周学熙随即向滦州矿务公司建议并经股东会通过：滦矿发给股东股息每股以二元四角为度，超过时存入滦矿"新事业基

---

①　《滦矿公司第三次股东会报告现时工程及营业情形概略》，宣统三年二月初一、二日（1911年3月1,2日），见《开滦煤矿档案史料集》，第769页。

②　周学熙：《呈袁世凯陈所订滦矿矿界与开平无涉禀并批》，光绪三十三年四月二十三日（1907年6月3日），《开平矿局交涉事汇》。

③　《周学熙呈袁世凯陈所订滦矿矿界与开平无涉禀并批》，光绪三十三年四月二十三日（1907年6月3日），《开平矿局交涉事汇》。

金"作为办新投资项目之用,著名的耀华玻璃厂就是利用这笔基金办起来的新事业之一。①

如果说周学熙代表着近代民族工商企业家的第一代人,那么曾为开滦做过十年买办、后来投身民族实业的刘鸿生,则代表了第二代民族工商企业家的崛起。

刘鸿生是从担任上海开平矿务局的买办开始起家的。1909 年,刘鸿生进入英商上海开平矿务局当职员,开始了对开平煤的推销活动,因销煤做得很有成绩,于 1911 年提升为买办。第一次世界大战期间,煤的需要量大大增加,刘鸿生抓住时机,自租船只,组织秦皇岛运沪的销售,由此积累起巨额财富。此后,他自己也与人合股经营煤业,起先投资柳江煤矿,随后在上海开创中华煤球厂,后来又开办华东煤矿,再后来又办火柴厂、水泥厂、毛纺厂、搪瓷厂等等,成为近代史上著名的实业家。

刘鸿生所取得的成绩与其在开滦的买办经历是分不开的。首先,他是从买办生涯中积累起巨额财富,而后才能投身民族实业的。他本人和其他人回忆说:

> 按照合同,由于煤的销售量增加,我的收入突然大增。同时,战事期间,轮船缺少,我租了轮船运煤,获利很大。短短几年的推销煤炭工作使我突然从一个贫寒的大学生成了百万富翁。
>
> 第一次世界大战期间,开滦矿务局规定在秦皇岛交货,煤价每吨约银六两。刘鸿生将开滦煤运到上海,每吨运费大约银三两至四量,合计每吨成本银九两至十两。而当时上海的煤价每吨约在银十四两左右,所以刘鸿生每运销开滦煤一吨,就可赚银四两至五两。他进行这一买卖约有三年时间,估计这时候他积累了一百余万两银子。②

再者,由于在为外商企业做买办的过程中,最早熟悉和掌握了西方近代工商管理和经营机制,所以一旦开始创办自己的企业,便自发地将原先收获和积累的经验启示等带到自身的经营实践中来。1930 年,大中华火柴公司成立,美国学者高家龙研究观察道:"刘鸿生似乎将他的社会关系搁在一边,转而偏好于西方式的非个人的公司结构和管理方式,依靠投资者和来自

---

① 张鄂联:《耀华玻璃公司回顾——创办至解放》,《秦皇岛文史资料选辑》第四辑,1990 年,第 1 页。
② 《刘鸿生企业史料》上册,上海人民出版社 1981 年版,第 9 页。

于其家庭和同乡之外的职员来经营企业。首先,他于 1930 年在法律上将大中华火柴公司登记为一家他以及他的家庭仅占少数股份的股份制有限责任公司;然后,他又在 30 年代初在大中华火柴公司内建立了一套包含着与西方企业中相同的公司管理等级制的经营与销售体系;最后在 30 年代中期,他先在火柴联营中,以后又在全国火柴统制中,加进了几个与他的家庭及他的故乡毫无关系的中国的、西方的和日本的工业家。"①

稍晚于刘鸿生成长起来的 20 世纪 30 年代开滦矿局的中方总经理顾振则是一位爱国经理人。顾振早年考取"庚子赔款",留学美国康奈尔大学,获机械工程系学士学位和工商管理硕士学位。大约在 20 年代末入职开滦。在 1933—1934 年开滦与国民政府就矿权问题进行交涉时,顾振从中居间调停,也正是他建议滦矿与国民政府单独交涉,帮助维护了华商的利益。② 而顾振的贡献不止于此:抗日战争前夕,顾振经常在天津、南京之间往来奔走,为国民政府做抗战准备接洽物资军火,并赴德采购。可惜的是,顾振于1938 年间过早去世,年才 44 岁。钱昌照回忆说:"二十五年(1936 年),已故的开滦煤矿中国总经理顾振代表国防设计委员会到德国去借款,借成 1亿金马克,大部分是军火,小部分是机器。便发生了两种作用:第一,有了军火,在初期抗战中,我们居然也有高射炮及其他新武器;第二,有了机器,国防设计委员会遂改为资源委员会,从事实际建设。"③

## 第四节　"鲶鱼效应"

在现代企业经营管理中,有所谓"鲶鱼效应"(Catfish Effect)的概念。"鲶鱼效应"来自北欧捕鱼的故事,说的是渔民为了让生性喜欢平静的沙丁鱼在长途运输中保持其鲜活性,而在鱼槽里放入一些沙丁鱼的天敌鲶鱼,使沙丁鱼为了躲避追杀四处游动,从而保持了生命力。受此启发,现代企业经营管理中会考虑引入鲶鱼型人才,以此来改变企业相对一潭死水的状况;而对于"沙丁鱼"型员工来说,其忧患意识太少,一味地想追求稳定,但现实的生存状况是不允许"沙丁鱼"有片刻的安宁,所以"沙丁鱼"如果不想窒息而

---

①　[美]高家龙:《大公司与关系网——中国境内的西方、日本和华商大企业(1880—1937)》,程麟苏译,上海社会科学院出版社 2002 年版,第 219 页。

②　1934 年 2 月 19 日南京顾振致滦州公司董事部电等件,见《矿权史料》,第 662—674 页。

③　自 1948 年 3 月 6 日钱昌照在北京大学演说,同年 6 月 10 日天津《大公报》,转引自陈真编《中国近代工业史资料》第三辑(清政府、北洋政府和国民党官僚资本创办和垄断的工业),生活·读书·新知三联书店 1961 年版,第 906—907 页。

亡,就应该也必须活跃起来,积极寻找新的出路。

如果将"鲶鱼效应"理解为一种负激励机制的话,它的效果和作用其实不只存在于企业管理范畴。北洋滦州煤矿的创办,正是"鲶鱼"刺激的直接结果。1907 年奉袁世凯之命,周学熙主持创办了"北洋滦州官矿有限公司"。滦州公司后来(1912 年)的呈文中提及,"查本公司创办于前清光绪三十二年间,其时英人久据开平,交涉讼争,迄无收回成议。不得已发生创办滦矿问题,实力抵制,以为外交后盾"。① 当时为了有效抵制英商开平公司,挽回失去的利权,滦矿竭力经营,从德国购置装备了最新机器,扩展神速,不到五年,规模大备(详见第二章第二节内容)。当然,遗憾的是,滦州公司最后也被开平公司以"中英联合"的形式兼并了。但如果将整体的开滦煤矿视为一条"鲶鱼"、将民族资本企业视为"沙丁鱼"的话,其刺激作用依然存在。

近代新式煤矿的建立最初在政府的提倡和主导下进行,民间资本或限于实力,或囿于习俗风气,对矿业投资兴趣寥寥。1895 年甲午战败后,因《马关条约》中规定日本可以在华投资设厂,各国依据最惠国待遇纷纷援例,中国在经济领域不得不进一步放开,外资积极在中国铁路、电报、矿山开发中寻找投资场所,攘夺探矿采矿的权利。1898 年德国取得山东胶济沿线30 里内的矿权;英国福公司取得河南怀庆左右黄河以北的矿权;1903 年比商巧夺临城矿务局;1905 年,日商攫取抚顺、垄断本溪湖。②

外国资本的大举侵入唤醒更深的民族权利意识,终于在世纪之交形成了上至政府官员下至一般商民的有广泛社会动员的收回矿权运动。从1903 年至 1911 年,民族资本开始涉足新式矿业,掀起一轮自办矿业的高潮。近代著名的商办煤矿如山西保晋煤矿公司、山东中兴煤矿、河北怡立煤矿包括滦州煤矿,都是在这场运动中创办并成为后来民族资本的中坚力量的。③

20 世纪二三十年代,民族资本的煤矿业已有了长足发展,其中许多已具备实力在市场上与开滦展开竞争,如山东中兴煤矿、山西大同晋北矿、河北井陉煤矿(中德合资)、河南六河沟煤矿等(详见第二章第三节)。在1934 年上海市场上,山东中兴煤矿是仅次于开滦煤矿排在第二位的供给者(开滦 35.55%,中兴 11.79%)④。河北临城煤矿(原为中比合办煤矿,1920

---

① 1912 年 7 月 1 日滦州公司呈署理直隶都督张锡銮文,《矿权史料》,第 561 页。
② 徐梗生:《中外合办煤铁矿业史话》,"自序",商务印书馆民国三十五年(1946 年)版。
③ 《中国近代煤矿史》,第 131—171 页。
④ 侯德封:第五次《中国矿业纪要》,第 120—121 页。

年收回自办,属官商合办的华资煤矿),其主要销路为京汉路沿线陇海东段运河流域及北京天津等处,在铁路运费不高的地方,也能和开滦煤竞争。①再如河北柳江煤矿(中国商办煤矿),有著名实业家刘鸿生为之投资,因而在上海销路渐广。据资料,20世纪20年代,柳江煤销上海每年10万吨左右,此外由海路运出,销至镇江、南京、江阴、青岛、烟台、安东、大连、营口及日本名古屋等处,天津每年可销二三万吨。②

从上述开滦的市场竞争对手可以见得外资对华资的刺激与带动作用。实际上,为在市场竞争中立足,各华资煤矿皆注意学习和采用先进的技术和管理(例如中兴煤矿首先应用割煤机采煤,在技术引进上非常积极③),在这样的过程中,进步就会产生,民族企业的整体实力也会壮大。据统计资料,1912年全国机械开采总产量中,外资企业(外国独资和中外合资)产量占91.9%,而至1937年,这一比重降至72.5%。④据第五次《中国矿业纪要》(1935),1933年中国本部(系指不包括东北在内的中国地区)34个大矿总产量中,中资占43.3%,日资占2.3%,英资占15.4%,德资占0.9%。⑤

可见,作为"鲶鱼"的外资的闯入及其活动,并不完全地造成对民族经济的破坏和打击,从较长的时期看,它有着促动效果,有助于打破和"激活"原先封闭僵滞的社会经济环境。后进国家发展途中,虽然常会伴随与发达国家资本势力的利益冲突,并时常在具体的冲突环节中失利,但它仍然会在其他方面引发一系列效果,而这些效果对于推动一个国家的现代化仍会发生作用。得与失,利与弊,往往是双生的。

## 第五节　开滦煤矿与近代法律制度建设

开滦前身"开平矿务局"创办时,中国尚无正式的矿业法律,传统社会对于矿业时开时禁,仅留下一些零散的法令或规定。遇到问题时,一般照当时的法制习惯,援引先例处理。近代以后,特别在19世纪末开矿兴起后,清政府已逐渐意识到矿业乃国家富源并求其发达,且新式机器工业开始引进,民间商人资本办矿也次第兴起,加上外国资本势力竞相攘夺中国矿权,才开

---

① 谢家荣:第二次《中国矿业纪要》,第39页。

② 《矿业周报》第一集(1928年),第21号,第362页。

③ 参见《中国近代煤矿史》,第186页。

④ 严中平等:《中国近代经济史统计资料选辑》,第124页。

⑤ 侯德封:第五次《中国矿业纪要》,第四十八表"民国廿二年中国本部各大矿出产情形",第56—57页。

始了矿业法规的制定和颁布。然而新的制度不能一下子形成,传统习俗仍然发挥着作用,因此直到世纪交叶,在开矿办厂途中涉及权利界定、税负等问题时,亦是承循比附援引模式。例如,1898 年山西商务局与英国福公司(Peking Sydicate)签订的《合办矿务章程》中,提到"凡开矿所需料件、机器等物进口,照开平各矿现行章程完纳海关正、半税项,内地厘捐概不重征。至开出矿产运出口时,仍照关章纳税"(第八条)。①

　　这种章程式的法律规定到 19 世纪最后几年才有了性质的改变。1898 年的《矿务铁路公司章程》被认为是中国矿业条例的萌芽。② 此章程曾于翌年又修正四条,内容主要是确定了兴办矿务的经营方式即分"官办、商办、商民合办"三种,并规定了华洋合办则外股不得超过股额之半、矿山管理权应归华商,还规定了矿产税由路矿总局会同户部核议另定,开矿纯利的二成五(即 25%)报效国家。③ 1902 年由直隶总督李鸿章组织起草,外务部主持奏定矿务章程 19 条,对 1898 年的矿路章程进行了修正和补充,许可人民有开采矿山权,但对洋股洋债不加限制,另外明定煤产税为 5%,矿产纯税以25%报效国家。④

　　1901 年开平矿务局转入英商旗下后,清廷并未立刻知晓事件的真情,督办张翼以"加招洋股改为中外合办公司"含糊上报朝廷,直到 1902 年,英国人不准在矿上悬挂龙旗,开平煤矿丧失的真相才逐渐透露出来。当时的直隶总督袁世凯曾三次参奏张翼,力主收回开平,清廷责成张翼赴伦敦兴讼,1905 年伦敦高等法院判决张翼胜诉,但同时宣布无法强制执行其判决结果,遂使判决成为一纸空文。诉诸法律程序收回开平煤矿的交涉失败后,遂有后来 1907 年创办滦州煤矿以图收开之举。虽然收回之事最终未能成功,但开平矿务局的这一经历给当时国人以很大刺激,保守主权的意愿直接投射在当时期的法律制定当中。

　　1904 年由商部参酌当时各国成法颁布的矿务暂行章程 38 条,据近代学者范柏年的观点,认为至此中国始有比较详细的矿业法律。此暂行章程38 条内容大要是:(一)人民探矿或采矿须得政府之许可,如该矿属官地,则直接向政府请求,如属民地则先向业主取得同意,再向政府请求认可。

---

① 《山西商务局与福公司合办矿务章程》,光绪二十四年四月初二日(1898 年 5 月 21 日)。见王铁崖编:《中外旧约章汇编》,第一册,生活·读书·新知三联书店 1957 年版,第765 页。

② 《中国近代煤矿史》,第 233 页。

③ 参见《中国近代煤矿史》,第 234 页。

④ 参见《中国近代煤矿史》,第 234 页。

(二)政府可向人民以相当价格取得土地权。(三)本国人与外国人合资开采,洋股不得超过华股,华矿借洋债不得过股额 3/10,土地主权及矿业权仍属于政府。(四)采矿执照限探矿以一年为期,但可延长之,人民取得矿权后,须于 6 个月内开矿,矿照之期限为 30 年,但可延长。(五)矿区面积不得超过 30 平方公里。(六)矿区除原价外,每年须向政府纳租金及出产税 5%(煤矿)至 20%(贵重矿石)。①

1904 年颁布的《暂行章程》中对于洋股洋债比例、矿区等都有限制,如果对比 1902 年外务部主持奏定的矿务章程,无疑受到开平煤矿的丧失教训影响。后来 1906 年张之洞等派人翻译英、美、德、法等国家矿法,经伍廷芳参酌编辑,又与日本矿章参校酌核,经一年时间纂成之《大清矿务章程》,对中外矿业权利规定更明确完备。② 因此魏子初在《帝国主义与开滦煤矿》中讲,"1908 年满清政府公布的中国第一个矿业法,是在开滦煤矿直接影响下制定的。"③

1914 年的《矿业条例》即当时人通称的"民三矿例",为近代中国矿业法律的又一个里程碑。辛亥革命后,北洋政府在初期仍然按照 1908 年颁布施行的《大清矿务章程》处理矿务。1913 年,工商部开始议决修订矿业法,经一年时间,纂成《矿业条例》。关系煤炭者内容大要是:(一)将矿质划分为三类,煤炭划归第一类矿质,地面业主与非地面业主,矿权取得以呈请先后为准。(二)外国人与中国人合股取得矿业权,须遵守本条例及其他有关诸法律,外股不得逾越十分之五。(三)矿区面积,煤矿须 270 亩以上、10 方里以下。(四)矿区税,第一类矿质每年每亩纳银元 3 角,如为探矿,则每亩均以 5 分计算;矿产税,第一类矿质按出产地市价的 15‰,从前报效、地股抽分等例,完全革除。④

"民三矿例"较从前的《矿务章程》有很大的进步性。首先从法律制定上更为系统化,分为总则、矿区、矿业权、用地、矿工、矿税、矿业警察、裁决及诉愿、罚则等九章并附则共 111 条。⑤ 其次在具体的规定上,前清《矿务章程》规定矿业权半属地主,而民三矿例开始将地面权与矿业权分开,使有意从事矿业者不致受牵绊,另外减轻了矿税,体现了政府鼓励矿业开发之意。

---

① 参见范柏年:《吾国矿业法律应如何规定才适合国情?》,载《矿业周报》第 3 号,第 44 页;《中国近代煤矿史》,第 234 页。
② 参见《中国近代煤矿史》,第 237 页。
③ 魏子初:《帝国主义与开滦煤矿》,导言。
④ 《中国近代煤矿史》,第 239 页。
⑤ 参见《矿业周报》第 3 号,《吾国矿业法律应如何规定才适合国情》,第 45 页。

再次在矿区面积上规定须在 270 亩以上、10 方里以下,其用意在于限制零星小矿、同时限制大资本家之垄断,以促进矿业的发展。[①] 虽然因为在实行中有窒碍矿业发展之弊而未能贯彻,但也体现了作为工业后进国家在发展道路上的一种主动姿态。

"民三矿例"执行了 16 年,推动了矿业发展。丁文江、翁文灏所撰之第一次《中国矿业纪要》中曾评论道,"自民国三年矿业条例颁布以来,地面权始与矿业权分,加以时世推移,矿业渐盛……至民国八年底止,采矿注册者已达一百七十余万亩之多……未始非民国以来矿政之成绩也。"[②]但"民三矿例"也有诸多问题,如对办矿的初始条件限制过于苛严,有"易犯难行"之弊,影响了中小资本办矿的热忱。再如,国家对矿业权保护力度不够,矿商往往依靠招纳外国资本、通过外国人的势力来保护自己财产安全。另一方面,事易时移,旧的法律规定与新的发展情形又有诸多不合之处。在这样的背景下,修改"民三矿例"的呼声愈高,1928 年井陉矿务局局长王骧甚至有"北京政府矿业法令,只有全部存废问题,无修改枝节之可言"之语[③]。

自 1928 年国民政府成立后,农矿部部长易培荃即着手制定《矿业法》,并为此广泛征询各专家意见,延聘中国矿冶工程学会虞和寅、中华矿学会范柏年为《矿业法》起草成员。

开滦煤矿合办的经验,又继续影响着业矿人士对法律制度修订的意见。在 20 世纪 20 年代修改"民三矿例"[④]的呼声中,中华矿学社列举四条意见[⑤],在其第三条"严厉禁止商矿借用外资"中陈述理由说:"至与外资合股之矿,经理之权悉在外人掌握,中国股东,仅能坐收微末之余润,开滦之煤,即其例也。长此以往,将见全国地权,不复为中国人民所有,是此类亡国之规定与认可,非迅速严禁,不足以维国权而固国本也。"[⑥]

而 1930 年国民党政府公布施行的《矿业法》中,也确实有了相应规定:中国矿业有限公司,得许外人入股,但股份过半数应为中国人所有,公司董事过半数以上应为中国人,又该公司董事长及总理等职应以中国人充任。[⑦]

可见,历次矿业法的制定和修正,无不或多或少地受开滦煤矿的启示。

---

① 见《矿业周报》第一集,第 7 页。
② 丁文江、翁文灏:《中国矿业纪要》,农商部地质调查所印行,民国十年(1921 年),第 10 页。
③ 《矿业周报》第一集(1928 年),第 310 页。
④ "民三矿例"系 1914 年北洋政府制定的矿业条例。
⑤ 四条意见为,一宣布铁矿国有,二设中央矿务局,三严厉禁止商矿借用外资,四运用国家资本开发矿业。
⑥ 《矿业周报》第 11 号(1928 年 8 月 14 日),第一集,第 169 页。
⑦ 《中国近代煤矿史》,第 243 页。

# 第六章　历史的启示

## 第一节　开滦煤矿产出的"Solow 余值"测定：
### 增长的关键因素分析

　　开滦煤矿企业档案中留存有自 20 世纪以来完整而连续的生产经营数据，这不仅能形成精确的经济统计，也使一些数量关系的分析成为可能。数量分析有助于弥补经验认识的不足或检验已有的判断，现在应用计量经济学工具方法，同时借用现代经济学理论中"Solow 余值"的分析框架，通过建立一定历史时期的生产函数模型并进行相应的"Solow 余值"测定，在数量上确定不同投入要素对产出的影响，以探讨开滦煤矿近代时期内生产增长过程中发挥作用的实际因素。

　　首先需要做一些背景交代。经济学中常用生产函数表示投入与产出间的数量关系，在新古典经济学理论中，资本和劳动是两个最主要的生产要素，一般用 $Y=F(K,L)$ 表示，其中 $Y$ 代表产出，$K$ 和 $L$ 分别代表资本和劳动的投入。1957 年，美国经济学家索洛（Solow R.M.）指出，经济增长不仅取决于资本和劳动两个生产要素的投入，还取决于技术变化因素，产出量的增长是由资本数量的增长、劳动数量的增长和技术进步共同贡献的结果。索洛进一步提出度量技术进步的总量增长方程，并用其来分析美国 1909—1949 年的经济增长，得出技术进步对美国 1909—1949 年的经济增长贡献为 87.5%。[①] 这一发现正式确立了技术在经济增长中的地位，在经济理论研究中具有划时代的意义。索洛用以衡量技术变动的方法，实际上是以产出增加部分不以资本及劳动的增加来解释的部分为技术变动，此即"Solow 余值"的由来；而用"Solow 余值"除以产出增长，即为"Solow 余值"贡献率。因此，本节的思路，即利用开滦煤矿 1905—1936 年的生产数据，建立这一时期的生产函数模型，然后计算历年的"Solow 余值"及其贡献率，以观察资本、劳动及这一余值历年所发挥的作用。

　　经过建模和应用计量经济学软件得出的开滦在上述时期具体的生产函数模型为 $Y=AK^{0.211}L^{0.519}$（具体生产函数推导过程见附录 6-1）。然后将开

---

[①]　罗伯特·M.索洛等：《经济增长因素分析》，商务印书馆 1991 年版，第 19 页。

滦历年的产出、资本、劳动的数据代入方程,计算相应年份的 $\Delta A/A$,即 "Solow 余值",计算公式为:

$$\frac{\Delta A}{A} = \frac{\Delta y}{y} - \alpha \frac{\Delta K}{K} - \beta \frac{\Delta L}{L}$$

其中,$\Delta y/y$、$\Delta K/K$、$\Delta L/L$ 表示以 1905 年为基期的产出、资本、劳动各自的增长幅度,$\alpha$、$\beta$ 通过计算已知($\alpha = 0.211$,$\beta = 0.519$)。

将历年资本数量的增长贡献($\alpha \times \Delta K/K$)和劳动数量的增长贡献($\beta \times \Delta L/L$)计算出来,与"Solow 余值"同除以总量增长($\Delta Y/Y$),得出资本、劳动、"Solow 余值"各自的贡献率(见表 6-1),绘制成图如图 6-1 所示。

**表 6-1 历年资本、劳动、"索洛余值"增长对总产出增长贡献率**
**(1906—1936)**

| 年份 | 资本贡献率 $\alpha(\Delta K/K)/(\Delta Y/Y)$ | 劳动贡献率 $\beta(\Delta L/L)/(\Delta Y/Y)$ | "索洛余值"贡献率 $(\Delta A/A)/(\Delta Y/Y)$ |
|---|---|---|---|
| 1906 | 0.26339 | 0.34784 | 0.38877 |
| 1907 | 0.37042 | 0.24475 | 0.38483 |
| 1908 | 0.21714 | 0.17128 | 0.61158 |
| 1909 | 0.18483 | 0.19064 | 0.62452 |
| 1910 | 0.17579 | 0.03773 | 0.78648 |
| 1911 | 0.09950 | −0.00106 | 0.90156 |
| 1912 | 0.11259 | 0.25384 | 0.63358 |
| 1913 | 0.08687 | 0.22567 | 0.68747 |
| 1914 | 0.08760 | 0.20821 | 0.70419 |
| 1915 | 0.04716 | 0.19745 | 0.75539 |
| 1916 | 0.05021 | 0.15192 | 0.79787 |
| 1917 | 0.05007 | 0.14336 | 0.80658 |
| 1918 | 0.10053 | 0.18652 | 0.71296 |
| 1919 | 0.10125 | 0.19052 | 0.70824 |
| 1920 | 0.14138 | 0.21844 | 0.64018 |
| 1921 | 0.20481 | 0.23990 | 0.55529 |
| 1922 | 0.17642 | 0.26857 | 0.55501 |
| 1923 | 0.20035 | 0.26932 | 0.53033 |
| 1924 | 0.11989 | 0.32706 | 0.55305 |
| 1925 | 0.09766 | 0.38028 | 0.52207 |

续表

| 年份 | 资本贡献率<br>α(ΔK/K)/(ΔY/Y) | 劳动贡献率<br>β(ΔL/L)/(ΔY/Y) | "索洛余值"贡献率<br>(ΔA/A)/(ΔY/Y) |
|---|---|---|---|
| 1926 | 0.15884 | 0.32079 | 0.52037 |
| 1927 | 0.14313 | 0.28418 | 0.57269 |
| 1928 | 0.17143 | 0.30451 | 0.52405 |
| 1929 | 0.19188 | 0.30825 | 0.49987 |
| 1930 | 0.19961 | 0.30332 | 0.49708 |
| 1931 | 0.21830 | 0.33092 | 0.45079 |
| 1932 | 0.21875 | 0.35079 | 0.43046 |
| 1933 | 0.23006 | 0.41301 | 0.35693 |
| 1934 | 0.20823 | 0.43026 | 0.36151 |
| 1935 | 0.18821 | 0.41247 | 0.39932 |
| 1936 | 0.19546 | 0.41860 | 0.38594 |
| 平均 | 0.16167 | 0.26224 | 0.57609 |

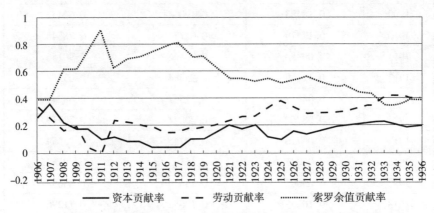

**图 6-1　资本、劳动与"Solow 余值"对开滦煤矿产出增长的贡献率(1906—1936)**

上图的示意结果,可说超乎意料。一般从经验认识里,投入越大,则产出越大,可是根据这里的结果,资本和劳动作为生产中最主要的要素投入,却不能同样"最主要"地解释产出的增长。从 1906—1936 年三十年间,"Solow 余值"的贡献率长期超过劳动与资本的贡献率。三者平均贡献率分别为:资本 16.2%,劳动 26.2%,"Solow 余值"57.6%。这似乎说明开滦长期以来的产出增长主要不是来自资本和劳动的贡献,而是"Solow 余值"贡献的结果。

"Solow 余值"按照索洛的本意,是用来度量技术进步对产出增长的贡献,但从计算的角度,这一余项实际上是从产出变动中扣除由于资本及劳动的影响所剩余的部分,亦即产出增长中不能被资本、劳动数量的增长所解释的部分。实际上,余值是否可以唯一地为技术进步所解释,是个存疑的问题。而除了技术进步因素外,组织效率的改进,管理水平的提高,规模经济效应以及新产品的开发、新工艺的发明等等,都有可能对产出增长形成影响而涵括在这一余项中。随着经济学理论的发展,索洛用以示意技术进步的"余值"内涵也向广义延伸,终于发展到今天经常使用的"全要素生产率(TEP)"概念[1]。而这里需要阐明的是,本书对"Solow 余值"一开始即作广义理解,即不以技术进步为对"Solow 余值"唯一甚至主要的解释。

实际上,就开滦的技术进步而言,如果以人均采煤效率衡量,中国近代煤矿的平均每工采煤效率为 0.65 吨[2],开滦大致上 1912/13 年度为 1.09吨,1936/37 年度为 1.26 吨,[3]虽远高于平均水平,但从自身发展上看提高缓慢,甚至 1937 年后还有不足 1 吨的情况[4],可见技术进步速度并不快。

那么,如果不是技术进步,究竟是什么原因造成了"Solow 余值"贡献率的高值,从长期看,又是什么原因造成资本、劳动、"Solow 余值"各自贡献率的涨落? 这需要结合经验观察来分析。

首先,从 1906 年至 1917 年,"Solow 余值"的贡献率一直处于上升状态[5]。考察这一时期开滦的经历,英国人人主开平后进行了制度上的"外科手术",包括裁汰冗员、改革机构等,使之成为现代意义上的西方式经营管理企业。此前的"开平矿务局",虽然是众多洋务新式企业中卓有成效者,但是管理人员以办矿为做官,致使人浮于事、营私舞弊、虚靡浪费、层层揩油,经营上存在很大问题。[6] 1900 年开平煤矿的丧失,除了矿权易手外,最

---

① 据林毅夫、任若恩,全要素生产率(TFP, Total Factor Productivity)考虑的是所有的投入要素(劳动、资本等),在经济增长核算理论中全要素生产率是一个"残差",等于产出增长率与各个被计算到的投入要素增长率加权和之差。——林毅夫、任若恩:《东亚经济增长模式相关争论的再探讨》,《经济研究》2007 年第 8 期。

② 《矿业周报》第一集,"机械装煤",中华矿学社 1928 年,第 305 页。

③ 见郭士浩主编:《旧中国开滦煤矿工人状况》,第 46 页。

④ 1942/43 年度为 0.87 吨,1947 年为 0.79 吨,见《旧中国开滦煤矿工人状况》,第 46 页。

⑤ 1911 年由于劳动贡献率为负值(可能与这一年正当二矿联合前夕而开工不足有关),因此"Solow 余值"在本年达到峰值而使整个曲线呈波动状,事实上,如果剔除这一年份,其曲线的上升还是较为平缓的。

⑥ 详见第三章第一节。

重大的变化是企业制度上的变革,而这一变革不可能对其产出效率毫无影响。1912年二矿联合后,经营上又有调整,同时又集中了最先进的生产设备。所有这些因素作用于产出上,都形成了"Solow 余值"贡献率的涨高。

从1917年至1936年,余值贡献率逐渐呈下降态势,而资本和劳动贡献率则相应呈增长趋势,并且劳动贡献率甚至在1932年开始超过"Solow 余值"的贡献率。考察这一时期的历史,企业制度较先前已无重大变革,企业规模也基本稳定下来①,基于组织效率和管理水平提高而形成的生产改善,以及二矿联合后所产生的规模经济效果等,已不再能对产出增加持续发挥效果。另一方面,开滦虽然在技术实力上始终处于一流,但与从前相比,已不再有绝对优势,特别在技术更新上,有时反不如其他煤矿主动。比如,近代首先应用割煤机采煤的是中兴煤矿,而第一个购买割煤机的是保晋公司阳泉煤矿②;再如,萍乡煤矿早在1907年用上了电机车进行井下运输③,而开滦煤矿在井下大巷使用电机车则始于1929年④。由此,这一时期"Solow 余值"的贡献效果开始日益不显著。

最后,就资本与劳动的比较而言,1911年以前,资本要素的贡献率高于劳动的贡献率,从1912年开始,劳动贡献率开始超过并长期高于资本贡献率,这可以与经验观察互为参证。1908—1909年度的总经理年报中说:"设备的生产能力超过了现在的需要,但随着产量的进一步增长……这一不足之处即将归于消灭"⑤。事实上,在技术设备已能充分发挥功用后,英人更倾向劳动的使用,并且发展到后来越来越偏重于劳动的投入,前文采煤效率的例子也说明开滦后来并不主要依赖设备的投入或机械化来提高总煤产。究其原因,正如开滦总经理杨嘉立1930年所说:"无论何项工业莫不以减少雇工为目的,而减工之宗旨实在于减轻成本。今在工价低贱之国,从经济方面而论,实无利用省工机器之必要。"⑥由此,在开滦后期的生产增长中,劳动的贡献率较大。

上述研究在成果展示过程中,曾受到来自多方面的意见,下面就几个主要问题进行"回应"。

---

① 开滦五矿——唐山矿、林西矿、马家沟矿、赵各庄矿、唐家庄矿,除了唐家庄矿(1920年开凿、1925年出煤)外,其余皆建于1910年前。

② 《中国近代煤矿史》,第186页。

③ 《中国近代煤矿史》,第195页。

④ 《开滦煤矿志》第二卷,第174页。

⑤ 转引自王玉茹:《开滦煤矿的经营效益分析 1903/04—1936/37》

⑥ 《开滦矿务总局待遇职工状况》,1930年,转引自《旧中国开滦煤矿工人状况》,第46页。

首先是"Solow 余值"的适用性问题。在现代经济学中,"Solow 余值"经常被用于宏观经济分析中,而本书却将之运用于微观分析,由此产生适用性的疑问。其实对于"Solow 余值"法在社会总生产问题上的有效性方面,笔者心存疑问,主要理由在于其生产函数形式的设定假设上,总生产函数显然采用了柯布—道格拉斯生产函数形式,但社会总生产五花八门,既包括农业、工业等不同类型的生产,也存在跨国生产和世界性分工体系等诸多复杂因素,由此社会总生产函数未必与厂商生产函数同型,以此来测度社会全体产出中的技术进步(广义),可能存在巨大误差。而开滦是单个厂商,柯布—道格拉斯生产函数本也是微观生产模型,因此这里认为"Solow 余值"方法可以适用。

再就是开滦生产模型的建立。生产函数的设定经常会受到质疑,因为影响产量的因素有很多,不是仅仅关乎资本、劳动等的投入。应该说,同样是建立生产模型,所处的经济环境不同,研究的行业不同,变量选择是不同的。在生产问题中,已经明确属于供给不足的情况,那么影响产出量的因素就应该在投入要素方面,如果属于需求不足的情况,那么影响产出量的因素就应该在需求方面;如果研究的对象是消费品生产,应该选择居民收入等变量作为解释变量,如果研究的对象是生产资料生产,应该选择固定资产投资总额等变量作为解释变量。[①] 就开滦的企业性质和在近代生产的具体情况来说,认为大致符合供给不足的生产资料型生产,因此采用了上文所见的变量选择和模型型式。

另一个经常被问及的问题是,资本投入中已内含生产设备的投入,而生产设备正包含技术进步,那么资本的贡献实际上不就与"Solow 余值"的贡献重合了吗? 这是一个比较难回答的问题。就笔者自己的理解,索洛为衡量技术进步在经济增长中的贡献而采用的余值法,意在考察一种长期内客观的、社会普遍意义上的技术进步,这种技术进步[②]反映出来的是一种效果;资本投入中的技术进步是在当期一定技术水平上投入的该技术的使用量,与"Solow 余值"中的技术进步实际上是异质的。因此,这是技术投入所产生的与技术进步带来的两种性质不同的贡献。

计量经济学工具方法在历史研究领域中的应用无疑是有风险和挑战性的,它应用的有效或成功与否很大程度上取决于是否与事实经验相吻合。这里所作的尝试,其结果与经验观察不悖,说明不失有效性。在此基础上,

①　李子奈等编著:《计量经济学》,高等教育出版社 2010 年版,第 10 页。
②　笔者更愿意采用"效率的改进"。

遂引发对于一些问题和认识的再思考。

近代时期,国人对于开滦煤矿有不胜惋惜之情。由于它本为中国人自己开办的煤矿,后来落入外人之手,几次交涉收回都未能成功,只能坐视滚滚利润外流,每每产生"利权外溢"之感慨,同时又有诸如"英商开平以合滦矿而存"等之说①。由中华矿学社主办的《矿业周报》载有一篇"商民协会电请发展国煤",可以看出民族资本要求利权、维护利源意愿的强烈:

> ……北伐成功,建设伊始,奖掖工商,急不容缓,最要问题尤在于煤……历年以来,煤权操诸外商,估计损失,年达一万万元……
>
> 又有进者,滦州煤矿公司,前因利用开平轮埠,遂与开平商订合作契约,缔约而后,叠年采运,达四百万吨,值价四千万元,是项矿权,全操于外人之手……开平矿量,业已告罄,利用滦矿订约,始能操纵自如……②

后来的研究者亦多籍类似文献并延此思路,强调帝国主义在华势力及对民族经济之形成掠夺和压制。笔者以为,主张利权,无论在当时还是从今天看,不仅必要而且必需。然而,"摘去"外因,仍有内因;不见内因,主张利权则易失真正鹄的。1928 年天津《益世报》曾有一段报道:

> 开滦为我国东北矿业之冠,祗以主权操之于英,故出产如何,工人生活如何,为帝国主义所把持,国人概难深知,为明了真相计,记者特亲赴开滦矿区实地调查,见其规模宏大,出产之丰富,不胜利权外溢之感……而矿内不知有何秘密,英国人禁止参观,殊深怅恨……③

引文中无缘参观开滦矿内的记者在深感遗憾的同时,倒向我们形象地展示出一幅企业生产的"外征","规模庞大"显其投入,"出产丰富"示其结果,这些都是显而易见的,而关键与"秘密"处正在于从投入到产出的这一中间过程;如果将庞大先进的设备、规模众多的矿工视为企业生产的"硬件",则在这一中间过程中,发挥作用的是不那么易见和外显的"软件",同时也正是这里"Solow 余值"的贡献所在。

---

① 《矿业周报》第 216 号(1932 年 11 月 30 日),"本社为福公司事件敬告全国同胞书",第 753 页。

② 《商民协会电请发展国煤》,《矿业周报》第一集,第 181 页。

③ 见《矿业周报》第一集,"唐山煤矿工人困苦",民国十七年(1928)出版。

事实上,国内其他一些煤矿的发展经历也验证了资本与劳动的投入并非增长的实际因素。江西萍乡煤矿,曾为我国自办各矿中资本最大、规模最备者①,年产能力不让井陉、鲁大等中外合资大煤矿,并且在采用最先进技术上不遗余力。西方煤矿大约于 20 世纪初大量使用电机车来取代骡马进行井下运输,而大致同时,萍乡煤矿也用上了电机车,1907 年在总平巷使用架线式电机车②,同年安装的洗选设备据说不仅开平煤矿当时没有,就是在亚洲也不多见③。然而调度失宜,平均每工每年采煤仅不及 0.1 吨④,与开滦相差几乎十倍(开滦在 1 吨上下,见第四章相关内容);除了经历过一战时期的短暂繁荣外,后来每况愈下,在 20 世纪初十年时尚排在第三,而至 30 年代时,几乎逐年减产,煤产跌落至十名以外。⑤ 足见庞大的投资、一流的设备只能为企业提供一个基础和平台,并不能保证产出的增长。至于成功与否,还有更多因素。

由此观之,在处理近代外资与民族资本之间的矛盾问题上,无论对当时代人还是今人而言,只看到前者侵夺、恃强的一面,最终只能陷入一种肤浅的民族主义。这里以开滦煤矿为例的"Solow 余值"法分析,可借省视的是,资本和劳动这些"硬件"的投入绝非增长的决定力量,只有将智慧和力量集中于"软件",才是民族资本获得长足发展和实质进步的关键。

## 第二节　现代化之路

自 18 世纪工业革命爆发以来,工业化一直是不可抗拒的潮流趋势,各国概莫能外。工业化产生的物质力量对非工业国家的冲击是巨大的,并且非工业国家受到冲击后所产生的发展意愿和努力,又时常在工业发达国家资本势力扩张下遭受打击。中国近代知识分子曾形容西方是"物质文明挟经济侵略以俱来"⑥。如何处理好现代性与民族性的关系,一直是后进国家面对的大问题。

20 世纪以来,世界范围内已形成了各种各样的发展学说,其中包括罗

① 谢家荣:第二次《中国矿业纪要》,第 35 页。
② 《中国近代煤矿史》,第 195 页。
③ 《中国近代煤矿史》,第 208 页。
④ 《矿业周报》第一集,"机械装煤",第 305 页。
⑤ 见侯德封:第五次《中国矿业纪要》,第四十七表"民国元年至廿三年中国本部煤矿产额表",1935 年。
⑥ 吴铁成:《上海市年鉴》序言,中华书局,中华民国廿五年(1936)。

斯托的"经济起飞理论",刘易斯的"二元经济模型",钱纳里的"两缺口模型",沃勒斯坦的"世界体系理论",贡德·弗兰克的"依附理论",诺斯以产权分析为核心的"制度主义",以及近二三十年的"新自由主义"及"可发展国家理论"等等。这些理论互相影响、互相渗透,且不断自我补充和修正,其间已很难划分出严格的界限。但大致上仍可将这些学说分为两类:一类基于西方发展的历史经验,以"经济增长阶段论"为代表;另一类则基于发展中国家的发展经验,以"结构主义与依附论"为代表。

"经济增长阶段论"是美国经济学家罗斯托在 20 世纪 50 年代提出的理论。与"经济增长阶段论"相近的是哈罗德·多马增长理论。20 世纪中叶英国牛津大学的罗伊·哈罗德和美国麻省理工学院的艾务斯·多马在凯恩斯宏观经济模型的基础上提出经济增长主要依靠增加资本存量,这样才能和劳动力的增长以及能提高单位工作时间产量的技术改进保持步调一致。罗斯托沿着哈罗德等人强调投资的理论倾向,提出"可以按照社会的经济规模,把所有社会列入五类之一,这五类是:传统社会、为发动创造前提条件阶段、起飞阶段、向成熟推进阶段和高额群众消费时代。"[1]虽然正如有些学者评价的那样,"罗斯托的阶段模式明确地旨在解释欧洲经济史,不是预言革命和人类自由,而是预言一种'大众高消费时代'的到来"[2],但罗斯托依据西方自身经验概括出来的经济成长过程,无疑为发展中国家提示了一种最直接和最"正统"的思路,也由此,罗斯托的"经济增长阶段论"被誉为发展中国家经济发展的"圣经"。然而,"经济增长阶段论"潜在地以西方的道路为一种普遍的发展模式,将发展重心置于单个国家内部,忽视了不发达国家在发展途中与发达国家间的利益冲突,以及这种冲突给不发达国家造成的种种发展上的限制。

结构主义与依附论兴起于 20 世纪六七十年代。依附论站在不发达国家的角度上,强调不发达国家在国际市场中的不利地位。依附论的理论先驱普雷维什认为,资本主义的国际体系是一种"中心—外围"结构,这种结构存在着一种不平等的关系,这种关系是发达国家之所以发达的根源,也是发展中国家不发达的根源。[3] 另一位依附论的代表贡德·弗兰克吸收布坎南的观点,认为资本主义的影响产生了一个新的阶级——殖民地中产阶级,这一阶级的主要功能是行政性的和商业性的,它积极与殖民势力相勾结,对

---

① ［美］罗斯托:《经济成长的阶段:非共产党宣言》,商务印书馆 1962 年版,第 10 页。

② ［英］A.B.米尔沃德:《欧洲工业化研究的五种模式》,孟庆龙译,《经济史》(人大复印资料)1989 年第 6 期。

③ 王正毅:《世界体系论与中国》,商务印书馆 2000 年版,第 42—43 页。

经济进步没有多大兴趣而主要是一个寄生集团。① 正是这一阶级以"政治精英"的面目出现并充当帝国主义利益的代理人，才使得中心与外围国家的不平等结构得以维持。从上述前提出发，依附理论延伸出与"经济增长阶段论"极为不同的发展模式或现代化途径，即应首先打破外围和中心之间的依附关系。如普雷维什提出，应该通过进口替代战略，在高关税壁垒的保护下推进工业化；另一位学者萨缪尔·阿明则更为极端，提出不发达国家应与资本主义体系脱钩，自行实现工业化。

两种发展理论延伸出的发展之路在现实中都不尽成功。"经济增长阶段论"没有考虑到不发达国家的性质、历史与社会基础，因而在不发达国家的社会实践中，迟迟不能看到经济的"起飞"，抑或看到某种"起飞"，也不能与阶段模式所预设的那样向前推进。依附论的发展战略割裂了市场的经济联系，从而放弃了利用市场的机会，导致国内经济的僵化和低效。20世纪80年代拉美国家的债务危机、国内社会不平等的日益加剧，标志着依附论倡导的进口替代战略的失败，同时同样处于"外围"的东亚国家却通过与世界经济接轨实现了发展，也不啻给依附理论一个有力的回驳。可见，后进国家的发展不能在封闭系统中进行。

其实，上述两类发展理论都忽略了"创新"在经济发展中的作用，忽视了企业作为创新主体在现代化进程中的地位。奥地利经济学家约瑟夫·A.熊彼特（Joseph Alois Schumpeter）在1912年发表的名著《经济发展理论》中，提出了"创新"这一新的重要概念，认为创新是指把一种从来没有过的关于生产要素的"新组合"引入生产体系。这种新的组合包括：（1）引进新产品；（2）引用新技术，采用一种新的生产方法；（3）开辟新的市场（以前不曾进入）；（4）控制原材料新的来源，不管这种来源是否已经存在，还是第一次创造出来；（5）实现新的组织，例如生成一种垄断地位或打破一种垄断地位。他进而提出两个重要的主题：其一为创新是经济发展的核心，创新使物质繁荣的增长更加便利。其次，创新不仅仅是偶然发生的，而且还需要企业家行为。

通过对近代开滦煤矿历史的再研究，发现近代开滦煤矿的生产经营其实就是一种熊彼特所说的"创新"，其组织制度等变革对开滦煤矿产出的贡献可以作为一个案例论证熊彼特关于经济发展核心并非资本而是创新的观点。同时我们还要考虑熊彼特理论中没有提及而在现代化进程中实际存在的国际关系的影响。

---

① ［德］贡德·弗兰克：《依附性积累与不发达》，译林出版社1999年版，第155页。

对中国这一全世界最大的发展中国家而言,事实上从 19 世纪中期开始便启动了现代化的进程,迄今已走过 150 多年。这一个半世纪的历史和实践值得考察和回味。中国的现代化进程与前述的发展理论所描述的既有相似之处,又不尽相同,作为几乎与中国现代化同时起步并一直伴随的开滦煤矿,就有很好的说明。开滦煤矿起于洋务运动,洋务运动实际上代表着国家的主动工业化,这与经济增长阶段论所提倡的国家主导工业化进程和国家垄断矿产资源并实施战略性发展如出一辙。但国家实施发展计划的能力,往往在传统的积习、市场与法律制度的不成熟以及发达国家强大资本势力的压制下,发挥有限。由此,开滦丧失于外国资本手中,也有其必然因素。中国亦有买办,但与依附论者所述之"殖民地中产阶级"又不尽相同,从刘鸿生等民族资本家的例子可以看出,中国的买办具有一定的能动性,并非完全依附于外国资本势力,在积聚了一定财富后,往往投身于本民族实业,后来成为对民族经济发展有贡献的工商企业家。可见,中国的现代化历程充满着传统发展理论所不能涵盖的历史经验。

从近代开滦煤矿的例子折射出的中国现代化历程,可以获得很好的借鉴和启迪。在后进国家发展途中,虽然常会伴随与发达国家资本势力的利益冲突,并时常在具体的冲突环节中失利,但它仍然会在其他方面引发一系列效果,而这些效果对于推动一个国家的现代化仍会发生作用。得与失,利与弊,往往是双生的。由此,在开放的系统中推进现代化事业,从理性爱国主义出发分析利弊得失,及时总结经验教训,以创新为经济发展之核心,或许是一种合理的发展之路。

# 附录 1—1　中国近代煤矿简表(1875—1934)

| 年 代 | 矿 名 | 资本金额(元) | 性 质 | 备 注 |
|---|---|---|---|---|
| 1875(光绪元年) | 直隶磁州煤矿 | | 官办 | 试办失败,1882年重组,转年复停办 |
| | 湖北开采煤铁总局 | 制钱30万串 | 官办 | 试办失败,1879年转移至荆门开采 |
| 1876(光绪2年) | 台湾基隆煤矿 | 195804 | 官办 | 见说明(1) |
| | 湖北煤矿 | 186480 | 官督商办 | 见说明(2) |
| 1877(光绪3年) | 安徽池州煤矿 | 139860 | 官督商办 | |
| 1878(光绪4年) | 直隶开平矿务局 | 2055944 | 官督商办 | |
| 1879(光绪5年) | 湖北荆门矿务总局 | 10万两 | 官督商办 | 只集到商股19200两,1882年停办 |
| 1880(光绪6年) | 山东中兴煤矿 | 27972 | 官督商办 | 1895年禁采 |
| | 广西富川贺县煤矿 | | 官督商办 | 1886年闭歇 |
| 1882(光绪8年) | 直隶临城矿务局 | 139860 | 官督商办 | 李鸿章委钮秉臣组织。见说明(3) |
| | 江苏利国驿煤矿 | 800000 | 官督商办 | 1912年贾汪煤矿前身 |
| | 奉天金州骆马山煤矿 | | 官督商办 | 1884年停闭 |
| 1883(光绪9年) | 安徽贵池煤铁矿 | | 官督商办 | 徐润1882年任会办;1883年招股未足,停办 |
| 1884(光绪10年) | 北京西山煤矿 | | 官督商办 | |
| 1887(光绪13年) | 山东淄川煤矿 | | 官办 | 1891年停办 |

| 年　代 | 矿　名 | 资本金额<br>（元） | 性　质 | 备　注 |
|---|---|---|---|---|
| 1891（光绪 17 年） | 湖北大冶王三石煤矿 | | 官办 | 1893 年因积水过多停采 |
| | 湖北江夏马鞍山煤矿 | | 官办 | |
| 1896（光绪 22 年） | 热河南票煤矿 | 1398601 | 官办 | 关内外铁路总局创办 |
| | 湖南清溪煤矿 | 118182 | 官办 | |
| | 直隶通兴煤矿 | 699301 | 中美合资 | 见说明（4） |
| | 福建南太武山煤矿 | 50000 | 商办 | 创办者徐杰淦，有叶澄衷、郑观应投资，后因量少质差停办 |
| 1897（光绪 23 年） | 直隶磁州煤矿 | 69930 | 官商合办 | |
| | 江西萍乡煤矿 | 699301 | 官办 | 1907 年，汉冶萍改为商办 |
| | 福建义记公司 | 60000 | 商办 | |
| 1898（光绪 24 年） | 直隶井陉煤矿 | 699301 | 商办 | 先商办后中德合办，见说明（5） |
| | 河南焦作煤矿 | 124 万英镑 | 英资 | 见说明（6） |
| | 萍乡安源煤矿 | 100 万两 | 商办 | |
| 1899（光绪 25 年） | 山东中兴煤矿公司 | 300 万两 | 商办 | 见说明（7） |
| | 山东博山、坊子煤矿 | 1200 万马克 | 中德合资 | 见说明（8） |
| 1900（光绪 26 年） | 直隶开平煤矿有限公司 | | 中英合办 | 见说明（9） |
| 1901（光绪 27 年） | 辽宁抚顺煤矿 | 223776 | 商办 | 1904 年后成为日资煤矿 |
| | 黑龙江札赉诺尔煤矿 | 18.4 万卢布 | 俄资 | |

续表

| 年　代 | 矿　名 | 资本金额（元） | 性　质 | 备　注 |
|---|---|---|---|---|
| 1902（光绪 28 年） | 四川凤来煤矿 | 60000 | 商办 | |
| | 河南三峰公司 | 53580 | 商办 | |
| | 吉林缸窑煤矿公司 | 41958 | 官商合办 | |
| | 辽宁烟台煤矿 | 81119 | 商办 | 1904 年后成为日资煤矿 |
| | 辽宁尾明山煤矿 | 27972 | 商办 | 中俄商合办 |
| | 云南七府各矿 | 5000 万两 | 中、英、法合资 | 1911 年赎回 |
| 1903（光绪 29 年） | 河南六河沟煤矿 | 83916 | 商办 | |
| | 直隶临城煤矿 | 100 万两 | 中比合办 | 1911 年赎回后改官办 |
| 1904（光绪 30 年） | 安徽烈山煤矿 | 100000 | 商办 | 官商合办（？） |
| | 辽宁抚顺煤矿 | | 日资 | |
| | 辽宁烟台煤矿 | | 日资 | 1910 年隶属抚顺煤矿 |
| 1905（光绪 31 年） | 吉林奶子山德兴煤矿公司 | 100000 | 商办 | 1926 年官商合办 |
| | 辽宁锦西煤矿 | 699301 | 商办 | |
| | 辽宁本溪湖煤矿 | 200 万元 | 中日合资 | |
| | 黑龙江甘河煤矿 | 226210 | 官办 | |
| | 四川江北煤矿 | 50 万两 | 中英合资 | 1911 年赎回 |
| 1906（光绪 32 年） | 江西徐塘煤矿 | 167832 | | |
| | 直隶北洋滦州官矿有限公司 | 2797203 | 官督商办 | 原订股本 200 万两，后续招至 500 万两 |
| | 河南凭心煤矿 | 237762 | 商办 | |
| 1907（光绪 33 年） | 江西余干官矿局 | 200000 | 官办 | |
| | 广西西湾煤矿 | 595156 | 官办 | |
| | 察哈尔鸡鸣山煤矿 | 47 万两 | 商办 | |
| | 辽宁锦西大窑沟煤矿 | 100 万两 | 商办 | |

| 年　代 | 矿　名 | 资本金额（元） | 性　质 | 备　注 |
|---|---|---|---|---|
| 1908（光绪 34 年） | 河北井陉煤矿 | 50 万两 | 中德合资 | 见说明（10） |
| | 河北怡立煤矿 | 20000 | 商办 | |
| | 山西保晋公司 | 2363636 | 商办 | |
| | 河北正丰煤矿公司 | | 商办 | |
| 1909（宣统元年） | 山东博东煤矿 | 91199 | 商办 | 借日款 8 万元创办 |
| | 山东华丰煤矿 | 41958 | 商办 | |
| | 山东华宝公司（禹村煤矿） | 25 万元 | 商、官办 | |
| | 四川江合煤矿 | 215245 | 商办 | |
| | 山西寿阳保晋公司 | 49161 | 商办 | |
| 1910（宣统 2 年） | 安徽泾铜矿务公司 | 100000 | 商办 | 借有日款 |
| | 山西建昌煤矿公司 | | 商办 | |
| 1911（宣统 3 年） | 安徽大通煤矿 | 50 万元 | 商办 | |
| 1912（民国元年） | 辽宁西安煤矿 | 240 万元 | 先商后官 | |
| | 江苏贾汪煤矿 | | 商办 | 见说明（11） |
| | 河北宝兴煤矿公司 | 2.6 万两 | 商办 | |
| | 浙江长兴煤矿 | 60 万元 | 商、官办 | |
| | 湖北炭山湾煤矿 | | 法资 | 1912 年以 80 万两银收回 |
| 1913（民国 2 年） | 湖北富源煤矿公司 | 12 万两 | 商办 | |
| | 江西鄱乐煤矿公司 | 270 万元 | 商办 | |
| 1914（民国 3 年） | 河南中原煤矿公司 | 300 万元 | 官商合办 | |
| | 吉林裕吉煤矿公司 | | 商办 | |
| | 辽宁爱商煤矿公司 | 30 万元 | 官商合办 | |
| | 河北柳江煤矿公司 | 15 万元 | 商办 | |
| | 河北石门寨煤矿 | 20 万元 | 中日合资 | |

续表

| 年　代 | 矿　名 | 资本金额<br>（元） | 性　质 | 备　注 |
|---|---|---|---|---|
| 1915(民国 4 年) | 河北长城煤矿公司 | 200 万元 | 商办 | |
| | 北京门头沟煤矿 | | 中英合资 | |
| | 辽宁新邱煤矿 | 80 万元 | 中日合资 | |
| | 辽宁牛心台煤矿 | 小洋 10 万元 | 中日合资 | |
| | 吉林望宝山煤矿 | | 中英合办 | |
| 1916(民国 5 年) | 辽宁塔连煤矿 | | 中日合资 | |
| | 北京杨坨煤矿 | | 中日合资 | 该矿由华开办于<br>1908 年 |
| | 安徽董家冲煤矿 | | 中日合资 | |
| 1917(民国 6 年) | 山东天源煤矿公司 | 60 万元 | 商办 | |
| | 山东博山华东公司 | 60 万元 | 商办 | |
| 1918(民国 7 年) | 山东悦升煤矿公司 | 10 万元 | 商办 | |
| | 黑龙江鹤岗煤矿公司 | 15 万元 | 官商合办 | |
| | 河南新安煤矿公司 | 25 万元 | 商办 | |
| | 广东狗牙洞煤矿 | 100 万元 | 商办 | |
| | 山东吉成煤矿公司 | | 商办 | |
| | 辽宁北票煤矿公司 | 500 万元 | 官商合办 | |
| | 辽宁大窑沟煤矿 | 300 万两 | 中日合资 | |
| | 辽宁石门煤矿 | | 中日合资 | |
| | 辽宁德兴煤矿 | 6 万元 | 中日合资 | |
| | 辽宁福泉煤矿 | | 中日合资 | |
| | 吉林老头沟煤矿 | 20 万日元 | 中日合资 | |
| 1919(民国 8 年) | 吉林缸窑煤矿 | 3 万日元 | 中日合资 | |
| | 辽宁天兴煤矿 | 4 万元 | 中日合资 | |
| | 辽宁半截河子煤矿 | 10 万元 | 中日合资 | |

| 年　代 | 矿　名 | 资本金额（元） | 性　质 | 备　注 |
|---|---|---|---|---|
| 1920（民国 9 年） | 辽宁八道壕煤矿局 | | 官办 | |
| | 辽宁复州湾煤矿 | 150 万元 | 先商后官 | |
| | 辽宁孟河亮煤矿 | 8 万元 | 中日合资 | |
| | 辽宁西岭煤矿 | 4 万元 | 中日合资 | |
| 1921（民国 10 年） | 山东旭华煤矿 | 20 万元 | 中日合资 | |
| 1922（民国 11 年） | 安徽馒头山官矿公司 | | | |
| 1923（民国 12 年） | 山东恒通煤矿公司 | 30 万元 | 商办 | |
| | 山东华丰煤矿公司 | 21 万元 | 商办 | |
| | 山东博东煤矿 | 60 万元 | 中日合资 | |
| | 山东同益煤矿 | 30 万元 | 中日合资 | |
| 1924（民国 13 年） | 吉林穆棱煤矿 | 600 万元 | 中俄合资 | |
| 1925（民国 14 年） | 吉林裕东煤矿公司 | | 商办 | |
| | 山东同兴煤矿 | | 商办 | |
| | 山东协成煤矿 | 20 万元 | 中日合资 | |
| 1926（民国 15 年） | 辽宁金沟煤矿 | 150 万元 | 官商合办 | |
| | 吉林奶子山煤矿 | 150 万元 | 官商合办 | |
| | 山东协泰煤矿 | 20 万元 | 中日合资 | |
| 1927（民国 16 年） | 山东振业煤矿公司 | 20 万元 | 商办 | |
| 1928（民国 17 年） | 四川宝源实业公司 | 80 万元 | 商办 | |
| | 山东东方煤矿 | 30 万元 | 商办 | |
| 1929（民国 18 年） | 山西晋北矿务局 | 150 万元 | 官商合办 | |
| | 安徽淮南煤矿局 | 150 万元 | 官办 | |
| 1930（民国 19 年） | 广东富国煤矿公司 | 100 万元 | 商办 | |
| 1931（民国 20 年） | 山东义德煤矿 | 20 万元 | 商办 | |
| 1932（民国 21 年） | 山东官庄煤矿 | | 商办 | |
| 1933（民国 22 年） | 山东峄县复兴公司 | 26 万元 | 商办 | |

续表

| 年　代 | 矿　名 | 资本金额<br>(元) | 性　质 | 备　注 |
|---|---|---|---|---|
| 1934(民国23年) | 陕西新生煤矿公司 | 3万元 | 商办 | |

资料来源:根据若干统计表汇总而来,包括①严中平等编:《中国近代经济史统计资料选辑》,"民族
资本主义发生和初步发展时期的中国煤矿工业",科学出版社1955年版,第96—97页;
②张国辉:《洋务运动与中国近代企业》,"中国近代煤矿简况(1875—1895)",中国社会
科学出版社1979年版,第185—187页,另,《中国近代煤矿史》,"表1-2-3　早期中国近
代煤矿简表",第40—42页;③《中国近代煤矿史》,"表2-7-2　1895—1936年民族资本
开办的近代煤矿简表",第165—168页;④《中国近代煤矿史》,"表2-6-23　1895—1936
年外资和中外合资开办煤矿简表",第124—126页;⑤其他零散资料,如《从翰香集》,社
会科学文献出版社2012年版,第19页。

说明:
(1)后由商人张学熙承办,因亏折,复返于官。
(2)因产煤不合轮船及制造局用,停办,移于荆门州开采,官办改为商办。
(3)1905年,与比利时芦汉公司(比国代理临城借款的公司)签订15年合同,成为中比合办煤
矿,直至1920年。
(4)后转为中英合办,1920年与中英门头沟公司合并。
(5)文生张凤起呈请开采,嗣后同德人汉纳根(Hanneker)订立合同,成立井陉煤矿公司,资本
各25万两。
(6)即1902年创办之英国福公司煤矿,1915年与中原等华矿联合,设立福中总公司。
(7)1880年曾设局开采,1895年禁采,1899年拟筹借德款重新开采,未成,1906年改为商办中
兴煤矿公司,1911年招足股本银300万两。
(8)1914年为日人占领,1922年改为中日合办鲁大公司。
(9)1900年八国联军侵华,英商趁机骗取开平煤矿,使其成为英国公司,1912年与滦州煤矿公
司合并成中英合资的开滦矿务总局。
(10)一战后,德人回国,直隶省政府将矿收归省有,重订合同,成为官办煤矿,规定华股3/4,
德股1/4。
(11)1882年创办,手工为主,成效不大,至1912年才大量购买机器,用新法开采。

# 附录1—2　中国近代的煤炭勘储

随着矿业的兴起,煤炭勘储、测量以及煤质鉴定相应而至。中国富于煤炭资源在今天已是人所共知的事实。[①]　然而在当时,煤炭储量到底有多少,人们并不确知。首批进行调查并给出估计数字的是来华的外国人。德国地质学家李希霍芬是最早来中国作地质调查的学者,李氏根据1870—1872年在山西等地踏勘考察结果,认为仅山西一地,煤炭储量即至18900亿吨,按当时世界耗煤量算,可供全世界用1300年。[②]　继李氏之后来华调查中国矿产的外国人不乏其数,其中,有一定权威并得到较多学者支持的是北洋大学美国籍教授德拉克(N.F.Drake)[③],他在1912年曾在中国做过调查,其所著《世界煤矿志》一书中估计中国煤炭储量为9966.13亿吨,在1913年国际地质会议上获承认。[④]　会上同时发表的日本调查所长井上喜之助提出的数字与之相差很大,仅为395.65亿吨,蒙、滇、黔、粤、甘、新等省区未计入。[⑤]1927年美国人富勒(Fuller)与克拉普(Clapp)对中国的煤炭储量又发表了一个新的估计数字,认为在4000亿吨以上。[⑥]

国外人士的估计,彼此相差悬殊,可见带有很强的推测性。真正以翔实调查和科学勘测作依据的,为国民党政府地质调查所丁文江、翁文灏、谢家荣等学者率领的一批地质工作者调查得出的数字。1921年他们提出的估计数字为2343.5亿吨,发表在第一次《中国矿业纪要》上。[⑦]　1926年第二次《中国矿业纪要》上修订为2176亿吨。[⑧]　此后在1929至1945年间又陆续修正,增补到2652亿吨,至1949年,谢家荣提出的全国煤储量新的估计

---

① 中国的煤炭据20世纪80年代进行的资源评价结果,预测煤炭总资源量为5.06万亿吨。浅于1800米资源量为4.4万亿吨,其中,埋深浅于1000米的资源量为2.104万亿吨。以此数与世界产煤大国相同深度的资源量对比,低于独联体(6.8万亿吨),高于美国(3.6万亿吨),居世界第2位。以中国保有精查储量2299亿吨与世界各国可采储量相比,则位于独联体、美国之后,居世界第3位。
② 胡荣铨:《中国煤矿》,第4页。
③ 即本章第二节中"杜雷克"。
④ 胡荣铨:《中国煤矿》,第4—5页。
⑤ 谢家荣:第二次《中国矿业纪要》,第13页。
⑥ 胡荣铨:《中国煤矿》,第5页。
⑦ 丁文江、翁文灏:《中国矿业纪要》,农商部地质调查所印行,民国十年(1921年),第24页。
⑧ 谢家荣:第二次《中国矿业纪要》,第14页。

数字,约为 4500 亿吨。[1] 数字的不断重新修正,一是由于从前未详测区域经详测后数字有修订,二是随着探矿工作的进展,新煤田的发现,储量数字也随之增补。另外,随着勘测技术的进步,也会有新的储量估计。实际上,中国煤储量比近代所估计的数字要多,据 1982 年《中国煤炭工业年鉴》载,中国探明的煤炭储量为 6400 亿吨。[2] 排名世界第三。

当时全世界的煤炭储量,按照 20 世纪 30 年代的数字,约 400 万兆吨(40000 亿吨),美国储量居首,约占全世界储量 1/7,加拿大次之,约 1/5,苏联又次之,约 1/10,中国居第四位,约 1/17,英、德等国随其后。[3] 由此,中国系煤炭资源丰富国家,在近代已确认。然而中国的煤炭资源虽然称富,在分布上却极不均匀,经济最发达之省份如江浙,煤藏极少,而储量最丰的晋陕地区,却远离工业和经济发达之区。下表是近代学者调查统计出来的中国煤炭储量表,从中可见,仅山西一省便集中了全国一半以上的煤炭,而东南沿海省份煤量十分有限,浙江省仅占到全国煤炭总储量的 0.04%,是储量最少的省份。经济最发达、工业最进步之地区,反而是煤炭资源最为贫乏之区,这样一个布局,无论对于前工业时代的经济进步还是步入近代后的工业化进程都有着或多或少的影响,因此有学者将中国这种煤炭资源分布上的特点列为阻碍社会经济产生突破性发展的不利因素。[4]

**中国煤储量表(1936 年数字)**

| 省　份 | 储　量(单位:兆吨) | 占储量百分数 |
| --- | --- | --- |
| 察哈尔 | 504 | 0.21% |
| 绥　远 | 476 | 0.19% |
| 山　西 | 127,127 | 52.17% |
| 河　北 | 3,071 | 1.26% |
| 山　东 | 1,639 | 0.67% |
| 河　南 | 7,764 | 3.21% |
| 陕　西 | 71,950 | 29.53% |
| 湖　北 | 440 | 0.18% |

[1] 谢家荣:《中国的煤炭》,《科学大众》1954 年 3 月号,载陈真编:《中国近代工业史资料》第四辑,生活·读书·新知三联书店 1961 年版,第 907 页。
[2] 见《中国煤炭工业年鉴》,煤炭工业出版社 1983 年版,第 1 页。
[3] 侯德封:第五次《中国矿业纪要》,第 133 页。
[4] 如美国学者彭慕兰(Kenneth Pomeranz),见《大分流》,史建云译,江苏人民出版社 2003 年版,第 57—61 页。

续表

| 省　份 | 储　量（单位:兆吨） | 占储量百分数 |
|---|---|---|
| 安　徽 | 360 | 0.15% |
| 江　西 | 992 | 0.40% |
| 浙　江 | 100 | 0.04% |
| 江　苏 | 217 | 0.09% |
| 湖　南 | 1,764 | 0.72% |
| 四　川 | 9,874 | 4.05% |
| 云　南 | 1,627 | 0.66% |
| 贵　州 | 1,549 | 0.64% |
| 广　东 | 421 | 0.17% |
| 广　西 | 300 | 0.12% |
| 福　建 | 396 | 0.16% |
| 宁　夏 | 488 | 0.20% |
| 甘　肃 | 1,500 | 0.62% |
| 辽　宁 | 1,836 | 0.75% |
| 吉　林 | 1,143 | 0.47% |
| 黑龙江 | 1,017 | 0.42% |
| 热　河 | 614 | 0.25% |
| 新　疆 | 6,000 | 2.46% |
| 青　海 | 500 | 0.21% |
| 总计 | 243,669 | 100.00% |

资料来源:根据第五次《中国矿业纪要》"第一表　中国煤矿储量总表"简化,实业部地质调查所、国立北平研究院地质学研究所印行,民国二十四年(1935年),第3、4页。

# 附录 1—3 中国近代的煤质测定与主要煤矿的煤质

从自然科学的角度,煤由古代植物历久逐渐碳化形成,依碳化程度不同,而形成各种煤类,从泥煤至无烟煤,含碳量逐步递增,大约木含碳50%,泥煤含碳59%,褐煤含碳69%,烟煤89%,无烟煤95%。[1] 这些是煤的基本分类。在这几类煤中,泥煤因介于植物碳化与成煤之中间阶段,所以使用价值不高。褐煤热量较低,含水量较多,品质也不佳。烟煤以上则用途渐广渐强,上等烟煤为煤中之最佳,发烟极少而热量极高,然而煤质脆弱,经长途搬运则裂成粉末,轮船机器用煤,最为适宜。无烟煤含挥发质最少,固定碳最多,焰短无烟,热量甚高但不及烟煤,其质地最为坚硬,多成大块,因此易于搬运,比较适合家常用煤。我国近代烟煤占生产的大部分,最大的煤矿如辽宁抚顺煤矿、河北开滦煤矿、山东中兴煤矿等,皆产烟煤;河南福中煤矿、山西保晋煤矿[2]、北京门头沟煤矿等则产无烟煤,至于褐煤,生产至微,主要以俄资札赉诺尔煤矿较为著名。

在各种关于近代煤矿业的文献中,经常会看到诸如"灰分""发热量""挥发分""水分""硫质"等一类术语,这些都是衡量煤品质的指标。其中,灰分为煤经过完全燃烧后所余之物,其来源大半为煤层外之杂质,如页岩、黏土、砂质、石灰岩等。灰分多则影响煤的质量,因为①灰分本身不燃烧发热;②燃煤时灰分多则闭塞火门,降低燃烧率,而且清刷费时;③更重要的是,灰分中多铁、钙等质,易熔而损坏炉灶。"挥发分"指煤中除固体物质以外所吸藏的气体,特别以沼气($CH_4$)为最多,久露置于空气中,气体便逐渐挥发,这种气体由于易燃,所以含量越多,采煤越危险,煤矿中很多事故皆源于此。煤中之"水分"亦不宜过多,首先,水分多则增加煤的重量,进而增大运输成本;其次,燃煤时水分多则会降低温度,且因为蒸发而吸走一部分热量;再有,水分多之煤,一般不能炼焦。煤之"发热量",为其中碳氢硫各种物质燃烧时所生之热,单位为 B.T.U.,发热量越高,说明煤的品质越好。

---

[1] 谢家荣:《煤》,商务印书馆民国十八年(1929年),第5—6页。
[2] 山西保晋煤矿下辖平定、晋城、大同、寿阳四处,其中平定、晋城产无烟煤,大同、寿阳产烟煤。

"硫质"为煤中一种杂质,所占比例并不高,但由于煤作燃料冶炼金属时,煤中的硫易混入金属,所以必须"去硫",煤之所以需要洗选,也多半因为这个原因。① 总体来说,一般灰分、水分、挥发分、硫质越少,固定碳、发热量越多,煤的品质就越高。

此外,煤是否可以炼焦,也是衡量煤品质的重要标准,因为焦炭是冶铁和化工的主要燃料和原料,对工业经济意义重要。大致上讲,无烟煤与低级烟煤不适合炼焦;中级烟煤大多数均适于炼焦,但如含水分过多则也不适合炼焦;高级烟煤则是炼焦的佳选。下表为中国近代各主要煤矿的煤质分析表,来自1926年农商部地质调查所印行的第二次《中国矿业纪要》。需要指出的是,表中的煤质分类,反映的是当时考察时的基本情况,而随着开采范围和开采深度的增大,反映出的煤质会有所变化,比如1945年出版的《化学工业大纲》中所载的开滦煤质分析,与上文所列稍有差异,"水分""挥发质""固定碳""灰分""硫""热值",分别为31%、32.03%、57.58%、10.39%、0.97%、13%。②

### 近代各煤矿煤质分析表(1926年)

| 公司 | 水分 | 挥发分 | 定炭 | 灰分 | 发热量 | 分类名目 |
|---|---|---|---|---|---|---|
| 京兆门头沟公司 | 2.3 | 6.50 | 75.20 | 15.00 | 7057 | 中级无烟炭 |
| 直隶开滦矿务局 | 0.6 | 25.98 | 59.78 | 13.34 | 7423 | 中级烟炭 |
| 直隶井陉矿务局 | 0.65 | 20.20 | 69.20 | 9.20 | 7836 | 高级烟炭 |
| 直隶临城矿务局 | 1.89 | 30.88 | 56.64 | 11.50 | 7545 | 中级烟炭 |
| 直隶柳江公司 | 0.90 | 7.07 | 77.07 | 15.00 | 7262 | 中级无烟炭 |
| 直隶怡立公司 | 1.60 | 19.00 | 68.50 | 10.30 | 7650 | 高级烟炭 |
| 热河北票公司 | 3.25 | 30.50 | 54.25 | 11.00 | 7335 | 低级烟炭 |
| 热河大新公司 | 12.00 | 35.00 | 42.50 | 10.00 | 6090 | 褐性烟炭 |
| 奉天抚顺煤矿 | 6.73 | 39.34 | 48.15 | 5.25 | 6780 | 褐性烟炭 |
| 山东中兴公司 | 0.50 | 27.00 | 63.50 | 9.40 | 7853 | 中级烟炭 |
| 山东鲁大公司 | 0.57 | 14.90 | 74.70 | 10.00 | 7821 | 无烟性烟炭 |
| 河南六河沟公司 | 0.55 | 19.16 | 72.05 | 8.40 | 7977 | 高级烟炭 |
| 河南福公司 | 0.65 | 6.70 | 84.50 | 8.00 | 7867 | 高级无烟炭 |

---

① 参见谢家荣:《煤》,第6—9页。

② 见 R.Norris Shreve 原著,李世瑎编译:《化学工业大纲》,上海新亚书店出版1945年版,上册。

续表

| 公司 | 水分 | 挥发分 | 定炭 | 灰分 | 发热量 | 分类名目 |
|---|---|---|---|---|---|---|
| 山西保晋公司(大同) | 4.50 | 30.99 | 59.45 | 5.50 | 7819 | 低级烟炭 |
| 山西保晋公司(平定) | 0.78 | 6.55 | 86.35 | 5.70 | 7998 | 高级无烟炭 |
| 江西汉冶萍公司 | 1.35 | 23.75 | 62.75 | 11.80 | 7580 | 中级烟炭 |
| 江苏贾汪公司 | 1.35 | 29.54 | 51.50 | 17.60 | 7064 | 低级烟炭 |
| 安徽大汪村官矿 | 0.75 | 24.47 | 52.65 | 22.00 | 6690 | 中级烟炭 |
| 浙江长兴公司 | 0.94 | 37.70 | 49.80 | 10.90 | 6913 | 低级烟炭 |

资料来源:根据谢家荣:第二次《中国矿业纪要》"第11—12页表"节录。

# 附录 1—4  中国近代主要煤矿表
## （20 世纪 30 年代）

| 矿名 | 资本<br>（万元） | 工人数量<br>（人） | 全年产量<br>（吨） | 产煤能力<br>（万吨/年） | 资本性质 |
|---|---|---|---|---|---|
| 辽宁抚顺煤矿 | 2000 万<br>日金 | | 7106558 | 1000 | 南满铁道会社 |
| 河北开滦煤矿 | 200 万<br>英镑① | 40985 | 4283999 | 600 | 中英 |
| 河南中福两公司联合<br>办事处 | 100（中 51<br>英 49） | 10282 | 1138697 | 160 | 中英 |
| 山东中兴煤矿 | 1000（实收<br>750）② | 6940 | 1132544 | 120 | 中国商办 |
| 山东鲁大煤矿 | 1000（实收<br>250） | 6200 | 765566 | 80 | 中日 |
| 辽宁本溪湖煤矿 | 700 | | 612000 | 70 | 中日合办 |
| 河南六河沟公司 | 600 | 3150 | 519557 | 80 | 中国商办 |
| 山西保晋公司 | 286 | 3639 | 432794 | 60 | 中国商办 |
| 河北正丰公司 | 660 | 1500 | 302694 | 40 | 中国商办 |
| 河北门头沟公司 | 20 万两 | 2640 | 300200 | 40 | 中英 |
| 江苏华东公司 | 160 | 1280 | 219733 | 25 | 中国商办 |
| 浙江长兴公司 | 300 | 3200 | 197786 | 20 | 中国商办 |
| 江西萍乡煤矿 | 1000 | 2427 | 172874 | 80 | 中国官办 |
| 河北柳江公司 | 144 | 952 | 157000 | 30 | 中国商办 |

资料来源：根据侯德封《中国矿业纪要（第五次）》"第四十八表　民国廿二年中国本部各大矿出产
情形"、"第五十七表　东北四省主要煤矿产煤能力表"，"一煤（六）矿工"（第 106—108
页）汇总。

说明：（1）本表对主要煤矿的选择主要以"全年产量"为标准，辅以"资本""工人数量"为参考，排名
顺序按照 1933 年"全年产量"。

（2）"资本"为注册资本数，"全年产量"为 1933 年数字，"工人数量"为 1933、1934 年数字。

① 　如果照 1932 年英镑与国币比价 1：16 计算，合国币 3200 万元，比价据《矿业周报》第 219
号《开平中原两公司二十年度之盈余比较》一文（1932 年 12 月 21 日印行），第 810 页。
② 　又据 1928 年《矿业周报》，资本已收足 750 万元，财产价值 1400 万元。谭焕达：《调查山东
中兴煤矿报告》，见《矿业周报》第一集，中华矿学社 1928 年印行，第 74 页。

# 附录 1—5  中国近代煤炭历年进出口数量

单位:吨

| 年份 | 中国煤进口量 | 中国煤出口量 |
|---|---|---|
| 1864 年 | 117543 | |
| 1865 年 | 100521 | 66 |
| 1866 年 | 121740 | 51221 |
| 1867 年 | 115244 | 687 |
| 1868 年 | 160250 | 3405 |
| 1869 年 | 128791 | 63 |
| 1870 年 | 79659 | 181 |
| 1871 年 | 86924 | 1 |
| 1872 年 | 136543 | 1024 |
| 1873 年 | 116954 | 2239 |
| 1874 年 | 118151 | 469 |
| 1875 年 | 145571 | 4 |
| 1876 年 | 129606 | 685 |
| 1877 年 | 170943 | 76 |
| 1878 年 | 207005 | |
| 1879 年 | 178575 | 270 |
| 1880 年 | 217851 | 9 |
| 1881 年 | 256769 | 89 |
| 1882 年 | 257184 | 630 |
| 1883 年 | 245739 | 48 |
| 1884 年 | 267592 | 363 |
| 1885 年 | 306762 | 477 |
| 1886 年 | 315963 | 269 |
| 1887 年 | 309780 | 1821 |
| 1888 年 | 272600 | 5372 |
| 1889 年 | 376498 | 15598 |
| 1890 年 | 310923 | 12869 |

| 年份 | 中国煤进口量 | 中国煤出口量 |
|---|---|---|
| 1891 年 | 375913 | 2039 |
| 1892 年 | 404601 | 4525 |
| 1893 年 | 435803 | 2658 |
| 1894 年 | 194075 | 5653 |
| 1895 年 | 581589 | 45523 |
| 1896 年 | 634912 | 8821 |
| 1897 年 | 558148 | 27181 |
| 1898 年 | 742295 | 16063 |
| 1899 年 | 873119 | 6995 |
| 1900 年 | 877984 | 3122 |
| 1901 年 | 1171406 | 2998 |
| 1902 年 | 1192398 | 26808 |
| 1903 年 | 1430144 | 76985 |
| 1904 年 | 1270628 | 10535 |
| 1905 年 | 1229225 | 11718 |
| 1906 年 | 1583121 | 2340 |
| 1907 年 | 1425927 | 6452 |
| 1908 年 | 1528621 | 28340 |
| 1909 年 | 1540895 | 199085 |
| 1910 年 | 1466998 | 323213 |
| 1911 年 | 1565553 | 331835 |
| 1912 年 | 1541069 | 691400 |
| 1913 年 | 1717946 | 1691801 |
| 1914 年 | 1626569 | 2037717 |
| 1915 年 | 1423788 | 1336590 |
| 1916 年 | 1444742 | 1335859 |
| 1917 年 | 1467229 | 1600837 |
| 1918 年 | 1092257 | 1735479 |
| 1919 年 | 1191588 | 1501071 |
| 1920 年 | 1274603 | 2001709 |
| 1921 年 | 1383569 | 1916580 |
| 1922 年 | 1169814 | 2415482 |

| 年份 | 中国煤进口量 | 中国煤出口量 |
|---|---|---|
| 1923 年 | 1387965 | 3158420 |
| 1924 年 | 1635776 | 3253589 |
| 1925 年 | 2802053 | 3050871 |
| 1926 年 | 2943933 | 3134077 |
| 1927 年 | 2355883 | 4078251 |
| 1928 年 | 2465474 | 3947422 |
| 1929 年 | 2317729 | 4189253 |
| 1930 年 | 2506514 | 3561263 |
| 1931 年 | 1933336 | 3640351 |
| 1932 年 | 1454449 | 3691343 |
| 1933 年 | 1985389 | 4465625 |
| 1934 年 | 1061852 | 4761116 |
| 1935 年 | 829205 | 4836520 |
| 1936 年 | 615157 | 4915459 |

资料来源:中国矿产公司:《中国矿产品对外贸易统计资料》,1959 年,转引自《中国近代煤矿史》,第 268—269 页。原表数字包括小数点后两位,本表略去。

# 附录 2—1　近代开滦煤矿历届经营者及任期(1878—1941)

| | 年份 | 总办 | 总工程师(总矿师) |
|---|---|---|---|
| 开平矿务局时期 | 1878 | | 白内特<br>英国人,1878 年至 1881 年任开平矿务局总矿师。 |
| | 1879 | | |
| | 1880 | | |
| | 1881 | | |
| | 1882 | 唐廷枢<br>1878 年 7 月 24 日,开平矿务局在开平镇正式成立,唐廷枢首任总办。1892 年 10 月 7 日,病逝于天津。 | 金达<br>英国人,1881 年任开平矿务局总矿师。 |
| | 1883 | | |
| | 1884 | | |
| | 1885 | | |
| | 1886 | | |
| | 1887 | | |
| | 1888 | | |
| | 1889 | | |
| | 1890 | | |
| | 1891 | | |
| | 1892 | | |
| | 1893 | 张翼<br>1892 年接任总办唐廷枢之职。1899 年任开平矿务督办。1900 年经张翼之手开平矿权丧失,1906 年被清廷降罪革职。 | |
| | 1894 | | |
| | 1895 | | |
| | 1896 | | |
| | 1897 | | |
| | 1898 | | |
| | 1899 | | |
| | 1900 | 周学熙<br>1899 年任开平矿务局会办,1900 年擢升为开平矿务局总办。 | |

续表

| 年份 | 开平矿务有限公司<br>(1900—1912) | | 北洋滦州官矿有限公司<br>(1907—1912) | |
|---|---|---|---|---|
| | 总办(总理) | 总矿师 | 总理 | 总矿师 |

开平矿务有限公司与北洋滦州官矿有限公司时期

| 年份 | 总办(总理) | 总矿师 | 总理 | 总矿师 |
|---|---|---|---|---|
| 1900 | 胡华、吴德斯[1] | | | |
| 1901 | 佛兰魁、杜根[2] | | | |
| 1902 | 威英、莫耶·那森[3] | | | |
| 1903 | | | | |
| 1904 | | 胡华 | | |
| 1905 | | | | |
| 1906 | | | | |
| 1907 | 莫耶·那森 | | 周学熙<br>1906年12月筹建北洋滦州官矿有限公司后任总办(总理),至1912年开平、滦州两矿联营。 | 雷满<br>德国人,1907至1912年任北洋滦州官矿有限公司总矿师。 |
| 1908 | | | | |
| 1909 | | 杜克茹<br>比利时人,1909年6月任。 | | |
| 1910 | | | | |
| 1911 | | | | |
| 1912 | | | | |

| 年份 | 督办 | 总经理、副总经理 | 总矿师(主管) |
|---|---|---|---|

开滦矿务总局时期

| 年份 | 督办 | 总经理、副总经理 | 总矿师(主管) |
|---|---|---|---|
| 1912 | | | |
| 1913 | | | |
| 1914 | | | 杜克茹<br>1912年开平、滦州两公司联营后,继续担任开滦矿务总局总矿师,至1930年。(1924年2月至12月,比利时人柏兰亭曾代理总矿师) |
| 1915 | | | |
| 1916 | 袁克定<br>1912年4月5日由国民政府农商、劳工部委派为开滦矿务总局督办,1928年辞职。 | 莫耶·那森<br>1912年7月任开滦矿务总局第一任总经理,1923年11月3日辞职。 | |
| 1917 | | | |
| 1918 | | | |
| 1919 | | | |
| 1920 | | | |
| 1921 | | | |
| 1922 | | | |

续表

| 年份 | 督办 | 总经理、副总经理 | 总矿师（主管） |
|---|---|---|---|
| 1923 | 袁克定<br>1912 年 4 月 5 日由国民<br>政府农商、劳工部委派为开<br>滦矿务总局督办，1928 年<br>辞职。 | 杨嘉立<br>英国人，1923 年 11 月<br>继任开滦矿务总局总<br>经理，1931 年 5 月 20<br>日辞职。 | 杜克茹<br>1912 年开平、滦州<br>两公司联营后，继<br>续担任开滦矿务总<br>局总矿师，至 1930<br>年。（1924 年 2 月<br>至 12 月，比利时人<br>柏兰亭曾代理总矿<br>师） |
| 1924 | | | |
| 1925 | | | |
| 1926 | | | |
| 1927 | | | |
| 1928 | 李宗桐<br>1928 年 8 月继任，1931 年<br>5 月 20 日辞职。 | | |
| 1929 | | | |
| 1930 | 胡若愚<br>周大文[4] | 那森爱德<br>英籍犹太人（莫耶·<br>那森之侄），1926 年 3<br>月杨嘉立休假期间（5<br>个月），代理总经理之<br>职，1931 年 11 月 3 日<br>继任总经理，至 1942<br>年 1 月。<br>中方：<br>顾振、孙多钰、陈少<br>云[5] | 柏兰亭<br>1930 年 11 月至<br>1935 年任总矿师。<br>德维敦（比利时人，<br>1932 年短期曾代理<br>总矿师）。 |
| 1931 | | | |
| 1932 | 章保世<br>1933 年 6 月 28 日国民政<br>府实业部委派为督办。 | | |
| 1933 | | | |
| 1934 | | | |
| 1935 | 无<br>（1934 年 3 月 31 日根据实<br>业部裁撤训令裁撤开滦矿<br>务总局督办一职。） | | 马克飞<br>英国人，1935 年 1<br>月首任矿区主管，<br>至 1940 年 9 月底。<br>邓吉斯、魏肫、巴<br>泰[6] |
| 1936 | | | |
| 1937 | | | |
| 1938 | | | |
| 1939 | | | |
| 1940 | | | 齐尔顿<br>英国人，1940 年 10<br>月接任矿区主管。 |
| 1941 | | | |

（表最左侧竖排：开滦矿务总局时期）

资料来源：根据开滦矿务局史志办公室编：《开滦煤矿志（1878—1988）》第五卷"开滦各时期企业领导人"编，开滦矿务局史志办公室编，第 321—325 页。

备注：

（1）赫伯特·克拉克·胡华，即美国第 31 届总统胡佛，美国人，1900 年底任开平矿务有限公司总办，至 1901 年 9 月离任。吴德斯，比国人，与胡华同时担任开平矿务有限公司总办，至 1901 年 2 月。

（2）佛兰魁，英国人，1901 年间任开平矿务有限公司总办。杜根，美国人，继佛兰魁之后短期接任开平矿务有限公司总办。

（3）威英，英国人，1902 年至 1903 年，任开平矿务有限公司总办。莫耶·那森（亦称那森少校），英籍犹太人，1903 年 11 月来中国就任开平矿务有限公司总办（总理）。

（4）胡若愚，1931 年 5 月 20 日国民政府实业部部长孔祥熙发出训令派胡继任开平矿务总局督办，是年 9 月 12 日免职。周大文，1931 年 9 月 12 日继任开滦矿务总局督办，1933 年 6 月 21 日辞职。

（5）顾振，1929 年 6 月入开滦，1934 年按修正联合合同中，英双方各指派总局经理一人之规定，指派为开滦矿务总局中方总经理，直至 1938 年 2 月逝世。孙多钰，1938 年 3 月 14 日被指派为开滦矿务总局中方总经理。陈少云，1941 年 1 月任开滦矿务总局副总经理。

（6）该时期开滦将总矿师一职改为矿区主管，相当于总矿师。邓吉斯，比利时人，1935 年 1 月担任矿区技术副主管，主管采煤，任职到 1939 年 4 月。魏肫，1934 年 7 月，任矿区总务副主管至 1943 年。巴泰，比利时人，1939 年至 1944 年担任技术副主管。

# 附录 2—2  近代开滦五矿历年煤总产量表（1881—1948）

单位：吨

| 年度 | 唐山 | 林西 | 马家沟 | 赵各庄 | 唐家庄 | 总产量 |
|---|---|---|---|---|---|---|
| 1881 年 | 3613 | | | | | 3613 |
| 1882 年 | 38383 | | | | | 38383 |
| 1883 年 | 75317 | | | | | 75317 |
| 1884 年 | 179225 | | | | | 179225 |
| 1885 年 | 241385 | | | | | 241385 |
| 1886 年 | 130870 | | | | | 130870 |
| 1887 年 | 226525 | | | | | 226525 |
| 1888 年 | 239113 | | | | | 239113 |
| 1889 年 | 235467 | | | | | 235467 |
| 1890 年 | 259804 | 18656 | | | | 278460 |
| 1891 年 | 290672 | 42603 | | | | 333275 |
| 1892 年 | 351956 | 50751 | | | | 402707 |
| 1893 年 | 300724 | 95172 | | | | 395896 |
| 1894 年 | 396000 | 78000 | | | | 474000 |
| 1895 年 | 355400 | 40960 | | | | 396360 |
| 1896 年 | 445640 | 43901 | | | | 489541 |
| 1897 年 | 456769 | 109645 | | | | 566414 |
| 1898 年 | 527004 | 273680 | | | | 800684 |
| 1899 年 | 524901 | 284284 | | | | 809185 |
| 1900 年 | | | | | | |
| 1901 年 | 263670 | 227480 | | | | 517000 |
| 1902 年 | 394158 | 34153 | | | | 469915 |
| 1903 年 | 506136 | 156003 | | | | 715322 |
| 1904 年 | 557836 | 277243 | | | | 876725 |
| 1905 年 | 452242 | 318787 | | | | 833680 |
| 1906 年 | 473717 | 414764 | | | | 1000201 |
| 1907 年 | 617325 | 402427 | | | | 1117571 |
| 1908 年 | 705581 | 424554 | | | | 1238717 |
| 1909 年 | 836299 | 385408 | | 1141 | | 1592374 |

续表

| 年度 | 唐山 | 林西 | 马家沟 | 赵各庄 | 唐家庄 | 总产量 |
|---|---|---|---|---|---|---|
| 1910 年 | 730576 | 246885 | 53653 | 33576 | | 1386967 |
| 1911 年 | 85756 | 440188 | 123437 | 62467 | | 903040 |
| 1912 年 | 1025471 | 464390 | 217983 | 339801 | | 2362360 |
| 1913 年 | 836133 | 583723 | 402493 | 475841 | | 2532166 |
| 1914 年 | 792903 | 680780 | 535572 | 723610 | 2674 | 2877498 |
| 1915 年 | 679209 | 519366 | 5921136 * | 865502 | | 2884976 |
| 1916 年 | 634450 | 538161 | 643300 | 892101 | | 2932109 |
| 1917 年 | 731621 | 656341 | 650610 | 977368 | | 3254018 |
| 1918 年 | 534901 | 785053 | 654123 | 1269811 | 7888 | 3398375 |
| 1919 年 | 542291 | 1017434 | 763074 | 1805019 | 4321 | 4201888 |
| 1920 年 | 499380 | 1213911 | 617464 | 2033145 | | 4363900 |
| 1921 年 | 683439 | 1055246 | 680714 | 1666111 | | 4085510 |
| 1922 年 | 724798 | 894038 | 733653 | 1522486 | | 3874975 |
| 1923 年 | 788947 | 990944 | 789394 | 1895529 | | 4464814 |
| 1924 年 | 689911 | 960655 | 807145 | 1567139 | 8930 | 4033780 |
| 1925 年 | 512879 | 854211 | 658977 | 1444804 | 110845 | 3581716 |
| 1926 年 | 500655 | 823786 | 590376 | 1380210 | 388272 | 3683299 |
| 1927 年 | 660513 | 1052748 | 709675 | 1888408 | 647024 | 4958368 |
| 1928 年 | 613331 | 994023 | 586760 | 1504615 | 715863 | 4414592 |
| 1929 年 | 644026 | 970208 | 632920 | 1550423 | 1015141 | 4812718 |
| 1930 年 | 724460 | 1050149 | 722803 | 1809030 | 1235360 | 5541802 |
| 1931 年 | 662778 | 985415 | 645232 | 1789814 | 1179072 | 5262311 |
| 1932 年 | 640234 | 943702 | 583167 | 1659664 | 1047773 | 4874540 |
| 1933 年 | 524360 | 911353 | 510837 | 1451193 | 825279 | 4223022 |
| 1934 年 | 689457 | 992732 | 506325 | 1621379 | 889462 | 4699355 |
| 1935 年 | 485475 | 831265 | 319301 | 1511390 | 705684 | 3898115 |
| 1936 年 | 588802 | 1046849 | | 1852550 | 1102145 | 4590346 |
| 1937 年 | 548561 | 952468 | 12791 | 1788428 | 1085474 | 4388722 |
| 1938 年 | 924722 | 1376271 | | 2212209 | 1360273 | 5873475 |
| 1939 年 | 1028053 | 1486576 | | 2499705 | 1510393 | 6523727 |
| 1940 年 | 1076218 | 1489561 | | 2497038 | 1380659 | 6433476 |
| 1941 年 | 873441 | 1082264 | | 1910322 | 1044818 | 4910845 |
| 1942 年 | 1039925 | 1488524 | | 2546092 | 1579643 | 6654184 |
| 1943 年 | 1020295 | 1519433 | 3548 | 2338517 | 1542325 | 6424118 |

* 原数字如此,疑误。

续表

| 年度 | 唐山 | 林西 | 马家沟 | 赵各庄 | 唐家庄 | 总产量 |
|---|---|---|---|---|---|---|
| 1944 年 | 800554 | 1380629 | 8584 | 1969322 | 1465897 | 5624986 |
| 1945 年 | 302495 | 487965 | 8331 | 713102 | 520825 | 2032718 |
| 1946 年 | 727042 | 993364 | 4621 | 148263 | 1173163 | 4381053 |
| 1947 年 | 936006 | 1140281 |  | 1687609 | 1207162 | 4971058 |
| 1948 年 | 819973 | 998843 |  | 1431612 | 1019558 | 4269986 |

资料来源:根据《开滦煤矿志》第二卷,表 4-3-1-15、4-3-1-16、4-3-1-17、4-3-1-18 合并而来。
　　　　见《开滦煤矿志》第二卷,第 310—314 页。

说明:

(1)开平之西北井、滦矿之陈家岭与印子沟三矿数字未列入表中,但已计入"总产量"中。其中,西北井自 1899 年出煤(1899 年产煤计入唐山矿中),至 1920 年 2 月 6 日因透水停产①,1920 年后无数字;陈家岭只有 1908—1910 年数字②;印子沟只有 1910 年数字③。

(2)原表 4-3-1-16 即"1901—1912 年 6 月 30 日开平矿务有限公司各矿历年原煤生产数量"数字到小数点后两位,此处为统一,小数点后以四舍五入法略去。

(3)关于会计年度,1881—1899 年会计年度系阴历正月初一至十二月底;1901 年至 1902 年的会计年度系自 1901 年 2 月 19 日至 1902 年 2 月底;1902—1912 年会计年度系 3 月 1 日至下年 2 月底;1912—1940 年会计年度系 7 月 1 日至下年 6 月 30 日;1941—1944 年会计年度系 4 月 1 日至下年 3 月 31 日。这里皆以会计年度起始月份所在年为当年产量年。

(3)关于各年产量,1900 年因八国联军侵华,矿区被占停产,故无数字;1901 年产量系按 1902 年产量百分比计算;1912 年产量因会计年度变化,为 1912.3.1—1912.6.30 与 1912—1913 产量合并而成;1941 年日本军管理开滦矿务局会计年度又变化,为 1941.7.1—1941.12.7 与 1941.12.8—1942.3.31 产量合并而成;1945 年为 1945.4.1—1945.11.9 产量数;1946 年为 1945.11.20—1946.12.31 产量数;1947、1948 年皆为 1 月至 12 月产量数。

(4)合计后的各年总产量中,1937—1941 年,总产量系扣除各经理处拣出之石煤及石块后吨数。扣除数见《开滦煤矿志》,第 314 页。

(5)各矿产量中,1889 年林西矿开始正式出煤,1890 年数字包括上年度产煤。

(6)各年产量不同文献载有不同数字,如 1921 年,谢家荣《煤》中载 4320274 吨(第 64 页)。

---

①　西北井产量如下表:

单位:吨

| 年份 | 产量 | 年份 | 产量 | 年份 | 产量 | 年份 | 产量 | 年份 | 产量 |
|---|---|---|---|---|---|---|---|---|---|
| 1901—1902 | 25850.00 | 1905—1906 | 62651.13 | 1909—1910 | 137794.81 | 1912—1913 | 232247 | 1916—1917 | 224097 |
| 1902—1903 | 41603.80 | 1906—1907 | 111720.34 | 1910—1911 | 192702.92 | 1913—1914 | 233976 | 1917—1918 | 238078 |
| 1903—1904 | 53183.20 | 1907—1908 | 97818.78 | 1911—1912 | 191191.59 | 1914—1915 | 141959 | 1918—1919 | 146599 |
| 1904—1905 | 41646.55 | 1908—1909 | 95934.26 | 1912.3.1—1912.6.30 | 82467.85 | 1915—1916 | 228763 | 1919—1920 | 69749 |

　　见《开滦煤矿志》第二卷,表 4-3-1-16、表 4-3-1-18,第 311、313 页。

②　陈家岭 1908、1909、1910 年各产煤 12648、231731、116635 吨。《开滦煤矿志》第二卷,表 4-3-1-17,第 312 页。

③　印子沟 1910 年产煤 12938 吨。《开滦煤矿志》第二卷,表 4-3-1-17,第 312 页。

# 附录 2—3　近代开滦煤矿与其它煤矿利润率

| 年份 | 开滦 | 抚顺烟台 | 井陉 | 中兴 | 保晋 |
|------|------|----------|------|------|------|
| 1912 | 6.7 | 17.2 | | | -2.6 |
| 1913 | 11.8 | 20.3 | | | -0.4 |
| 1914 | 13.2 | 19.8 | | 49.6 | -0.05 |
| 1915 | 12.8 | 22.6 | | | -1.1 |
| 1916 | 15.3 | 23.9 | | | 15.0 |
| 1917 | 27.9 | 10.5 | | | 3.2 |
| 1918 | 24.1 | 14.4 | | 46.4 | 3.2 |
| 1919 | 35.9 | 13.5 | | 62.5 | 4.2 |
| 1920 | 29.5 | 8.8 | | 69.2 | 1.7 |
| 1921 | 18.5 | 10.1 | | | 0.9 |
| 1922 | 24.6 | 10.9 | 29.4 | 37.1 | |
| 1923 | 29.5 | 10.8 | 56.4 | 48.4 | |
| 1924 | 12.5 | 10.8 | 82.9 | 28.4 | -0.4 |
| 1925 | 11.4 | 10.3 | 33.1 | 9.9 | -0.9 |
| 1926 | 24.2 | 10.8 | 48.1 | 0.1 | -12.4 |
| 1927 | 17.6 | 16.7 | -18.8 | -21.3 | -0.7 |
| 1928 | 23.4 | 17.8 | | -22.1 | -0.2 |
| 1929 | 22.8 | 16.2 | 62.7 | -14.4 | 15.1 |
| 1930 | 16.4 | 7.9 | 10.2 | -4 | |
| 1931 | 23.9 | 1.7 | 56.9 | 0.3 | |
| 1932 | 2.1 | 17.8 | 18.8 | 18.4 | |
| 1933 | 1.1 | 12.7 | 24.4 | 25.3 | |
| 1934 | 30.0 | 13.1 | 20.3 | 26.3 | |

资料来源:《中国近代煤矿史》,"中国主要煤矿盈利表",第284—285页。

# 附录 2—4  日本军管理及战后时期的
## 开滦矿务总局

　　1941 年太平洋战争爆发,日本向英、美宣战。开滦矿董们所担心的事情发生了。12 月 9 日,日本军事当局指派以白川一雄为首的监督委员会接管开滦,对开滦实行军管理。① 开滦煤矿名称由原来的"开滦矿务总局"变成"日本军管理开滦炭矿"。② 同时,秦皇岛码头、上海经理处、浦东码头等也相继被日本占领,仓库被封锁,存煤遭封闭。在唐山,日本人吉井率领的第一个"监督委员会"接管了唐山矿区。为稳定局势,不影响出煤,日本一开始保持了开滦原来的组织机构和人事安排。那森爱德因系英籍,身承英国政府谴责的压力,于 1942 年 8 月 31 日率其他英籍人员辞职。次年 3 月被解往山东潍县集中营。

　　日本实行的军管理,是直接为日本战争服务的。早在 20 世纪初,日本已成为开滦最大的海外主顾。据 1909 年至 1911 年三年的不完全统计,出口国外煤炭 234873 吨,其中供日本 207110 吨,③几占 88%。日本本土煤质低劣,缺少炼焦煤,第二次《中国矿业纪要》载,"日本缺少炼焦良煤,彼国制铁所需之焦,非用开滦煤搀炼不可,而开滦煤矿既近海口,运输甚便,煤价亦廉,故其他煤矿,难与竞争。"④因此在包括此后的整个近代时期,日本一直是开滦海外市场的主要来源。1937 年"七七"事变爆发后,日本对华战争机器全面启动,急需大量煤炭。开滦因多少受英国政府保护,虽未为日本夺去,然而为保全自身,亦增产煤炭供应日本需求。太平洋战争爆发前夕,开滦与日本占领军当局处于互利互存状态。当时有报道称,"现如今与日本人合作的英控开滦煤矿,正在增长着对日煤运。最新的数据显示出 1938 年头 6 个月开滦煤出口日本比上一年增长了 21.8 万吨。"⑤事实上,1937 年 7 月,日本钢铁公司、日本钢管公司、大阪化学工厂、日本化学工业公司及东京

---

① 任炳:《日本侵华期间从开滦掠去多少煤炭》,《〈开滦史鉴〉文萃》下册,第 795 页。
② 《开滦史鉴文萃》,第 39 页。
③ 《开滦煤矿志》第三卷,第 643 页。
④ 谢家荣:第二次《中国矿业纪要》,第 28 页。
⑤ J.R.S.,"Yen Bloc Areas Fail to Meet Japan's Coal Quotas", *Far Eastern Survey*, Vol. 7, No. 21 (Oct. 26, 1938), pp. 247-248.

瓦斯公司五大企业联合在东京成立"开滦炭贩卖株式会社",在该社组织下,1938 年至 1940 年三年共输日煤炭 602.5 万吨。[1] 1941 年底日本接管开滦后,马上对开滦实行掠夺式开采。从第一章附录中即可观察到,开滦在 1942 年的产量陡然上涨达到近代最高峰(642 万吨)。1944 年 8 月,白川一雄亲任部长组成了"临时非常增产推进本部",派员到处张贴"开滦炭矿招募工人报告",打着"待遇优厚"的幌子,远地招募工人。仅在 1945 年 1 月至 8 月中旬,就从山东省济南、济宁、兖州、德县、东光、潍县,河南省彰德地区以及河北省保定、石家庄等地骗集新工 3000 名。日本军管理开滦矿务局时长三年零九个月,在此期间,从开滦掠夺煤炭 22601155 吨。[2]

　　1945 年抗战胜利,日本投降,开滦由国民党政府接收。1948 年唐山解放,英籍总经理裴利耶(W. Pryor)于 1950 年春离开中国,其他英籍职员亦于该年离开中国,而国民党政府发给开滦的采矿执照亦于该年 11 月底期满。1952 年,中国政府正式代管开滦,至此开滦矿务总局作为中外合办的历史结束。

---

① 任炳:《日本侵华期间从开滦掠去多少煤炭》。
② 任炳:《日本侵华期间从开滦掠去多少煤炭》。

# 附录 6—1  开滦煤矿生产函数模型与"Solow 余值"的推导过程

按照计量经济学的建模步骤,完整的建模应包括模型的设定、样本数据的收集、模型参数的估计与模型检验等四个方面。下面根据这一步骤建模。

首先是模型的设定。如前所述,现代经济学中常引用生产函数来描述生产过程中投入的生产要素的某种组合同它的产出量之间的依存关系。生产函数常以 Cobb-Douglas 幂函数的形式出现[1],其表达式如下:

$$Y = AK^{\alpha}L^{\beta} \quad [2]$$

在这一函数中,Y 代表产出量,K 代表资本,L 代表劳动;A、$\alpha$ 和 $\beta$ 都是待估参数,如果有足够的生产数据便可对这些参数进行估计,得到具体的函数形式。从经济意义上讲,$\alpha$、$\beta$ 为要素的产出弹性,A 是固定系数。要素的产出弹性(Elasticity of Output),即当其他投入要素不变时,该要素增加 1% 所引起的产出量的变化率。这里即采用这一生产函数形式。

第二步是样本数据的收集。上述函数中的产出量、资本、劳动,只能称为"因素",为建立计量经济学模型,必须选择适当变量来表征这些因素,这里以年产量表征产出量,不变资本数表征资本,矿区工人数表征劳动。[3] 其中,资本照其来源本是股本、借入资本、各项公积准备和盈余滚存等各部分组成的总额,由于其中已包含着工资支付(即可变成本),而这将与劳动的投入相重叠,应将其剥除,所以采用直接反映固定资产投入的不变成本数代表资本投入;劳动方面,由于开滦是包含煤炭生产、航运码头、焦炭炼制等在内的多种产业经营[4],而煤炭生产主要与矿区工人数相对应,所以这里选取矿区工人人数。在时间上,三组数据从可得性角度,皆齐全且连续的年份始

---

[1] 20 世纪 20 年代末,美国数学家 Charles Cobb 和经济学家 Paul Dauglas 用 1899—1922 年的数据资料,导出了这一形式的函数,此即著名的柯布—道格拉斯(Cobb-Dauglas)生产函数。

[2] 原始型式为 $Q = a_0 L^{a1} K^{a2}$,文中式为当今经济学教科书中普遍采用的表达式。

[3] 煤产量数据来自《开滦煤矿志》第二卷,第 311—314 页;不变成本,自王玉茹:《开滦煤矿的资本集成和经营效益分析》(硕士论文),1988 年 4 月,"表 5  开滦煤矿历年总成本及组成变化",第 49 页;矿区工人人数,自《开滦煤矿志》第三卷,第 137、139 页。

[4] 开滦在开平矿务局时代的产业经营芜杂繁多,所属单位大致有三类,一类是煤矿和煤运部门,另一类是码头,再一类是其他产业(如水泥厂和金银矿等);1912 年开滦合并后,业务始渐集中于煤炭生产,且越到后期越趋集中。

于 1905 年,而 1937 年抗日战争爆发,开滦的生产受时局因素影响增强[1],故选择 1905 年至 1936 年的数据[2]。三组数据见下表所列。

开滦煤矿历年产出、资本与劳动数量(1905—1936)

| 年份 | 产出 Y(煤产量)<br>单位:吨 | 资本 K(不变成本)<br>单位:元 | 劳动 L(矿区工人人数)<br>单位:人 |
|------|------|------|------|
| 1905 | 833680 | 1459150.70 | 6854 |
| 1906 | 1000202 | 1822376.40 | 7771 |
| 1907 | 1117570 | 2330030.70 | 7954 |
| 1908 | 1226069 | 2164773.70 | 7918 |
| 1909 | 1359502 | 2264021.80 | 8441 |
| 1910 | 1170165 | 1949012.00 | 7055 |
| 1911 | 1488941 | 1999092.00 | 6843 |
| 1912 | 1693196 | 2260575.20 | 10308 |
| 1913 | 2532166 | 2681007.50 | 12922 |
| 1914 | 2877498 | 2941896.60 | 13591 |
| 1915 | 2884976 | 2260301.40 | 13266 |
| 1916 | 2932109 | 2331627.20 | 11901 |
| 1917 | 3254018 | 2462673.40 | 12347 |
| 1918 | 3398375 | 3594315.00 | 14427 |
| 1919 | 4201888 | 4283300.60 | 17013 |
| 1920 | 4363899 | 5592523.30 | 19062 |
| 1921 | 4085510 | 6974780.80 | 19204 |
| 1922 | 3874975 | 5902456.10 | 19785 |
| 1923 | 4464814 | 7484039.50 | 22336 |
| 1924 | 4024850 | 4627655.70 | 23377 |
| 1925 | 3581714 | 3681593.10 | 23398 |

---

[1] 特别 1941 年太平洋战争爆发、日本占领了开滦煤矿实行军管理后,开滦煤矿已在非正常情况下生产。

[2] 另外,会计年度上,1901 年至 1902 年的会计年度系自 1901 年 2 月 19 日至 1902 年 2 月底;1902—1912 会计年度系 3 月 1 日至下年 2 月底;1912—1940 年会计年度系 7 月 1 日至下年 6 月 30 日,这里皆以会计年度起始月份所在年计当年产量。

续表

| 年份 | 产出 Y(煤产量)<br>单位:吨 | 资本 K(不变成本)<br>单位:元 | 劳动 L(矿区工人人数)<br>单位:人 |
|------|------|------|------|
| 1926 | 3683299 | 5207649.10 | 21326 |
| 1927 | 4958368 | 6348191.20 | 25411 |
| 1928 | 4414592 | 6543066.20 | 24117 |
| 1929 | 4812718 | 7781976.20 | 26272 |
| 1930 | 5541802 | 9241908.10 | 29462 |
| 1931 | 5262311 | 9465328.30 | 30055 |
| 1932 | 4874540 | 8779472.80 | 29295 |
| 1933 | 4223022 | 7916763.70 | 29015 |
| 1934 | 4699000 | 8124852.20 | 33183 |
| 1935 | 3898000 | 6235326.60 | 26864 |
| 1936 | 4590346 | 7539666.20 | 31747 |

资料来源:(1)煤产量,自《开滦煤矿志》第二卷,开滦矿务局史志办公室编,新华出版社 1995 年版,第 311—314 页。(2)不变成本,自王玉茹《开滦煤矿的经营效益分析 1903/04—1936/37》"表 1  开滦煤矿历年总成本及组成变化(1904/05—1936/37)",《中国经济史研究》1993 年第 4 期,具体计算情形参见原文说明。(3)矿区工人人数,自《开滦煤矿志》第三卷,第 137、139 页。

第三步是模型参数的估计。先将上文的生产函数等式两边取对数,转化成线性方程①,即

$lny = lnA + \alpha lnK + \beta lnL$

根据上述线性方程,建立计量模型,如下:

$lny_t = lnA + \alpha lnK_t + \beta lnL_t + \varepsilon_t$

$t = 1904, 1905, \cdots, 1936$

再应用计量经济学软件 Eviews5.0 对上述模型进行回归,软件的输出结果如下:

Dependent Variable:OUT

Method:Least Squares

Sample:1905 1936

Included observations:32

---

① 转化成线性方程的目的是可利用最小二乘法(OLS)进行回归对参数进行估计,这一过程可以通过计量经济学软件完成。

| Variable | Coefficient | Std. Error | t-Statistic | Prob. |
|---|---|---|---|---|
| C | 5.019539 | 1.182976 | 4.243145 | 0.0002 |
| CAP | 0.017255 | 0.193857 | 0.089009 | 0.9297 |
| LAB | 0.990824 | 0.217437 | 4.556830 | 0.0001 |
| R-squared | 0.873645 | Mean dependent var | | 14.89902 |
| Adjusted R-squared | 0.864931 | S.D. dependent var | | 0.563795 |
| S.E. of regression | 0.207204 | Akaike info criterion | | −0.221164 |
| Sum squared resid | 1.245074 | Schwarz criterion | | −0.083751 |
| Log likelihood | 6.538621 | F-statistic | | 100.2562 |
| Durbin-Watson stat | 0.286696 | Prob(F-statistic) | | 0.000000 |

　　第四步是进行模型检验。在进行计量经济学模型的回归分析时,必须对所研究对象是否满足普通最小二乘法(OLS)下的基本假定进行检验,这种检验称计量经济学检验。如果检验发现存在违背基本假定的情况,则不能直接使用普通最小二乘法进行参数估计,而必须采取补救措施或发展新的估计方法。根据上表,D-W 统计量为 0.29[1],表明模型存在严重的一阶序列自相关性。[2] 计量经济学模型一旦出现序列相关性,如果仍采用最小二乘法(OLS)法估计,会出现许多不良后果,如:参数估计量非有效,变量显著性检验失去意义等。这里采取广义差分法对此进行补救,以克服序列相关性对模型的影响。[3]

　　再次应用软件 Eview5.0 进行回归,输出结果如下:

Dependent Variable：OUT

Method：Least Squares

Sample(adjusted)：1906 1936

Included observations：31 after adjustments

---

[1]　D-W 统计量是杜宾(J. Durbin)和瓦森(G.S. Watson)于 1951 年提出的一种检验序列自相关的方法。在检验时,须计算该统计量的值,再根据样本容量 n 和解释变量数目 k 查 D.W.分布表,得到临界值 $d_L$ 和 $d_U$;如果 $0 < D.W. < d_L$,则存在正自相关,$d_U < D.W. < 4-d_U$,则无自相关,$4-d_L < D.W. < 4$,则存在负自相关。这里的统计量 0.29 说明存在正自相关。

[2]　此外,残差项变化也反映出模型存在序列相关性(图略)。序列相关性意味着模型的随机干扰项违背了相互独立的基本假设;对于采用时间序列数据作样本的计量经济学问题,由于在不同样本点上解释变量以外的其他因素在时间上的连续性,带来它们对被解释变量的影响的连续性,所以往往存在序列相关性。

[3]　广义差分法是一类克服序列相关性的有效方法,被广泛地采用。它是将原模型变换为满足普通最小二乘法的差分模型,再进行普通最小二乘估计。

Convergence achieved after 11 iterations

| Variable | Coefficient | Std. Error | t-Statistic | Prob. |
|---|---|---|---|---|
| C | 6. 746765 | 1. 598144 | 4. 221624 | 0. 0002 |
| CAP | 0. 211344 | 0. 102118 | 2. 069604 | 0. 0482 |
| LAB | 0. 519312 | 0. 156107 | 3. 326650 | 0. 0025 |
| AR(1) | 0. 829202 | 0. 073260 | 11. 31863 | 0. 0000 |
| R-squared | 0. 972279 | Mean dependent var | | 14. 93984 |
| Adjusted R-squared | 0. 969199 | S.D. dependent var | | 0. 522840 |
| S.E. of regression | 0. 091760 | Akaike info criterion | | −1. 819370 |
| Sum squared resid | 0. 227336 | Schwarz criterion | | −1. 634340 |
| Log likelihood | 32. 20024 | F-statistic | | 315. 6634 |
| Durbin-Watson stat | 2. 439924 | Prob( F-statistic) | | 0. 000000 |
| Inverted AR Roots | 0. 83 | | | |

Dependent Variable：OUT

Method：Least Squares

Sample( adjusted)：1907 1936

Included observations：30 after adjustments

Convergence achieved after 25 iterations

| Variable | Coefficient | Std. Error | t-Statistic | Prob. |
|---|---|---|---|---|
| C | 7. 094582 | 1. 612207 | 4. 400539 | 0. 0002 |
| CAP | 0. 206420 | 0. 100957 | 2. 044638 | 0. 0516 |
| LAB | 0. 493869 | 0. 154996 | 3. 186327 | 0. 0038 |
| AR(1) | 0. 597153 | 0. 193946 | 3. 078963 | 0. 0050 |
| AR(2) | 0. 208404 | 0. 178265 | 1. 169070 | 0. 2534 |
| R-squared | 0. 969199 | Mean dependent var | | 14. 97731 |
| Adjusted R-squared | 0. 964271 | S.D. dependent var | | 0. 487608 |
| S.E. of regression | 0. 092168 | Akaike info criterion | | −1. 779401 |
| Sum squared resid | 0. 212372 | Schwarz criterion | | −1. 545868 |
| Log likelihood | 31. 69102 | F-statistic | | 196. 6684 |
| Durbin-Watson stat | 1. 909970 | Prob( F-statistic) | | 0. 000000 |
| Inverted AR Roots | 0. 84 | −. 25 | | |

对上面两个结果进行比较,选取前一个结果。由此,得出 $\alpha = 0.211$, $\beta = 0.519$,即资本、劳动的产出弹性分别为 0.211 和 0.519,因此具体的生产函数模型为 $Y = AK^{0.211}L^{0.519}$

现在已经得出开滦在这一时期的具体生产函数模型,接下来可以进行"Solow 余值"及其贡献率的计算。

索洛将技术因素引入生产函数后,进而提出了用总量生产函数度量技术进步的总量增长方程,他认为产出量的增长是由资本数量的增长、劳动数量的增长和技术进步共同贡献的结果。[①] 用数学表达式表示即:

$$\frac{\Delta y}{Y} = \frac{\Delta A}{A} + \alpha \frac{\Delta K}{K} + \beta \frac{\Delta L}{L}$$

其中,$\alpha$ 和 $\beta$ 分别为资本和劳动的产出弹性,式中后两项分别表示资本数量的增长和劳动数量的增长对产出的贡献;$\Delta A / A$ 是余项,即"Solow 余值"的表达式,被用来度量技术进步对产出增长的贡献。

---

① 参见李子奈、潘文卿编著:《计量经济学》,高等教育出版社 2005 年版,第 231 页。

# 参 考 文 献

## 一、史料类文献

**1.企业档案资料**

开滦档案,开滦(集团)有限公司档案馆。

纳森档案(Nathan Papers),牛津大学柏德莲图书馆特藏室。

魏子初:《帝国主义与开滦煤矿》,神州国光社 1954 年版。

熊性美、阎光华编:《开滦煤矿矿权史料》,南开大学出版社 2004 年版。

开滦矿务局史志办公室:《开滦煤矿志(1878—1988)》,第一卷,新华出版社 1992 年版,第二、三卷,新华出版社 1995 年版,第四、五卷,新华出版社 1998 年版。

开滦集团档案馆编:《〈开滦史鉴〉文萃》,2003 年,内部资料。

李保平等编:《开滦煤矿档案史料集(1876—1912)》,河北教育出版社 2012 年版。

**2.清代文献**

孙铨廷:《颜山杂记》,益都孙氏康熙四年(1665 年)。

胡光国:《白下愚园集》,光绪二十一年(1895 年)。

唐廷枢辑:《开平矿务创办章程案据汇编》,上海著易堂书局光绪丙申年(1896 年)。

唐廷枢辑:《开平矿务招商章程》。

开平矿务局辑:《开平矿务切要案据》。

周学熙等辑:《开平矿局交涉事汇》,教育图书局印书处,1911 年(清宣统三年)。

王彦威纂辑,王亮编,王敬立校:《清季外交史料》,书目文献出版社 1987 年版。

赵尔巽等撰:《清史稿》,中华书局 1977 年版。

宝鋆等编:《筹办夷务始末(同治朝)》,中华书局 2008 年版。

梁文生校:《徐愚斋自叙年谱》,江西人民出版社 2012 年版。

夏东元编:《郑观应集》上册,上海人民出版社 1982 年版。

夏东元编:《郑观应集》下册,上海人民出版社 1988 年版。

**3.民国时期出版物**

中华矿学社:《矿业周报》。

顾琅:《中国十大矿厂调查记》,商务印书馆民国五年版(1916 年)。

丁文江:《外资矿业史资料》,农矿部直辖地质调查所印行,约 1929 年。

程敏侯等纂修:《临榆县志》卷五,山水,民国十八年(1929 年)。

吴蔼宸:《华北国际五大问题》,商务印书馆民国十八年(1929 年)。

杨鲁:《开滦矿历史及收归国有问题》,民国二十一年(1932 年),自行出印。

胡荣铨:《中国煤矿》,商务印书馆民国二十四年(1935年)。

吴铁成:《上海市年鉴》,中华书局民国二十五年(1936年)。

徐梗生:《中外合办煤铁矿业史话》,商务印书馆民国三十五年(1946年)。

李洛之、聂汤谷编著:《天津的经济地位》,经济部冀热察绥区特派员办公处结束办事处驻津办事处印行,民国三十七年(1948年)。

谢家荣:《第二次中国矿业纪要》,农商部地质调查所民国十五年(1926年)。

侯德封:《第三次中国矿业纪要》,农矿部直辖地质调查所民国十八年(1929年)。

侯德封:《第四次中国矿业纪要》,实业部地质调查所、国立北平研究院地质学研究所民国二十一年(1932年)。

侯德封:《第五次中国矿业纪要》,实业部地质调查所、国立北平研究院地质学研究所民国二十四年(1935年)。

4. 资料汇编

陈旭麓、顾廷龙、汪熙主编:《轮船招商局——盛宣怀档案资料选辑之八》,上海人民出版社2002年版。

陈真、姚洛合编:《中国近代工业史资料》第四辑(中国工业的特点资本结构等和工业中各行业概况),三联书店1961年版。

陈真编:《中国近代工业史资料》第三辑(清政府、北洋政府和国民党控制官僚资本创办和垄断的工业),三联书店1961年版。

顾廷龙、戴逸主编:《李鸿章全集》,安徽教育出版社2008年版。

宓汝成编:《中国近代铁路史资料(1863—1911)》,中华书局1963年版。

南开大学经济研究所、南开大学经济学系编:《启新洋灰公司史料》,三联书店1963年版。

聂宝璋编:《中国近代航运史资料》第一辑(1840—1895),上海人民出版社1983年版。

上海社会科学院经济研究所编:《刘鸿生企业史料》,上海人民出版社1981年版。

孙毓棠:《中国近代工业史资料》第一辑(1840—1895年),中华书局1962年版。

天津图书馆、天津社科院历史出版社研究所编:《袁世凯奏议》,天津古籍出版社1987年版。

汪敬虞编:《中国近代工业史资料》第二辑(1895—1914年),中华书局1957年版。

王铁崖:《中外旧约章汇编》,生活·读书·新知三联书店1957年版。

严中平等编:《中国近代经济史统计资料选辑》,科学出版社1955年版。

中国科学院近代史研究所史料编辑室、中央档案馆明清档案部编辑组:《洋务运动》,上海人民出版社1961年版。

中国人民大学清史研究所、档案系中国政治制度史教研室合编:《清代的矿业》,中华书局1983年版。

"中央研究院"近代史研究所编:《海防档》,1957年版。

## 二、研究类文献

1. 研究类著作

[德]贡德·弗兰克:《依附性积累与不发达》,译林出版社 1999 年版。

[法]白吉尔:《中国资产阶级的黄金时代》,张富强等译,上海人民出版社 1994 年版。

[美]费维恺:《中国早期工业化:盛宣怀(1844—1916)和官督商办企业》,虞和平译,中国社会科学出版社 1990 年版。

[美]罗伯特·M.索洛等:《经济增长因素分析》,史清琪等选译,商务印书馆 1991 年版。

[美]罗斯托:《经济成长的阶段:非共产党宣言》,商务印书馆 1962 年版。

[美]曼塞·G.布莱克福德:《西方现代企业兴起》,锁箭译,经济管理出版社 2001 年版。

[美]彭慕兰:《大分流》,史建云译,江苏人民出版社 2004 年版。

[美]熊彼特:《经济发展理论》,何畏等译,商务印书馆 1990 年版。

曹均伟:《中国近代利用外资思想》,立信会计出版社 1996 年版。

陈慈玉:《日本在华煤业投资四十年》,台北:稻乡出版社 2004 年版。

陈争平:《1895—1936 年中国国际收支研究》,中国社会科学出版社 1996 年版。

方行、经君健、魏金玉主编:《中国经济通史》,经济日报出版社 2000 年版。

方行主编:《中国社会经济史论丛——吴承明教授九十华诞纪念文集》,中国社会科学出版社 2006 年版。

郭士浩主编:《旧中国开滦煤矿工人状况》,人民出版社 1985 年版。

郭廷以:《近代中国史事日志》,中华书局 1987 年版。

贺永平、任荣会主编:《唐山百年记事》,中国文史出版社 2002 年版。

贾根良:《演化经济学》,山西人民出版社 2004 年版。

李伯重:《理论、方法、发展趋势:中国经济史研究新探》,清华大学出版社 2002 年版。

李子奈、潘文卿编著:《计量经济学(第 2 版)》,高等教育出版社 2005 年版。

刘广京:《经世思想与新兴企业》,台北:联经出版社 1990 年版。

刘广京:《刘广京论招商局》,黎志刚编,社会科学文献出版社 2012 年版。

刘兰兮主编:《中国现代化过程中的企业发展》,福建人民出版社 2006 年版。

刘长锁:《近代唐山工业发展与社会变迁》,地质出版社 2005 年版。

南开大学经济研究所:《旧中国开滦煤矿的工资制度和包工制度》,天津人民出版社 1983 年版。

全汉升:《中国经济史论丛》,香港中文大学新亚研究所 1972 年版。

沈祖炜主编:《近代中国企业:制度和发展》,上海社会科学院出版社 1999 年版。

唐山市地方志编纂委员会:《唐山市志》第一卷,方志出版社 1999 年版。

汪敬虞:《十九世纪西方资本主义对中国的经济侵略》,人民出版社 1983 年版。

汪敬虞:《中国资本主义的发展和不发展——中国近代经济史中心线索问题研究》,经济管理出版社 2007 年版。

汪敬虞主编:《中国近代经济史(1895—1927)》,人民出版社 2000 年版。

王林等:《煤矿工业的重大改进》,燃料工业出版社 1951 年版。

王守谦:《煤炭与政治——晚清民国福公司矿案研究》,社会科学文献出版社 2009 年版。

王玺:《中英开平矿权交涉》,台北:台湾"中央研究院"近代史研究所 1962 年。

王正毅:《世界体系论与中国》,商务印书馆 2000 年版。

吴承明:《中国的现代化:市场与社会》,生活·读书·新知三联书店 2001 年版。

夏湘蓉、李仲均、王根元编著:《中国古代矿业开发史》,地质出版社 1980 年版。

萧一山:《清史大纲》,世纪出版集团、上海古籍出版社 2008 年版。

许涤新、吴承明主编:《中国资本主义发展史》,人民出版社 1985 年版。

薛毅:《英国福公司在中国》,武汉大学出版社 1992 年版。

张国辉:《洋务运动与中国近代企业》,中国社会科学出版社 1979 年版。

张雷:《矿产资源开发与国家工业化——矿产资源消费生命周期理论研究及意义》,商务印书馆 2004 年版。

中国古代煤炭开发史编写组:《中国古代煤炭开发史》,煤炭工业出版社 1986 年版。

中国近代煤矿史编写组:《中国近代煤矿史》,煤炭工业出版社 1990 年版。

2. 研究类文章

A.B.米尔沃德:《欧洲工业化研究的五种模式》,孟庆龙译,《经济史》(人大复印资料)1989 年第 6 期。

丁长清、阎光华、刘佛丁:《旧中国工人阶级贫困化问题管见——开滦煤矿工人的工资水平及其变动趋势》,《南开经济研究所季刊》1984 年第 4 期。

丁长清:《从开滦看旧中国煤矿业中的竞争和垄断》,《近代史研究》1987 年第 2 期。

丁长清:《从开滦看中国近代企业经济活动和中外经济关系》,《中国经济史研究》1997 年第 1 期。

丁长清:《开滦煤矿人事管理的历史考察》,《南开经济研究》1986 年第 4 期。

丁长清:《中英开平矿务案始末》,《南开学报》1994 年第 4 期。

董增刚:《官督商办酿苦果——有关开平煤矿被英商骗夺的思考》,《首都师范大学学报》1997 年第 4 期。

郭士浩、阎光华:《旧中国开滦煤矿工人队伍的形成》,《南开学报》1984 年第 4 期。

胡勇华:《官督商办企业:由传统向近代企业制度演进的过渡性组织形态》,《江汉论坛》2006 年第 6 期。

黎仁凯:《开平矿务局与华北社会经济的发展》,《中国经济史研究》1993 年第 4 期。

李伯重:《明清江南工农业生产中的燃料问题》,《中国社会经济史研究》1984 年第 4 期。

梁华、张晓峒:《开滦煤矿利润影响因素的计量分析(1903—1940)》,《学术论坛》2004 年第 1 期。

刘佛丁:《开平矿务局经营得失辨析》,《南开学报》1986 年第 2 期。

郄宝山:《百年开滦的档案传奇》,《中国档案》2011 年第 2 期。

孙海泉:《开平煤矿近代化进程简论》,《徐州师范学院学报》1992 年第 1 期。

汪志国:《"滦开合并"新探》,《天津师范大学学报》1996 年第 5 期。

王玉茹:《开滦煤矿的经营效益分析》,《中国经济史研究》1993 年第 4 期。

王玉茹:《开滦煤矿的资本集成和利润水平的变动》,《近代史研究》1989 年第 4 期。

吴志成、李敏:《国家—社会—市场:理论述评与比较分析》,《经济社会体制比较》2004 年第 5 期。

熊性美:《论英国资本对开滦煤矿经营的控制》,《南开经济研究所季刊》1986 年第 2 期。

阎永增、陈润军:《20 世纪 80 年代以来的近代开滦史研究》,《唐山师范学院学报》2002 年第 3 期。

张国辉:《从开滦煤矿联营看中国近代煤矿工业发展状况》,《历史研究》1992 年第 4 期。

张国辉:《甲午战后日本资本掠夺,经营抚顺烟台煤矿》,《中国经济史研究》1996 年第 4 期。

张国辉:《开平,滦州煤矿的创建、发展和历史结局》,《近代中国》1992 年第 3 期。

张国辉:《中国近代煤矿企业中的官商关系与资本主义的发生问题》,《历史研究》1964 年第 3 期。

张国权、马俊吉:《洋务运动时期的开平煤矿》,《鞍山师专学报》1984 年第 2 期。

# 三、外 文 文 献

Ellsworth C.Carlson, *The Kaiping Mines(1877-1912)*, Cambridge: Harvard University Press, 1971(2nd edition).

Hsiao Liang-lin, *China's Foreign Trade Statistics, 1864-1949*, Harvard University Press Cambridge, Mass. 1974.

Nef, J.U., *The rise of the British coal industry*, London, G. Routledge, 1932.

Perkins, Dwight H., *Agricultural Development in China 1386-1968*, Aldine Publishing Company, Chicago, 1969.

Richard Eden, Michael Posner, Richard Bending, Edmund Crouch, Joe Stanislaw, *Energy economics: growth, resources and policies*, Cambridge: Cambridge University Press, 1981.

Tim Wright, *Coal mining in China's economy and society 1895-1937*,

Cambridge University Press, 1984.

W. C. Lowdermilk; T. I. Li, "Forestry in Denuded China", *Annals of the American Academy of Political and Social Science*, Vol. 152, (1930).

William F. Collins, *Mineral enterprise in China*, Tientsin: Tientsin Press Ltd., 1922.

Wrigley, E.A., *Continuity, chance and change: the character of the industrial revolution in England*, Cambridge: Cambridge University Press, 1988.

# 后　记

　　开滦煤矿是我攻读博士学位时的论文选题，从一开始我就在一种思维的困境下做这个题目，直到现在其实也没能完全走出这一困境。是什么困境？很难言说。驾驭这样一个题目是极需要功力的，它的困难处并不在于研究资料的匮乏，或处理和应用资料的难度，而在于能在什么样的制高点上做考察并能达到不同层面的统一，而依我目前的学养和认知，所能达到的高度和整合程度是极有限的。

　　这本书的研究从现代化视角切入。但最初选择这个题目是想作为研究环境史的起点，而其中意含对现代化进行批判。从这个角度，这份研究已远远悖离自己的初衷。但是，毕业后的六年时间里，我对现代化又有了新的认识和思考。现代化一方面是无法回避和不可逆转的历史趋势，另一方面又可以是基于不同文化传统的、不具唯一指向的开放性未来。中国近代经济发展最精髓的部分其实并不在于"资本主义的发展"，而是在于形成一种"中国式的资本主义"，或说，形成自己的现代化进向。这一历史隐象从开滦煤矿的历史，特别从唐廷枢、周学熙、刘鸿生、顾振等人物的思想和实践上都能或多或少地捕捉到，但很可惜尚未能在本书中充分展开。

　　本书内容更大程度上是一份"建构常识"性质的研究——煤矿工业在中国如何起步、企业制度与技术的演变过程、近代实现现代化的历史环境和条件以及复杂的得失情形等等。限于时间和精力，其中的总结和叙述还远远称不上细致完善，且难免有遗漏失误之处，对此深感惭愧。

　　书稿付梓之际，循例要感谢师友亲朋。最先须感谢的是导师陈争平教授，他在博士论文撰写阶段给予了悉心指导和关键思路的点拨，其后又继续勉励我将书稿修改后出版，并在百忙之中慨然应允作序。同时要感谢在我读书不同阶段曾先后给予过指导的赵津、李伯重教授，和对我的研究提出过各种意见和帮助的王玉茹、龙登高、刘兰兮、史建云教授。特别致谢的还有英国谢菲尔德大学蒂姆·赖特教授（Prof. Tim Wright），他是一位中国近代煤矿业发展史的先驱研究者和专家，自知晓我的研究后，热情地介绍海外文献资料和相关学人的研究给我，使我受益良多。此外还要感谢 Ying Sosic 女士，她是原开滦煤矿中方总经理顾振的外孙女，2011 年我有幸与她在英国结识，并引发我对"中国式资本家"的思考，遗憾的是关于顾振的生平往事尚未能收集完整,无法在这本书中充分涉及,期待能在以后的研究中弥补。最后要感谢的是自己的父母,他们无私和真诚的爱与付出是我人生道路上最坚强的后盾和支撑。

我出生于中国近代北方最重要的工业城市天津,近代开滦煤矿的总部即设于这座城市,今天天津的市委机关大楼正是昔日开滦矿务总局的办公大楼,每次走过这座宏伟的新古典主义风格的建筑物时,总不免产生对于开滦和这座城市过去辉煌的想象。这本书也献给这座曾经见证中国近代工业发展历程的城市。

云　妍

2015 年 3 月

责任编辑：柴晨清

**图书在版编目(CIP)数据**

近代开滦煤矿研究/云妍 著. -北京：人民出版社,2015.3
（国家社科基金后期资助项目）
ISBN 978－7－01－014680－5

Ⅰ.①近… Ⅱ.①云… Ⅲ.①煤矿-工业史-唐山市-近代 Ⅳ.①F426.21

中国版本图书馆 CIP 数据核字(2015)第 056385 号

**近代开滦煤矿研究**
JINDAI KAILUAN MEIKUANG YANJIU

云 妍 著

**人民出版社** 出版发行
（100706 北京市东城区隆福寺街 99 号）

北京龙之冉印务有限公司印刷 新华书店经销

2015 年 3 月第 1 版 2015 年 3 月北京第 1 次印刷
开本：710 毫米×1000 毫米 1/16 印张：14.25
字数：251 千字

ISBN 978－7－01－014680－5 定价：39.00 元

邮购地址 100706 北京市东城区隆福寺街 99 号
人民东方图书销售中心 电话 (010)65250042 65289539